박문각

KB209296

합격을 결정짓는

송우석
필수서

부동산학개론 1차

박문각 공인중개사

브랜드만족
1위
박문각

2025

근거자료
별면표기

박문각 공인중개사

목 차

계산문제 매년 9~10문제 출제(1분 안에 풀 수 있는 계산문제 19문제 유형), **감평문제(심화) ─ 제35회 7문제 적중**

36회 적중예상 핵심내용				기출					
테마 01	01	부동산학 개요(정의, 학문적 성격, 부동산업)	28			31			
	02	복합개념(법＋경제＋기술)의 부동산과 복합부동산			30			34	35
	03	동산과 부동산의 구분		29			33		

01 부동산학 개요(정의, 학문적 성격, 부동산업)

1 부동산학 개요

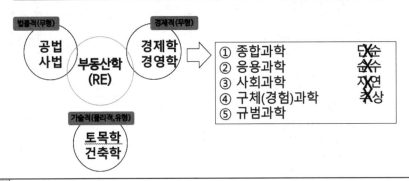

정 의	1. 부동산활동의 능률화(연구목적)의 원리(이론)와 응용기술을 연구하는 **종합응용과학**			
	2. 부동산 관련 **직업적·물적·법적·금융적** 측면을 기술하고 분석하는 학문			
성 격	구체적, 경험 ○	종합학문 ○, 응용과학 ○	사회과학 ○	★ 추순자는 부동산학 아님
	추상 ×	단일학문 ×, 순수과학 ×	자연과학 ×	

2 부동산학의 중요한 접근방식

① 종합식 접근방법 : 복합개념으로 접근하고 ＋ 종합해서 이론을 구축한다. 부동산학 단기
정착에 기여

② 의사결정적 접근방식 : 인간은 합리적 존재이며 자기이윤극대화를 목표로 행동한다.

3 부동산학의 지도이념 - 인간과 부동산의 관계 개선

① 효율성 : 이용측면, 민간부문
② 형평성 : 분배측면, 공공부문
③ 합법성 : 부동산활동의 범위
④ 부동산학이 추구하는 가치를 민간부문에 한정하면 효율성이 강조된다.
⑤ 부동산학은 합법적인 범위 내에서 효율성과 형평성의 조화를 추구하는 것이 목적이다.

4 부동산학의 연구대상

부동산학의 연구대상은 부동산활동과 부동산현상을 드는 것이 일반적이다.
① 부동산현상 : **부동산**으로부터 야기되는 여러 가지 법칙성
② 부동산활동 : 부동산활동이란 인간이 부동산을 대상으로 전개하는 관리적 측면에서의 여러 가지 행위 또는 태도를 말한다(자연현상은 포함되지 않는다).

5 부동산활동의 속성

① 과학성(이론) + 기술성(실무)
② 부동산활동은 대인활동인 동시에 대물활동(임장활동 : 부동성)
③ 사익성(개인), 공익성(정부) : 부동산업자와 거래당사자 모두 윤리가 중요

6 부동산의 일반원칙

① 종류 : 능률성 + 안전성 + 경제성 + 공정성
② 능률성의 원칙을 실현하는 지도원리
　　- 소유활동 : 최유효이용**의 원칙**
　　- 거래활동 : 거래질서의 확립**의 원칙**

7 한국표준산업분류에 따른 부동산업

중분류	소분류	세분류	세세분류
부동산업	부동산 임대 및 공급업	부동산 임대업	주거용, 비주거용, 기타(토지)
		부동산 개발 및 공급업	주거용, 비주거용, 기타(토지)
	관련 서비스업	부동산 관리업	주거용 [아파트]
			비주거용 [사무용]
		부동산중개 부동산 자문 및 감정평가업	부동산 중개 및 대리업
			부동산 투자자문업
			부동산 감정평가업
			부동산 분양 대행업

VS	○	vs	×
	중개 및 대리업 ○, 투자자문업 ○ 감정평가업 ○ 주거 또는 비주거용 부동산 관리업 ○		투자업×, 금융업×, 건설업× 기타 부동산 관리업× 사업시설 유지관리업×

➕ 암기법 감자먹는 관중분(부동산 관련 서비스업)은 개공임(부동산임대 및 공급업)
➕ 암기법 감자를 관중에게 서비스로~, 기타나 관리×

기출문제

한국표준산업분류상 부동산 관련 서비스업에 해당하지 않는 것은? [제31회]

① 부동산 투자 자문업
② 주거용 부동산 관리업
③ 부동산 중개 및 대리업
④ 부동산 개발 및 공급업
⑤ 비주거용 부동산 관리업

정답▶ ④

02 | 복합개념(법 + 경제 + 기술)의 부동산과 복합부동산

1 복합~(2 이상의 결합) : 복합개념의 부동산, 복합부동산

(1) **복합개념의 부동산(부동산학 관점)** : 법률적, 경제적(무형), 기술적(유형) 측면의 부동산
부동산의 **복합개념** ㉠ 누구 소유인데?(법률적) ㉡ 얼마인데?(경제적) ㉢ 어디에 있는 몇 층 건물인데?(기술적)
부동산의 정의는 **법률적, 경제적, 기술적 개념**의 **복합개념**으로 파악할 수 있다.

유형적	기술적	물리적 개념 : **공간, 자연, 위치, 환경**	
무형적	경제적	자산, **자본, 생산요소**, 소비재, **상품**	
	법률적	협의 = 좁은	민법상 부동산 = 토지 + 정착물
		광의 = 넓은	협의의 부동산 + 준(의제)부동산

1) **경제적 측면** : 부동산가치에 영향을 미치는 수익성, 수급조절, 시장정보를 포함한다.
토지는 생산을 위한 가장 중요한 재료이며[생산재], 그 자체로서 소비의 대상이 되기도 한다[소비재]. 토지는 생산재와 소비재의 양면적 성격이 있다.
① **자산** : 사용, 수익, 처분의 대상으로써, 재산가치의 증식 수단이 된다.
② **자본** : 재화를 생산하는 데 드는 밑천(경제활동의 기반)
③ **생산요소(생산재)** : 토지는 인간생활에 필요한 제품생산에 필요한 부지를 제공한다.
④ **소비재** : 토지는 생활의 편의를 제공하는 최종소비재이기도 하다.
⑤ **상품** : 부동산은 소비재의 하나로서 시장에서 거래되는 상품이다.

(2) **복합부동산(부동산활동 관점)** : 토지와 건물을 일체의 결합된 상태로 취급, 일괄평가 토지와 건물은 각각 독립된 거래의 객체이지만(법률상 2개의 물건), 부동산활동을 할 때는 하나의 물건으로 인식하는데, 이를 복합부동산이라고 한다.

VS	복합개념 부동산	법, 경, 기 복합된 개념	vs	복합 부동산	토지 + 건물 (하나로), 일체

2 준부동산(광의의 부동산에 포함 - 의제부동산)

✚ 준~(3): 준부동산(기계, 재단, 기타), 준주택(노, 오, 기, 다), 준지대(마샬, 토지 외, 일시적)

의 의	민법에서는 동산이지만 개별법에서 부동산으로 취급하는 물건
내 용	등기 또는 등록하는 동산 또는 '동산 + 부동산의 집합체인 재단'
종 류	건설기계, 자동차, 항공기, 선박(20톤 이상 : 선박등기법), 기계, 어업권 등 ★ 입목 및 공장재단 · 광업재단(재단)은 부동산중개대상물이 될 수 있다.

① 총톤수 20톤 이상의 기선(機船)과 범선(帆船) 및 총톤수 100톤 이상의 부선(艀船)에 대하여 선박등기법상 등기를 통해 소유권을 공시할 수 있다. [제35회] 심화
② 적재용량 25톤인 덤프트럭, 최대 이륙중량 400톤인 항공기, 동력차 2량과 객차 8량으로 구성된 철도차량, 면허를 받아 김 양식업을 경영할 수 있는 권리는 등록의 대상
③ 입목등기는 수목의 집단에 대하여 하는 것이므로 한 그루의 소나무를 입목등기할 수는 없다. 입목에 관한 법률에 따른 "입목"이란 토지에 부착된 수목의 집단으로서 그 소유자가 이 법에 따라 소유권보존의 등기를 받은 것을 말한다.

VS	법	협의(좁은) 광의(넓은)	vs	경	자산, 자본, 생산요소, 소비재, 상품	vs	기 (물)	공간, 자연, 위치, 환경

✚ 암기법 경(산 · 본 · 생 · 소 · 상), 기(공 · 자 · 위 · 환)
• 야매 : 경제적 : 자산 자본을 모으고 생산하고 소비하고 상품으로 내다 파는 것은 경제활동이다.

┤기출문제├

1. 부동산의 개념에 관한 설명으로 틀린 것은? [제27회, 제34회]

① 복합개념의 부동산이란 부동산을 법률적 · 경제적 · 기술적 측면 등이 복합된 개념으로 이해하는 것을 말한다.
② 경제적 측면의 부동산은 부동산가치에 영향을 미치는 수익성, 수급조절, 시장정보를 포함한다.
③ 물리적 측면의 부동산에는 생산요소, 자산, 공간, 자연이 포함된다.
④ 준부동산은 등기 · 등록의 공시방법을 갖춤으로써 부동산에 준하여 취급되는 특정의 동산 등을 말한다.
⑤ 토지와 건물이 각각 독립된 거래의 객체이면서도 마치 하나의 결합된 상태로 다루어져 부동산활동의 대상으로 인식될 때 이를 복합부동산이라 한다.

정답▶ ③

2. 법령에 의해 등기의 방법으로 소유권을 공시할 수 있는 물건을 모두 고른 것은?

[제35회, 감평 제34회 적중]

> ㉠ 총톤수 25톤인 기선(機船)   ㉡ 적재용량 25톤인 덤프트럭
> ㉢ 최대 이륙중량 400톤인 항공기   ㉣ 토지에 부착된 한 그루의 수목

① ㉠   ② ㉠, ㉣   ③ ㉢, ㉣
④ ㉠, ㉡, ㉢   ⑤ ㉠, ㉡, ㉢, ㉣

해설▶ 20톤이 넘는 선박은 등기가 필요하므로, ㉠만 등기가 필요한 물건에 해당한다.

정답▶ ①

3 토지소유권의 범위

(1) 내용상 : 법률이 정하는 범위 내에서 '사용 + 수익 + 처분'할 수 있다.

(2) 공간상(정당한 이익 판단기준) : 법 또는 사회적 통념상 경제적 가치 인정범위
법원판단(구체적), 토지의 상하(3차원(입체)공간)

공중권	소유권 × : 공적 공중권 [전파권, 항공권]	소유권 범위
	소유권 ○ : 사적 공중권 [일조권, 조망권, 용적률]	
지표권	경작(농사짓고), 건축, 물을 사용하는 권리 [감평문제]	정당한 이익이 있는
지하권	소유권 ○ : 한계심도 이내 [지하수 ○, 광물 ×]	범위 내의 상·하 공간
	소유권 × : 한계심도 초과 [대심도 = 국가권리]	

① 지하권은 한계심도[1] 이내 공간에 대해 인정되며, 지하수는 인정되지만 광물에 대한 권리는 인정되지 않는다. (미채굴 광물 ×)
② 국가는 사유지 지하의 일부를 사용하기 위하여 토지에 구분지상권을 설정할 수 있다.
③ 구분지상권은 공중공간, 지하공간 모두와 관련이 되나, 개발권양도제도(TDR)와 용적률 인센티브 제도 등은 공중공간을 활용하는 방법이다. (지하공간 ×)
④ 한계고도의 구체적인 범위는 법률로 정하지 않고 있다. [감평문제] 심화

[1] 한계심도란 토지 소유자의 통상적인 토지이용행위가 예상되지 않는 정도의 깊이를 의미하고, 토지의 소유권이 미치는 최대 깊이 정도로 이해하면 된다.

03 동산과 부동산정착물의 구분

1 부동산정착물의 개념

토지정착물(민법) : **토지에 부착되어** 계속적으로 이용된다고 인정**되는 물건**

| 동산 | vs | 부동산 |

• 가식중인 수목
• 수확물(옥수수)
• 임차자 정착물
  - 가사정착물(커튼)
  - 거래정착물(선반)
  - 농업정착물(창고)

➕ **암기법** 가수차는 동산이다.

독립정착물(토지와 독립)
➕ **암기법** 독립해서 등물하는 명권이
㉠ 등기(입목)
㉡ 건물
㉢ 명인(관습)
㉣ 권원[2]에 의하여 타인의 토지에 재배되고 있는 농작물

종속정착물(토지의 일부)
㉠ 일반나무
㉡ 다년생식물
㉢ 구거(도랑), 담장

★ 산에 있는 나무의 구분
• 산 주인 소유 : 부동산(토지종속물) - 일반나무
• 산 주인이 팔고 등기해 줌 : 입목(독립물) - 저당권 설정 가능
• 산 주인이 팔고 식별가능하게 새끼줄 쳐 놓음 : 명인방법(독립물)을 구비한 수목

2 부동산정착물(건축설비, Fixture)의 구분기준 [심화]

(건물훼손) 부착방법	• 그 물건을 제거했을 때 건물에 '물리적 + 기능적' 훼손이 없으면 동산 • 둘 중 하나라도 훼손이 발생하면 부동산정착물로 본다.
(설치주체) 당사자 관계	임대인 : 부동산(임대가치 증진 목적으로 설치한 가스스토브) 임차인 : 동산 ⇨ 임차자정착물(자기편의를 위해 설치한 가스스토브)

기출문제 ◆

다음 토지의 정착물 중 토지와 독립된 것이 아닌 것은? [제25회, 제33회]

① 건물
② 소유권보존등기된 입목
③ 구거, 가식중인 수목
④ 명인방법을 구비한 수목
⑤ 권원에 의하여 타인의 토지에서 재배되고 있는 농작물

해설▶ 구거는 종속정착물이며 가식중인 수목은 토지의 정착물에 속하지 않는다.
정답▶ ③

---

2) 어떤 법률행위나 사실행위를 하는 것을 정당화하는 법률상의 원인

36회 적중예상 핵심내용		기출							
테마 02	01 토지의 용어	28	29	30	31	32	33	34	35
	02 주택의 분류(건축법, 주택법)	28				32	33		35
	03 지목에 따른 분류								35

01 토지의 용어

1 대(垈), 택지(宅地), 부지(敷地)

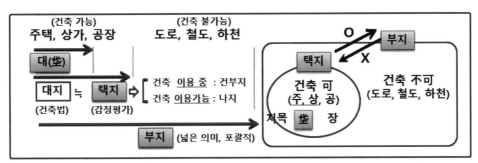

★ 한계지(限界地) : **택지이용의 최원방권상의 토지,** 택지와 농지의 경계지역의 토지

VS	택지	건축가능, 주·상·공	vs	부지	주·상·공 + 건축불가 토지(도로, 철도, 하천)

① 택지 : 주거·상업·공업용지 등의 용도로 이용되고 있거나 이용목적으로 조성된 토지
② 부지 : 일정한 용도로 제공되고 있는 바닥 토지를 말하며 하천, 도로 등의 **바닥토지에** 사용되는 포괄적 용어이다.

2 후보지, 이행지(바뀌는 과정의 토지 : ing~~)

① **후보지** : 택지지역, 농지지역, 임지지역 상호간에 다른 지역으로 전환되고 있는 지역의 토지를 말한다. (농지 ⇨ 택지)
② **이행지** : 용도지역 내에서 용도가 바뀌는 과정의 토지(주거지 ⇨ 상업지)

➕ **암기법** 후보자 상호간에 이행 가능한 범위 내에서

www.pmg.co.kr

☑ 감정평가상 토지의 용도별 분류

		← 소분류(내에서) →		
대 상 분 호 류 간 ↓	택지	주거지역, 상업지역, 공업지역		
	농지	전지지역, 답지지역, 과수원지역		
	임지	신탄림지역, 용재림지역		

VS	후보지	상호간, 전환되고 있는	vs	이행지	내에서, 전환되고 있는

✚ 택지(주, 상, 공) ⇔ 농지(전, 답, 과) : 후보지 | 주 ⇔ 상 ⇔ 공, 전 ⇔ 답 ⇔ 과 : 이행지

3 법지, 빈지

① 법지(法地) : 법적소유권은 인정이 되나, 활용실익이 없는 토지(경사토지)
② 빈지(濱地) : 법적소유권은 인정되지 않으나, 활용실익이 있는 토지(해변토지)
　공유수면관리법 : 바닷가(해안선으로부터 지적공부에 등록된 지역까지의 사이)

✚ 암기법 법적소유권이 있으면 법지, 법적소유권이 없으면 빈지, 이용가치는 반대

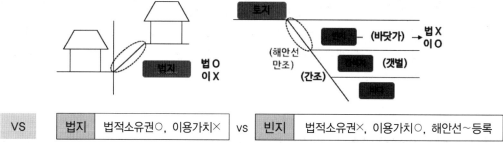

VS	법지	법적소유권○, 이용가치×	vs	빈지	법적소유권×, 이용가치○, 해안선~등록

★ 포락지 : 지적공부에 등록된 토지가 물에 침식되어 수면 밑으로 잠기거나 하천으로 변한 토지
　(포 : 물이 있는 곳의 가장자리, 락 : 떨어질 낙)

4 필지·획지

① 필지(筆地) : 하나의 지번이 붙는 토지의 등록(등기) 단위, 공간정보의 구축 및 관리 등에 관한 법령과 부동산등기법령상 용어, 토지소유자의 권리를 구분, **법률적** 개념
② 획지(劃地) : 가격수준이 비슷한 일단의 토지, 감정평가상 용어, **경제적** 개념
　★ 일단지 : **용도상 불가분의 관계에 있는 2필지 이상의 일단의 토지**(합병한 토지 ×) [감평문제]
　　　　　　　　　　　　　　　　　　　　　일괄하여(필지별로 ×)

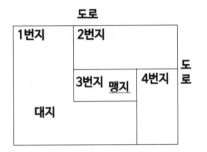

도로	
1번지	**2번지**
	3번지 맹지 ／ **4번지**
대지	

① 多필지 = 1획지(필지〈획지) → 일괄평가
② 1필지 = 多획지(필지〉획지) → 구분평가
③ 1필지 = 1획지(필지=획지) → 개별평가

※ 평가시 획지로 판단 (큰게 한 개)

5 대지·맹지

① 대지(袋地) : **좁은 통로에 의해 도로에 접속면을 갖는 자루형의 모양 토지, 건축 가능**
② 맹지(盲地) : 도로에 **어떤 접속면도 가지지 못하는 토지, 건축법상 건축 불가능**

6 나지, 건부지

① 나지(건축물 ×, 공법 ○, 사법 ×, 지목이 반드시 '垈'일 필요 ×)
　➕ 암기법 **공법만** ○, 지가공시제도의 용어
　㉠ 나지란 토지에 건물 기타의 **정착물이 없고** 지상권 등 토지의 사용·수익을 제한하는 **사법상의 권리가 설정되어 있지 아니한 토지**를 말한다.
② 건부지(건축물이 이미 들어서 있는 토지)
　건축물이 지어져 있는 상태의 토지를 말한다. 통상 건부감가를 고려해서 **나지보다 낮게 평가**된다.
③ 건부지는 건축물의 부지로 이용 중인 토지만을 말하며, 건축물의 부지로 이용가능한 토지는 나지이다. [감평문제]

7 공지와 공한지

① 공지(空地) : 필지 내 건폐율 등의 공적 제한으로 인해 꽉 메워서 건축하지 않고 남겨둔 토지
② 공한지(空閑地) : 도시토지로서 지가상승만을 기대하고 투기목적으로 방치하는 토지

8 유휴~~~지와 휴~~~한지

① 유휴지(遊休地) : 바람직스럽지 못하게 놀리는 토지
② 휴한지(休閑地) : 농지 등의 지력회복을 위해 정상적으로 쉬게 하는 토지
  ★ 유휴지(놀리고 있는)와 휴한지(쉬게 하는)를 구분할 것

9 기타 토지 용어 정리

① 선하지(線下地) : 고압전선 아래의 토지로 보통은 선하지 감가를 행한다.
② 소지(素地) : 택지 등으로 개발되기 이전의 자연적 상태 그대로의 토지(원지)
③ 표준지 : 지가의 공시를 위해 가치형성요인이 같거나 유사하다고 인정되는 일단의 토지 중에서 **선정**한 토지
④ 표본지 : 지가변동률 조사·산정대상 지역에서 행정구역별·용도지역별·이용상황별로 지가변동을 측정하기 위하여 선정한 대표적인 필지
⑤ 공유지(共有地) : 1필지의 토지를 2인 이상이 공동으로 소유한 토지로 지분비율 또는 지분의 위치에 따라 감정평가한다. [감평문제]

02 주택의 분류(건축법, 주택법)

1 주택의 분류(건축법 시행령)

(1) 단독주택 : 단독주택, 다중주택, 다가구주택, 공관

① 단독주택	
② 다중주택	㉠ 학생 또는 직장인 등 여러 사람이 장기간 거주할 수 있는 구조로 되어 있는 것 ㉡ 독립된 주거의 형태를 갖추지 아니한 것(각 실별로 욕실은 설치할 수 있으나, 취사시설은 설치하지 아니한 것을 말한다.) ㉢ 1개 동의 주택으로 쓰이는 바닥면적의 합계가 660제곱미터 이하이고 주택으로 쓰는 층수(지하층은 제외)가 3개 층 이하일 것 ㉣ 적정한 주거환경을 조성하기 위하여 건축조례로 정하는 실별 최소 면적, 창문의 설치 및 크기 등의 기준에 적합할 것
③ 다가구주택	㉠ 주택으로 쓰는 층수(지하층은 제외)가 3개 층 이하일 것 ㉡ 1개 동의 주택으로 쓰이는 바닥면적(부설 주차장 면적은 제외)의 합계가 660제곱미터 이하일 것 ㉢ 19세대 이하가 거주할 수 있을 것
④ 공 관	정부기관의 고위관리가 공적으로 사용하는 주택

(2) 공동주택 : 아파트, 연립주택, 다세대주택, 기숙사

① 아파트	주택으로 쓰는 층수가 5개 층 이상인 주택
② 연립주택	주택으로 쓰는 1개 동의 바닥면적 합계가 660제곱미터를 초과하고, 층수가 4개 층 이하인 주택
③ 다세대주택	주택으로 쓰는 1개 동의 바닥면적 합계가 660제곱미터 이하이고, 층수가 4개 층 이하인 주택
④ 기숙사	학교 또는 공장 등의 학생 또는 종업원 등을 위하여 쓰는 것으로서 1개 동의 공동취사시설 이용 세대 수가 전체의 50퍼센트 이상인 것

★ **건축법 시행령 [별표 1]**

2. 공동주택

   라. 기숙사 : 다음의 어느 하나에 해당하는 건축물로서 공간의 구성과 규모 등에 관하여 국토교통부장관이 정하여 고시하는 기준에 적합한 것. 다만, 구분소유된 개별 실(室)은 제외한다.

      1) 일반기숙사 : 학교 또는 공장 등의 학생 또는 종업원 등을 위하여 사용하는 것으로서 해당 기숙사의 공동취사시설 이용 세대 수가 전체 세대 수(건축물의 일부를 기숙사로 사용하는 경우에는 기숙사로 사용하는 세대 수로 한다. 이하 같다)의 50퍼센트 이상인 것(「교육기본법」 제27조 제2항에 따른 학생복지주택을 포함한다)

      2) **임대형기숙사** : 「공공주택 특별법」 제4조에 따른 공공주택사업자 또는 「민간임대주택에 관한 특별법」 제2조 제7호에 따른 임대사업자가 임대사업에 사용하는 것으로서 임대 목적으로 제공하는 실이 **20실 이상**이고 해당 기숙사의 공동취사시설 이용 세대 수가 전체 세대 수의 50퍼센트 이상인 것

VS	아파트	5 이상	vs	연립	4 이하, 660 초과	vs	다세대	4 이하, 660 이하
	다가구	3 이하, 660 이하	vs	다중	3 이하, 660 이하			

☑ **용어정리**

1. 도시형 생활주택
   ① 서민과 1~2인 가구의 주거 안정을 위하여 국민주택 규모의 300세대 미만으로 구성
   ② 단지형 연립주택, 단지형 다세대주택, 소형주택 개정 3종류
   ③ 분양가규제(상한제)의 적용 배제
   ➕ **암기법** 내 동생 삼백이는 연세대 소형주택에 사는데 노터치
   ★ 구체적 분류 : 면적과 관계없이 5개 층 이상은 모두 아파트에 해당

공 동 주 택		단독주택	
연립(660 **초과**) | (660 이하) 다세대		다가구	다중
4개층 | 4개층		3개층	3개층

2. 준주택(생활숙박시설 ✕)
   ① 주택 외의 건축물과 그 부속토지로서 주거시설로 이용 가능한 시설
   ② 노인복지주택, 오피스텔, 기숙사, 다중생활시설 (➕ **암기법** '주택 외'에서 몸을 '노오기다')
3. 세대구분형 공동주택이란 공동주택의 주택 내부 공간의 일부를 세대별로 구분하여 생활이 가능한 구조로 하되, 그 구분된 공간의 일부를 구분소유할 수 없는 주택

[감평문제, 제35회 적중]

건축물 A의 현황이 다음과 같을 경우, 건축법령상 용도별 건축물의 종류는? [제33회]

- 층수가 4층인 1개 동의 건축물로서 지하층과 필로티 구조는 없음
- 전체 층을 주택으로 쓰며, 주택으로 쓰는 바닥면적의 합계가 600m²임
- 세대수 합계는 8세대로서 모든 세대에 취사시설이 설치됨

① 기숙사   ② 다중주택
③ 연립주택   ④ 다가구주택
⑤ 다세대주택

정답▶ ⑤

---

03   지목에 따른 분류(공간정보의 구축 및 관리 등에 관한 법률상의 28개 지목)

1   지 목

지적제도의 용어로서, 토지의 주된 용도에 따라 토지의 종류를 구분하여 지적 공부에 등록한 것 [제35회]

➕ **암기법** 장차 천원(공장용지, 주차장, 하천, 유원지) [감평문제]

※ 사찰용지, 저수지, 대지, 주택용지, 선로용지, 항만용지 ✕

1) **구거**

용수(用水) 또는 배수(排水)를 위하여 일정한 형태를 갖춘 **인공적인 수로·둑** 및 그 부속시설물의 부지와 자연의 유수(流水)가 있거나 있을 것으로 예상되는 **소규모 수로부지**

2) **유지(溜池)**

물이 고이거나 상시적으로 물을 저장하고 있는 댐·저수지·소류지(沼溜地)**·호수·연못** 등의 토지와 연·왕골 등이 자생하는 배수가 잘 되지 아니하는 토지

VS	구거	용·배수 위하여, 수로·둑	vs	유지	물 고이거나 저장, 댐·**저수지**·호수

공간정보의 구축 및 관리 등에 관한 법령상 용수를 위하여 일정한 형태를 갖춘 인공적인 수로·둑 및 그 부속시설물의 부지의 지목을 유지(溜池)라고 한다. (✕)   [제27회]

36회 적중예상 핵심내용			기출							
테마 03	01	토지의 특성과 파생현상	28	29	30	31	32	33	34	35

01 | 토지의 특성과 파생현상

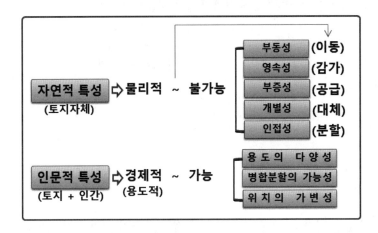

1 토지의 자연적 특성

토지 자체가 본원적으로 가지고 있는 고유의 물리적 특성을 말한다. 선천적, 불변적, 고정적 특성이므로 인간의 힘으로 변경이 불가능한 특성이다.

(1) 부동성(지리적 위치의 고정성, 비이동성)

지 역　토지는 지리적으로 위치가 고정되어 있고, 물리적으로 이동할 수 없다.

부동성 ⇨ 외부효과 영향 ⇨ 위치마다 다름 ⇨ 부동산은 위치가치 ⇨ 지역분석 필요 ⇨ 임장활동

국지화	부동성으로 인해 토지는 국지(局地)화되며 지역시장이 형성됨 ★ 국지화·지역화(지역마다 다르다) : 부동산이 일정한 지역에 제한된다는 것을 말한다. 토지시장은 지역적으로 세분화되며 부분시장(하위시장)이 형성됨 ⇨ 지역에 따라 다른 가격이 형성되는 부동산시장(시장세분화) ㉠ 지역이 다르면 부동산은 수요와 공급의 이동이 불가능하다. ㉡ 부동산시장은 지역별로 서로 다른 시장(가격)이 형성된다. ㉢ 수요자들에 의해 시장이 분화되는 현상을 시장세분화(細分化)라고 한다. 　－지역별 세분화 : 강남지역시장, 강북지역시장 … 　위치에 따라 용도지역 지정이 달라지고, 지역마다 규제가 달라짐

지역분석 (인접성)	부동성으로 인해 부동산의 가치평가에서는 지역분석이 중시됨 **인근지역과 유사지역의 분류를 가능하게 한다.**
외부효과 (인접성)	부동성으로 인해 토지는 이동이 불가능하므로 주변환경에 의해 정(+)의 외부효과 또는 부(−)의 외부효과를 받게 되며, 이러한 환경은 지역마다 다르고 위치마다 다르다. **부동산의 가치는 위치가치가 된다.** 예 쓰레기 소각장, 공원설치, 대형마트 입점 등
임장활동	부동성으로 인하여 토지는 현장조사 활동(임장활동)이 중시됨
규 제	부동성으로 인해 부동산은 **규제가 용이**하다.
조세근거	부동성은 지방자치단체 운영을 위한 부동산 **조세수입의 근거**가 됨
동산과 부동산의 구분근거	① 움직이면 동산, 안 움직이면 부동산이다. ② '이 물건이 내 물건'이라는 것을 알리는 방법(공시방법)이 다르다. 　－동산의 공시방법 : 점유 　－부동산의 공시방법 : 위치는 지도(대장) + 권리자는 등기부 ③ 부동산의 소유권이전은 물건 그대로 있고 권리만 서류를 통해 이전된다. 　－동산의 소유권이전 : 점유이전 − 구체적인 물건의 이동 　－부동산의 소유권이전 : 등기이전 − 추상적인 권리의 이동

(2) 개별성(비대체성, 비동질성, 이질성)

대 체	토지는 물리적으로 모두 이질적이며, 물리적 대체가 불가하다. **개별성은 물리적인 면에서 비대체성(대체관계 제약)을 의미하는 것이다.** 따라서 토지도 용도적(경제적)인 측면에서 본다면 대체성이 인정될 수 있다는 점을 주의하여야 한다.

물리적 대체	개별성으로 인해 토지는 물리적 대체(완전한 대체, 법적 대체)가 불가함
일물일가의 법칙(동일한 물건이면 동일한 단가를 적용)의 불성립	개별성으로 인해 동일한 토지는 없다(위치가 모두 다름). ⇨ 일물일가 불성립 ⇨ 가치추계의 어려움 ⇨ 감정평가의 필요성
표준지 선정	개별성은 부동산 가격공시에서 표준지 선정을 어렵게 하고 부동산 상품의 표준화를 어렵게 함(**비표준화**)
개별분석 개별화(물건마다 다르다), 구체화	개별성은 토지, 건물 등에 모두 적용되며 토지가격이나 수익을 **개별화함** 개별성은 원리, 이론도출, 비교 곤란 ⇨ 가치추계의 어려움을 초래하며 **개별분석의 필요성을 강화시킴**

독점화	공급을 비탄력적이고 독점적으로 만드는 성질이 있다.
정보비용과 거래비용의 발생 (정보수집곤란)	개별성은 거래 비공개 ⇨ 토지시장을 불완전경쟁시장으로 만드는 요인 ⇨ 시장정보와 가격정보 알기 힘듦(정보수집을 어렵게 한다) ⇨ 시장왜곡 가능성 ⇨ 전문가인 감정평가사, 공인중개사 등의 도움이 필요 ⇨ 거래비용을 높이는 원인

(3) 부증성(비생산성, 면적의 유한성)

생 산	토지는 생산비를 투입하여 생산할 수 없고, 물리적으로 양을 늘릴 수 없다.

1) 토지의 물리적 공급 vs 경제적·용도적 공급

물리적 공급	① 토지는 생산비법칙[3]을 적용할 수 없으며 물리적으로 공급이 불가함 　[생산 불가 = 절대량 불변] ② 토지의 물리적 공급은 완전비탄력적이고, 물리적 공급곡선은 수직선이 됨
경제적 공급	① 토지는 용도의 다양성으로 인하여 경제적·용도적 공급이 가능함 ② 토지는 개간, 매립, 간척 등을 통해 용도적 공급이 가능함[4] ③ 토지의 용도적 공급은 부증성의 예외가 아닌 토지이용행위의 전환임

2) 부증성으로 인해 파생되는 토지의 특징

토지부족	부증성으로 인해 토지 공급조절이 어렵고(비탄력), 부족 문제가 초래됨 수급조절 또는 공급조절이 곤란하게 되며 균형가격 형성곤란
희소성	부증성으로 인해 토지의 희소성이 증대됨
지가고	부증성 및 희소성으로 인하여 수요자 경쟁이 치열할수록 지가(가격) 또는 지대(임대료)는 높아지게 된다.
독점소유욕	희소성 및 지가고는 토지에 대한 독점소유욕의 원인이 됨
수요자경쟁	부증성으로 인해 토지는 수요자경쟁(좋은 위치의 공간을 먼저 차지하려고 하는 수요자들의 입지경쟁)이 치열하다.
최유효이용	부증성(용도의 다양성)으로 인해 토지이용시 최유효이용의 중요성이 강조됨
집약화	부증성은 토지가격이 높아질수록 해당 토지는 집약적 이용(고층화)이 필요하게 된다.
토지공개념	부증성은 토지의 사회성·공공성을 강화시키고, 정부개입의 명분을 강화시킴

---

3) 생산비가 생산물의 가격을 결정한다는 법칙. 원가방식 적용 불가(원가방식 = 생산비법칙 = 생산비가 가격이 된다). 토지는 인간이 만들지 못하는 재화이므로 해당 재화를 만드는 데 투입된 비용으로 그 재화의 가격을 결정하는 이론(생산비법칙 또는 원가방식)을 적용할 수 없다.

4) 개간, 매립, 간척 등을 통한 토지의 공급은 토지의 절대량이 늘어나는 것이 아니기에 부증성의 예외로 볼 수 없다. 부증성은 모든 토지에 언제나 적용된다.

(4) 영속성(비소모성, 내구성)

영속성(수명무한) ⇨ 시간이 경과해도 가치하락 없음(감가이론 배제)

영속성은 물리적인 면을 말하는 것이다. 따라서 토지도 경제적인 면에서는 소멸될 수가 있다는 점을 주의하여야 한다.

소 모	토지는 물리적으로 소모되거나 마멸되지 않는다. 공간으로서의 토지는 소모되거나 마멸되지 않는다.
물리적 감가	토지는 물리적 감가5)가 없고, 소모를 전제로 하는 재생산이론(재건축)6)을 적용할 수 없음 ➕암기법 재영~~~~
가치보존력	영속성으로 인하여 토지는 물리적으로 감가되지 않는다. ⇨ 가치보존력이 우수하다. ⇨ 투자대상

장기적 배려 및 부동산 관리의 중요성	① 토지는 한 번 개발하면 원래 상태로 되돌리기 어려움(비가역성) ⇨ 토지이용 결정시 장기적 배려가 필요하다. ⇨ 부동산은 지속적인 **관리가 중요**하다.
	② 투자자는 장기투자를 통해 소득이득(사용이익)과 자본이득(소유이익) 둘 다 기대할 수 있다.

	자본이득	영속성 ⇨ 감가되지 않음 ⇨ 가치상승 ⇨ 매매시 자본이득 발생
	소득이득	영속성 ⇨ 감가되지 않음 ⇨ 임대차시장에서 소득이득 발생

임대차 중고주택	내구성은 소유이익 및 이용이익을 분리시켜 임대차 시장을 발달시킴
	내구성은 재고시장의 발달 및 저량분석에 영향을 미침

Value (가치)	영속성 ⇨ 가치(value)는 장래 기대이익을 현재가치로 환원한 값으로 정의
	영속성 ⇨ 가격 제원칙 중 예측의 원칙에 대한 이론적 근거가 됨
	영속성 ⇨ 영속성으로 인해 토지는 감가되지 않으므로 토지는 수익가격 산정시 자본회수를 할 필요가 없다. 즉 영속성은 토지의 수익가격 산정시 직접(수익)환원법을 적용하는 근거가 된다.

VS	재생산이론 불가	영속성	vs	생산비법칙 불가	부증성
	부동성	지역, 국지화, 지역화, 지역분석	vs	개별성	물건, 개별화, 독점화, 개별분석
	외부효과, 지역분석	부동성, 인접성 (2)	vs	최유효이용	용도의 다양성, 부증성 (2)

---

5) 물리적 감가상각 : 사용이나 시간의 흐름에 따라 물리적으로 마멸, 손상, 파손, 노후화되는 것을 말한다.

6) 일반적인 재화는 소모되면 다시 생산하여야 한다. 이러한 소모와 재생산의 과정이 반복된다는 이론이다. 토지는 영속성으로 소모되지 않으므로 재생산할 필요가 없기 때문에 재생산이론이 적용되지 않는다.

2 토지의 인문적 특성(용병사)

인간이 개입되면서 생기는 인위적으로 부여한 특성을 말한다. 후천적, 인위적, 가변적 특성이므로 인간의 힘으로 변경시킬 수 있는 특성이다.

(1) 용도의 다양성

① 최유효이용(부증성·용도의 다양성)의 성립근거 : 토지이용의 우선순위를 정하여 적합한 용도로 토지를 활용한다.

② 용도전환을 통해 경제적(용도적) 공급 가능하며, 우상향 곡선

(2) 병합 및 분할의 가능성

토지이용목적에 따라 토지면적을 인위적으로 합하거나(병합) 나눌 수(분할) 있는 성질을 말한다.

① 용도의 다양성을 지원하는 기능이다. [감평문제]

② 부동산의 가치를 변화시킨다. [감평문제]

③ 병합·분할에는 행정규제가 수반된다.

(3) 사회, 경제, 행정적 위치의 가변성(인문적 위치의 가변성)

토지의 자연적, 물리적 위치는 불변이지만, 인문적 환경인 사회적, 경제적, 행정적 요인이 변함에 따라 위치의 가치가 변한다.

1) 위치는 절대적 위치와 상대적 위치로 구분된다.

2) **절대적**(물리적) 위치는 주소(지번)개념으로 **부동성**(불변)과 관련이 있다.

3) **상대적**(경제적) 위치는 주변에 따라 달라지며 **인접성**(가변)과 관련이 있다.

① 사회적 위치(**인간**) : 인구 및 주거환경, 공원, 학교 등

② 경제적 위치(**수익**) : 도로 등 교통체계, 경제성장, **세금**이나 이자 **부담** 상태

③ 행정적 위치 : 각종 제도, 규제, **정책**

☑ 토지특성 연습

지역시장	부동성	장기배려	영속성	최유효이용	부증성	정보수집 곤란	개별성
집약화	부증성	정부규제	부동성	가치보존력	영속성	생산비법칙×	부증성
재고시장	영속성	임장활동	부동성	대체관계 제약	개별성	재생산이론×	영속성
국지화	부동성	비교곤란	개별성	독점소유욕	부증성	가치추계 곤란	개별성
개별화	개별성	장기투자	영속성	지가·지대발생	부증성	일물일가법칙×	개별성
조세수입	부동성	개별분석	개별성	상품비표준화	개별성	시장비조직성	개별성
희소성	부증성	지역분석	부동성	가치(value)	영속성	물리적 공급×	부증성
독점화	개별성	부동산관리	영속성	부족문제	부증성	균형가격형성곤란	부증성
임대차시장	영속성	입지경쟁	부증성	거래비공개성	개별성	직접(수익)환원법	영속성
감가상각×	영속성	지가상승	부증성	공급조절 곤란	부증성	소유, 사용분리	영속성
수요자경쟁	부증성	소모 안 됨	영속성	소득·자본이득	영속성	공급완전비탄력	부증성
토지공개념	부증성	외부효과	부동성	동산과 구별	부동성	표준지선정 곤란	개별성

기출문제

토지의 특성에 관한 설명으로 틀린 것은?   [제34회]

① 용도의 다양성으로 인해 두 개 이상의 용도가 동시에 경합할 수 없고 용도의 전환 및 합병·분할을 어렵게 한다.
② 부증성으로 인해 토지의 물리적 공급이 어려우므로 토지이용의 집약화가 요구된다.
③ 부동성으로 인해 주변 환경의 변화에 따른 외부효과가 나타날 수 있다.
④ 영속성으로 인해 재화의 소모를 전제로 하는 재생산이론과 물리적 감가상각이 적용되지 않는다.
⑤ 개별성으로 인해 토지별 완전한 대체 관계가 제약된다.

정답▶ ①

	36회 적중예상 핵심내용		기출						
테마 04	01	수요와 공급			30				35
	02	수요의 변화와 수요량의 변화	28		30			34	
	03	수요요인		29	30	31	32	33	
	04	공급요인							

01   수요와 공급

1 수요와 공급의 정의

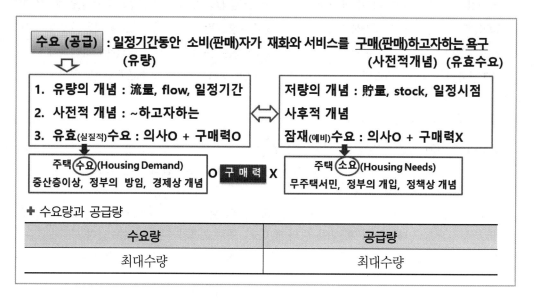

2 유량과 저량

(1) 유량과 저량

1) 유량(flow): 일정기간의 값으로 **월·연** 단위 데이터를 의미한다.

2) 저량(stock): 일정시점에서 측정한 값으로 **현재시점**의 데이터를 의미한다.

유량(기간, flow, 流量)	저량(시점, stock, 貯量)
① 임대료, 지대	① 가격(가치), 지가
② 수익(매출액), 소득(순영업소득, 급여), 소비	② 인구, 재산, 자산(자본, 부채)
③ 주택거래량, 당기순이익	③ 통화량, 주택보급률
④ 신규주택공급량(생산량), 장기	④ 주택재고량, 단기

3) 저량변수

➕ **암기법** 저는 재자가 부인, 단기, 통화량(저량)

저량	재고량	**자**산(본)	**가**치(격)	**부**채	**인**구	**단기**	**주택보급률** 통화량

▶ **출제 포인트** | **수요의 개념**

1. 수요와 공급의 개념 : 유량의 개념, 사전적 개념, 유효수요(유효공급)
2. 수요(demand)는 반드시 구매력(소득·대출금·보조금 포함)을 수반한 유효수요여야 한다.
3. 유량(기간, flow)과 저량(시점, stock)과 관계되는 경제변수를 구분
4. 유량 공급량은 일정기간에 공급되는 량, 저량의 공급량은 일정시점에 존재하는 량이다.

(2) 수요법칙과 공급법칙

1) 수요법칙과 공급법칙(P − Q)

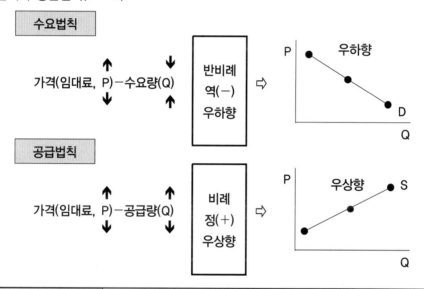

가격이 상승하면 ↑	① 수요량은 감소한다. ↓ (수요의 법칙 − 가수반) ➕ 비싸면 안 사고, 싸면 사고, 수요곡선은 우하향한다. ② 공급량은 증가한다. ↑ (공급의 법칙 − 가공비) ➕ 돈 되면 팔고, 돈 안 되면 안 팔고, 공급곡선은 우상향한다.

1. 부동산의 수요와 공급에 관한 설명으로 옳은 것은? (단, 수요곡선은 우하향하고 공급곡선은 우상향하며, 다른 조건은 동일함)   [제21회, 제30회]

① 가격이 상승하면 공급량이 감소한다.
② 수요량은 일정기간에 실제로 구매한 수량이다.
③ 공급량은 주어진 가격수준에서 실제로 매도한 수량이다.
④ 건설종사자들의 임금상승은 부동산가격을 하락시킨다.
⑤ 부동산수요량은 특정 가격수준에서 부동산을 구매하고자 하는 의사와 능력이 있는 수량이다.

정답▶ ⑤

2. 다음 중 저량(stock)의 경제변수는 모두 몇 개인가?   [제24회, 제35회]

• 주택재고	• 건물 임대료 수입
• 가계의 자산	• 근로자의 임금
• 도시인구 규모	• 신규 주택공급량

① 2개   ② 3개   ③ 4개
④ 5개   ⑤ 6개

정답▶ ②

02 수요의 변화와 수요량의 변화 ★ 가격만이 양선상님을 움직인다

1 수요량의 변화와 수요의 변화

➕ 암기법 수요량의 변화 : 해당가격 · 상 · 점
➕ 암기법 (양 선상님('선생님'의 방언) 점 가격)

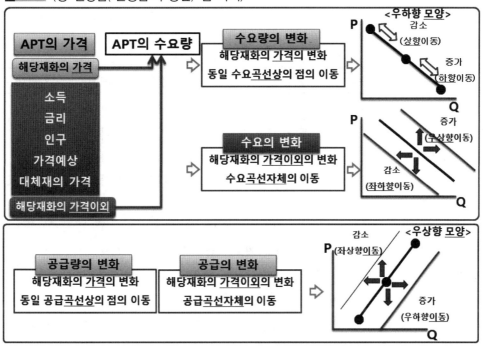

03 수요요인

1 다른 부동산의 가격변화 : 관련재화의 변화

대체재(소비효용이 유사한 경쟁관계)와 보완재(동시소비가 유리한 보완관계)
① 대체재 : 수요의 방향이 반대인 두 재화 : A 수요증가 ⇨ B 수요감소
② 보완재 : 수요의 방향이 동일한 두 재화 : C 수요증가 ⇨ D 수요증가

② 수요량감소 ↓	③ 수요증가 ↑	② 수요량감소 ↓	③ 수요감소 ↓
① 가격상승 ↑	④ 가격상승 ↑	① 가격상승 ↑	④ 가격하락 ↓
대체재 (경쟁제품)	해당재화	보완재	해당재화

빈출지문 해설 ▶ 아파트와 단독주택이 대체재라고 가정할 때 아파트의 가격이 상승하면, 단독주택의 수요가 증가하고 단독주택의 가격은 상승한다. (○)

★ A의 가격이 변하면 관련 재화의 B의 수요가 변할 수 있다.

대체재		보완재	
소비효용이 유사한 경쟁관계		동시소비가 유리한 보완관계	
① A수요+ ⇨ B수요- [수수반대]		① A수요+ ⇨ B수요+ [수수같음]	
② A수요- ⇨ B수요+ [수수반대]		② A수요- ⇨ B수요- [수수같음]	
③ A가격+ ⇨ B수요+ [가수같음]		③ A가격+ ⇨ B수요- [가수반대]	
④ A가격- ⇨ B수요- [가수같음]		④ A가격- ⇨ B수요+ [가수반대]	
⑤ A가격+ ⇨ B가격+ [가가같음]		⑤ A가격+ ⇨ B가격- [가가반대]	
수수반대 ∥ 가수같음 ∥ 가가같음		수수같음 ∥ 가수반대 ∥ 가가반대	

① **대체재**의 **가격**이 **상승**하면 해당 재화의 수요가 **증가**하고 균형가격이 **상승**한다.
② **대체재**의 **가격**이 **하락**하면 해당 재화의 수요가 **감소**하고 균형가격은 **하락**한다.
③ **보완재**의 **가격**이 **상승**하면 해당 재화의 수요가 **감소**하고 균형가격은 **하락**한다.
④ **보완재**의 **가격**이 **하락**하면 해당 재화의 수요가 **증가**하고 균형가격이 **상승**한다.

─[기출문제]─

1. **대체주택**의 **가격하락**은 수요 곡선을 **좌측**으로 이동시킨다. (○) [제25회]
2. **대체재** 수요량의 **증가**는 수요곡선의 **우측이동** 요인이다. (×) [제34회]
3. **보완재 가격**의 **하락**은 수요곡선의 **우측이동** 요인이다. (○) [제34회]
4. 아파트와 단독주택의 관계가 **대체재**라고 가정할 때 아파트의 **가격**이 **상승**하면, 단독주택의 수요가 **증가**하고 단독주택의 **가격**은 **상승**한다. (○) [제26회]

2 소득의 변화 : 우등재(정상재)와 열등재

① 소득이 증가 [+]할 때 수요가 증가 [+]하는 재화 : 정상재
② 소득이 증가 [+]할 때 수요가 감소 [-]하는 재화 : 열등재

3 기타수요변화 요인

① 아파트의 **가격상승이 예상**되면 수요가 증가한다. [비싸지기 전 구매]
② 아파트의 **가격하락이 예상**되면 수요가 감소한다. [하락 때까지 기다림]
③ 인구감소, 선호도의 감소는 수요감소요인이다.
④ 아파트 대출금리의 하락은 수요증가요인이다.
⑤ 거래세 인상은 수요감소요인이다.

기출문제

아파트에 대한 수요의 변화 요인과 수요량의 변화 요인이 옳게 묶인 것은? [제19회]

	수요의 변화 요인	수요량의 변화 요인
①	단독주택 가격의 하락	가구 수의 감소
②	택지공급의 증가	이자율의 하락
③	가구 수의 증가	아파트 가격의 하락
④	소득수준의 증가	인구증가
⑤	아파트 건축비의 하락	재산세의 강화

정답▶ ③

4 개별수요와 시장수요

① 개별수요(Q_D) : 개인 한 사람의 수요 ⇨ Q(개별) = 20 − P 가파름, 비탄력적
② 시장수요(QM) : 개별수요의 **수평(수직×)**적 합계(10명) ⇨ Q(시장) = 200 − 20P 완만,
 탄력적

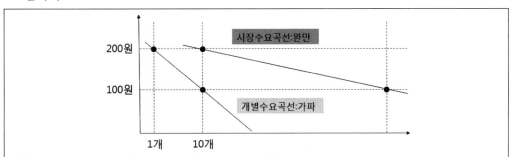

기출문제

어떤 부동산에 대한 시장수요함수는 P = 100 − 4Q_D이며, 이 시장의 수요자는 모두 동일한
개별수요함수를 갖는다. 이 시장의 수요자 수가 2배로 된다면 새로운 시장수요함수는? (단,
새로운 시장수요량은 Q_M으로 표기한다) [제24회]

해설▶ 1. P = 100 − 4Q_D ⇨ 4Q_D = 100 − P ⇨ $Q_D = 25 - \frac{1}{4}P$

새로운 시장수요함수는 수요자 수가 2배로 늘어났으므로 $2 \times (Q_D = 25 - \frac{1}{4}P)$

$Q_M = 50 - \frac{1}{2}P$ ⇨ $\frac{1}{2}P = 50 - Q_M$ ⇨ **P = 100 − 2Q_M**

2. ① 'P = 100 −'까지는 똑같이 ② 4를 2배로 나누고 ③ Q_D를 Q_M으로 수정

정답▶ $P = 100 - 2Q_M$

04 공급요인

1 생산요소의 요소비용(생산요소가격) : 생산비(공급 고유요인)

생산요소	노 동	자 본	토 지	원자재
요소비용	임금	이자비용 금리인하 – 공급증가	지대	비용

① 건설노동자의 임금이 상승하면 주택의 공급은 감소한다.
② 주택건설용 **원자재 가격의 하락**은 주택의 공급곡선을 **우측**으로 이동시킨다.
③ 원자재 가격이 상승할 때
   ⇨ 주택가격이 변하지 않는다면 : 주택공급은 감소하게 된다.
   ⇨ 주택가격이 상승한다면 : 주택공급은 증가할 수도 있다.
④ 주택가격이 상승하면 주거용지의 공급도 증가하게 된다.
   주택가격상승 ⇨ 주택공급증가 ⇨ 주거용지의 공급도 증가
⑤ 토지의 가격이 상승하면 주택의 공급은 감소한다.

2 공법상 규제

① 공법상 규제가 강화되면 부동산의 공급은 감소한다.
② 공법상 규제가 완화되면 부동산의 공급은 증가한다.

3 건설업체수 증가, 생산기술발달, 부동산의 공급은 증가한다(공급 고유요인)

4 향후 부동산가격 상승예상

신규 분양공급	착공량 증가 ⇨ 장래 공급증가
현재 매도공급	지금 팔지 않고 가격이 오른 후에 팔려고 함 ⇨ 공급감소

① 가격상승이 예상되면 수요는 증가한다.
② 가격상승이 예상되면 (현재의 매도) 공급은 감소한다.
★ **수요는 단기에도 즉각 변동**하나, **공급은 단기에는 불변**하고 **장기에 변화**한다.

---

1. **신규주택시장**에서는 **주택가격의 하락이 기대**되면 공급자들은 공급을 하려고 하지 않을 것이므로 **공급의 감소요인**이 된다. (○)　　　　　　　　　　　　　　　[제33회]

2. 건축원자재의 가격 상승은 부동산의 공급을 축소시켜 공급곡선을 좌측(좌상향)으로 이동하게 한다. (○)　　　　　　　　　　　　　　　　　　　　　　　　　　　[제34회]

3. 건축기자재 가격이 상승하더라도 주택가격이 변하지 않는다면 주택공급은 감소할 것이다. (○) [제26회]

4. 주택가격이 상승하면 주거용지의 공급이 감소한다. (×)　　　　　　　　　　[제26회]

해당 부동산시장의 수요곡선을 우측(우상향)으로 이동하게 하는 수요변화의 요인에 해당하는 것은? (단, 수요곡선은 우하향하고, 해당 부동산은 정상재이며, 다른 조건은 동일함)

[제34회]

① 대출금리의 상승
② 보완재 가격의 하락
③ 대체재 수요량의 증가
④ 해당 부동산 가격의 상승
⑤ 해당 부동산 선호도의 감소

정답▶ ②

36회 적중예상 핵심내용		기출							
테마 05	01 균형점의 이동(그래프)		29	30		32	33		35
	02 균형점의 이동(계산문제1)	28		30	31	32	33	34	35

01 균형점의 이동(그래프)

1 균형의 결정(수요·공급표와 그래프)

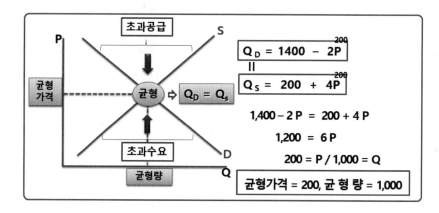

가 격	수요량	공급량	상 태
300원	1개	3개	초과공급
200원	2개	2개	균형
100원	3개	1개	초과수요

① 가격 100원 ⇨ 초과수요(수요량 〉 공급량) ⇨ 가격상승 압력 존재

② 가격 300원 ⇨ 초과공급(수요량 〈 공급량) ⇨ 가격하락 압력 존재

③ 가격 200원 ⇨ 시장균형(수요량 = 공급량) ⇨ 그대로 유지되는 상태

2 균형의 이동

① 수요와 공급 중 한쪽만 변화하는 경우 균형의 이동(다른 한쪽은 불변)

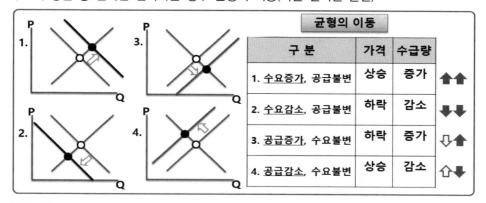

구 분	가격	수급량
1. 수요증가, 공급불변	상승	증가
2. 수요감소, 공급불변	하락	감소
3. 공급증가, 수요불변	하락	증가
4. 공급감소, 수요불변	상승	감소

법칙(P − Q)	균형의 이동(Q − P)
① 가격 상승 − 수요량 감소 [비싸면 안 사고]	① 수요 증가 − 가격 상승 [인기 있으면 가격 상승]
② 가격 하락 − 수요량 증가 [싸면 사고]	② 수요 감소 − 가격 하락 [인기 없으면 가격 하락]
③ 가격 상승 − 공급량 증가 [돈 되면 팔고]	③ 공급 증가 − 가격 하락 [흔해지면 가격 하락]
④ 가격 하락 − 공급량 감소 [돈 안 되면 안 팔고]	④ 공급 감소 − 가격 상승 [귀해지면 가격 상승]

② 수요와 공급이 둘 다 변화하는 경우 균형의 이동

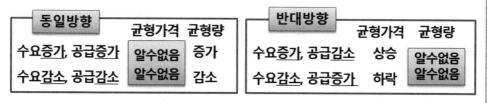

구 분	균형가격	균형수급량
① 수요증가, 공급증가	알 수 없음	증가
㉠ 수요증가 > 공급증가	상승	증가
㉡ 수요증가 < 공급증가	하락	증가
㉢ 수요증가 = 공급증가	불변	증가
② 수요감소, 공급감소	알 수 없음	감소
㉠ 수요감소 > 공급감소	하락	감소
㉡ 수요감소 < 공급감소	상승	감소
㉢ 수요감소 = 공급감소	불변	감소
③ 수요증가, 공급감소	상승	알 수 없음
㉠ 수요증가 > 공급감소	상승	증가
㉡ 수요증가 < 공급감소	상승	감소
㉢ 수요증가 = 공급감소	상승	불변
④ 수요감소, 공급증가	하락	알 수 없음
㉠ 수요감소 > 공급증가	하락	감소
㉡ 수요감소 < 공급증가	하락	증가
㉢ 수요감소 = 공급증가	하락	불변

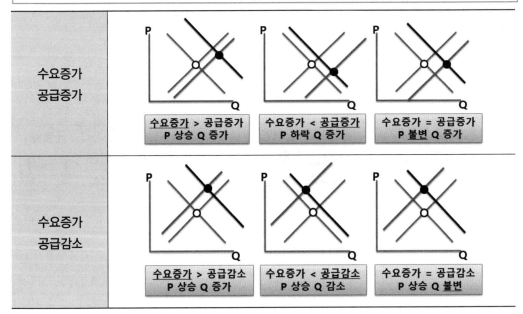

| 수요증가 공급증가 | 수요증가 > 공급증가 P 상승 Q 증가 | 수요증가 < 공급증가 P 하락 Q 증가 | 수요증가 = 공급증가 P 불변 Q 증가 |
| 수요증가 공급감소 | 수요증가 > 공급감소 P 상승 Q 증가 | 수요증가 < 공급감소 P 상승 Q 감소 | 수요증가 = 공급감소 P 상승 Q 불변 |

★ **최종정리**

① ~하고, ~할 때 : 변화의 폭을 **알 수 없을 때** : 정답에 **알 수 없음**이 들어간다.

② ~하는 폭이 ~하는 폭보다 **클 (작을) 때** : **큰 쪽만** 보고 판단한다.

③ ~하는 폭과 ~하는 폭이 **같을 때** : 정답에 **불변(변하지 않음)**이 들어간다.

▶ 출제 포인트 ┃ **수요와 공급이 한쪽만 변화되는 경우와 둘 다 변화되는 경우**

1. ① **수요증가**, 공급불변(⬆⬆), ② **수요감소**, 공급불변(⬇⬇) ⇨ 불변은 무시
2. ③ **공급증가**, 수요불변(⬇⬆), ④ **공급감소**, 수요불변(⬆⬇) ⇨ 불변은 무시
3. 수요와 공급이 동일 방향으로 움직이는 경우 가격은 알 수 없고, 양만 알 수 있다.
   양은 동일하다.
4. 수요와 공급이 반대 방향으로 움직이는 경우 가격만 알 수 있고, 양은 알 수 없다.
   가격은 수요에 따라 간다.
5. '크다면'이 나오면 큰 것만 본다(작은 것 무시).
6. '같다면'이 나오면 몰랐던게 불변이다.

┃ 기출문제 ┃

수요과 공급이 동시에 변화할 경우, 균형가격과 균형량에 관한 설명으로 옳은 것은? (단, 수요곡선은 우하향, 공급곡선은 우상향, 다른 조건은 동일함) [제32회]

① 수요와 공급이 증가하는 경우, 수요의 증가폭이 공급의 증가폭보다 크다면 균형가격은 상승하고 균형량은 감소한다.

② 수요와 공급이 감소하는 경우, 수요의 감소폭이 공급의 감소폭보다 작다면 균형가격은 상승하고 균형량은 증가한다.

③ 수요와 공급이 감소하는 경우, 수요의 감소폭과 공급의 감소폭이 같다면 균형가격은 불변이고 균형량은 증가한다.

④ 수요는 증가하고 공급이 감소하는 경우, 수요의 증가폭이 공급의 감소폭보다 작다면 균형가격은 상승하고 균형량은 증가한다.

⑤ 수요는 감소하고 공급이 증가하는 경우, 수요의 감소폭이 공급의 증가폭보다 작다면 균형가격은 하락하고 균형량은 증가한다.

정답▶ ⑤

3 균형의 이동을 이용한 패턴[2단 판정]

① 건설노동자의 임금이 상승하면? ⇨ 공급이 감소하므로 ⇨ 균형가격은 상승
② **대체주택**에 대한 **수요가** 감소하면? ⇨ **수요가 증가**하므로 ⇨ 균형가격은 상승
③ 아파트 건설업체수가 증가하면? ⇨ 공급이 증가하므로 ⇨ 균형가격은 하락
④ 아파트 선호도가 감소하면? ⇨ 수요가 감소하므로 ⇨ 균형가격은 하락
⑤ 가구의 실질소득이 증가하면? ⇨ 수요가 증가하므로 ⇨ 균형가격은 상승

02 | 균형점의 이동(계산문제1)

1 수요함수와 공급함수

수요함수 $Q_D = 1,400 - 2P$ (P와 Q의 부호가 다르다)
공급함수 $Q_S = 200 + 4P$ (P와 Q의 부호가 같다)

2 시장균형점 구하기(계산문제)

기출문제 •

A지역의 오피스텔 공급량(Q_s)이 3P이고, A지역의 오피스텔 수요함수가 $Q_{d1} = 1,200 - P$에서 $Q_{d2} = 1,600 - P$로 변화하였다. 이때 A지역 오피스텔 시장의 균형가격과 균형거래량의 변화는? (단, P는 가격, Q_{d1}과 Q_{d2}는 수요량이며, 다른 조건은 일정하다고 가정함)

[제26회 응용]

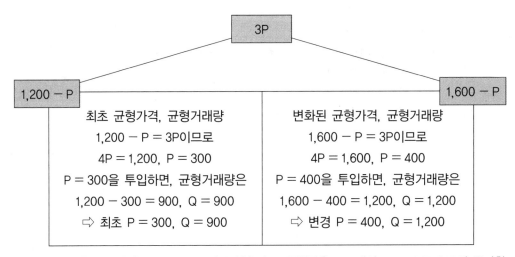

정답▶ 균형가격은 300에서 400으로 100만큼 상승하고, 균형량은 900에서 1,200으로 300이 증가함

36회 적중예상 핵심내용		기출					
테마 06	01	탄력성의 개념					32	34	
	02	탄력성 결정요인	28		30			
	03	탄력성의 적용				31		

01 탄력성의 개념

1 탄력성의 종류

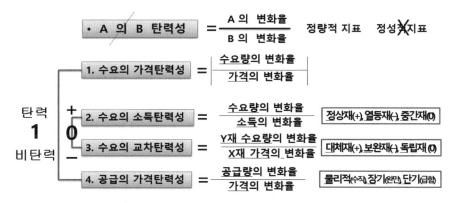

▶ 출제 포인트   탄력성의 종류

1. 가격(P, 자극)이 변화하였을 때 **량(Q, 반응)이 얼마나 변화하는가**를 측정 ⇨ **정량적 지표**(정성적 지표 ×)
2. 가격탄력성 **1(단위탄력)**, 1보다 크면(**탄력**), 1보다 작으면(**비탄력**), 0(**완전비탄력**), 무한대(**완전탄력**)
3. **직각쌍곡선**(단위탄력), 완만(탄력), 가파름(비탄력), 수직(완전비탄력), 수평(완전탄력)
4. ① 수요의 **가격탄력성**   ② 공급의 **가격탄력성** : **기준값이 1 (가. 1)**
   ⇨ 1보다 **크면 탄력**, 1보다 **작으면 비탄력**
5. ① 수요의 **교차탄력성**   ② 수요의 **소득탄력성** : **기준값이 0 (교. 소. 0)**
   ⇨ 0보다 **크면 (+)**, 0보다 **작으면 (-)**

결론 : A의 수요량이 얼마나 변화하는가?		
⇑	⇑	⇑
원인 1	원인 2	원인 3
해당재화(A)의 가격변화	소득변화	관련재화(B)의 가격변화
가격탄력성	**소득탄력성**	**교차탄력성**
$\dfrac{\text{A수요량 변화율}}{\text{A가격변화율}}$	$\dfrac{\text{A수요량 변화율}}{\text{소득변화율}}$	$\dfrac{\text{A수요량 변화율}}{\text{B가격변화율}}$

(1) 수요의 가격탄력성의 구분

가격탄력성은 **해당 재화의 가격**이 변할 때 **수요량 변화율**을 측정하는 **정량적** 개념이다.

$$\frac{수요량\ 변화율}{가격변화율(-에\ 대한)}$$ ① **가격변화율에 대한** 수요량 변화율
② 수요량 변화율을 가격변화율로 **나눔**

완전비탄력	비탄력	단위탄력적	탄력적	완전탄력적
가격이 변할 때 **수요량 불변**	가격변화율보다 **수요량 적게**	**가격변 = 수요량변**	가격변화율보다 **수요량 많이**	가격불변 **수요량 무한대**
0 (수직)	탄력성〈1	탄력성 = 1	탄력성〉1	무한대(수평)

① **완전비탄력**적: 가격변화에 상관없이 수요량이 고정 = 양 불변 = 수직 = 0
② **비탄력**적: **가격변화율**이 수요량 변화율보다 **큼** = **양** 변화율 작음 = 1보다 **작음**
③ **단위탄력**적 : 가격변화율과 수요량 변화율이 **같음** : 탄력성 = 1
④ **탄력**적 : 가격변화율보다 수요량 **변화율이 큼** = 양 변화율 큼 = 1보다 큼
⑤ **완전탄력**적: 미세한 가격변화에 수요량이 **무한대**로 변함 = 양 무한 = **수평** = ∞

☑ **탄력적 VS 비탄력적**

탄력적	비탄력적
위아래 [가격] 〈 좌우 [양]	위아래 [가격] 〉 좌우 [양]
탄력성 크고, 기울기 작음	**탄력성 작고, 기울기 급함**

비탄력적이면 가격(상하)변화가 크다

탄력적이면 수량(좌우)변화가 크다

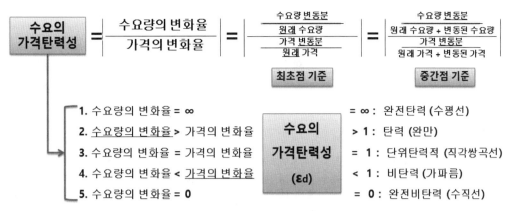

심화: 우하향하는 선분으로 주어진 수요곡선의 경우, 수요곡선상의 측정지점에 따라 가격탄력성은 다르다.

기출문제 ▪

부동산 매매시장에서 수요와 공급의 가격탄력성에 관한 설명으로 틀린 것은? [제29회, 제34회]

① 가격변화율보다 공급량의 변화율이 커서 1보다 큰 값을 가진다면, 공급의 가격탄력성은 비탄력적이다.
② 공급곡선이 수직선이면, 공급의 가격탄력성은 완전비탄력적이다.
③ 수요의 가격탄력성이 비탄력적이면 가격의 변화율보다 수요량의 변화율이 더 작다.
④ 수요곡선이 수직선이면 수요의 가격탄력성은 완전비탄력적이다.
⑤ 수요의 가격탄력성이 탄력적이면 가격의 변화율보다 수요량의 변화율이 더 크다.

정답▶ ①

(2) 수요의 소득탄력성(정. 열. 중)

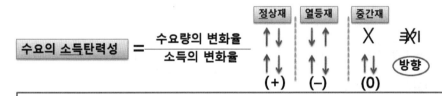

1. 소득<u>증가</u> – 수요<u>증가</u>, 소득<u>감소</u> – 수요<u>감소</u> → 정상재 (수요의 소득탄력성 : 비례, +)
2. 소득<u>증가</u> – 수요<u>감소</u>, 소득<u>감소</u> – 수요<u>증가</u> → 열등재 (수요의 소득탄력성 : 반비례, −)
3. 소득<u>증가</u> – 수요<u>불변</u>, 소득<u>감소</u> – 수요<u>불변</u> → 중간재 (수요의 소득탄력성 :   0   )

www.pmg.co.kr

(3) 수요의 교차탄력성(대. 보. 독)

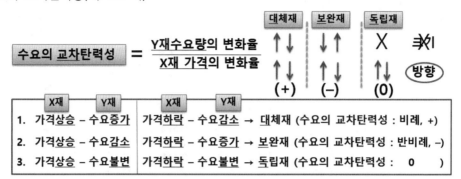

▶ **출제 포인트**) 수요의 소득탄력성, 수요의 교차탄력성

1. **소득에 정. 열. 중** - 소득이 뜨면 정상재, 열등재, 중간재만 답이 될 수 있다.
2. **소득 - 수요 : 동일방향 - 정상재, 반대방향 - 열등재**(방향 중요, 크기 중요 ×)
3. **교차에 대. 보. 독** - 교차가 뜨면 대체재, 보완재, 독립재만 답이 될 수 있다.
4. **X재가격 - Y재수요 : 동일방향 - 대체재, 반대방향 - 보완재**(방향 중요, 크기 중요 ×)

➕**암기법** 대가리 뿔(+)달린 **보마**(−), **여보** 이번달도 (−)냐

(4) 공급의 가격탄력성(물. 단. 장)

1) 공급의 가격탄력성 = $\dfrac{공급량의 \ 변화율}{가격의 \ 변화율}$

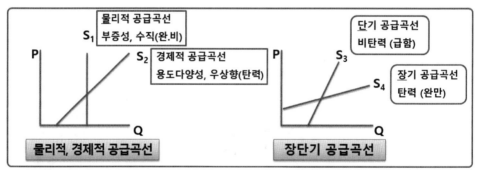

✚ 1. **물리적 공급곡선** : 완전비탄력적, 수직
  2. **단기공급곡선** : **비**탄력적, 가파름
  3. **장기공급곡선** : **탄**력적, 완만

VS	물리적	완전비탄력, 수직	vs	단기	비탄력, 가파름	vs	장기	탄력, 완만함

2) 부동산의 **신축** 공급

① 단기 : 불변(불가)	㉖ **신축** 원자재 가격하락
② 장기 : 가능	⇨ **단기** 가격**불변**, 장기 가격하락

02 | 탄력성 결정요인

1 수요의 가격탄력성 결정요인

➕ 암기법 탄력적인 대장주세용

가격 상승시 다른 곳으로 ① 도망 잘 갈 수 있으면 수요는 탄력, ② 도망 잘 못가면 수요는 비탄력

수요 탄력적	수요 비탄력적
① 대체재의 수 多, 장기	① 대체재의 수 少, 단기
② 주거용 부동산, 세분화시장(동질성)	② 상업용·공업용 부동산, 전체시장(이질성)
③ 용도다양(용도전환 용이)	③ 용도특수(용도전환 곤란)

심화 : 제품의 가격이 가계소득에서 차지하는 비중이 클수록 수요의 탄력성이 더 탄력적이다. [감평문제]

2 수요의 가격탄력성과 총수입

$$기업의\ 총수입 = 가격(P) \times 수요량(Q)$$
$$(100\%) = (100\%) \times (100\%)$$

(1) 탄력 : 가격상승 − 총수입 감소, 가격하락 − 총수입 증가

(2) 비탄력 : 가격상승 − 총수입 증가, 가격하락 − 총수입 감소

(3) 단위탄력적 : 가격 변화에 총수입이 불변(수요량은 변화)

VS	탄력 탄거	저가(인하)전략	vs	비탄력 안탄거	고가(인상)전략	vs	단위 탄력	총수입불변

3 판매자의 가격전략 ➕ 암기법 탄 것은 내려야 총수입이 늘어난다.

(1) 수요자가 **탄력**적인 경우 **고가전략**은 **불리**하다(미친 짓을 한 것이다).

(2) 수요의 가격탄력성이 **1보다 큰 경우** 임대료가 **상승**하면 임대업자의 **수입은 감소**한다.

4 공급의 가격탄력성 결정요인

공급 탄력적	공급 비탄력적
① 장기(측정기간)	① 단기(측정기간)
② 생산에 소요되는 기간이 짧을수록(중고주택)	② 생산에 소요되는 기간이 길수록(신규주택)
③ 용도전환 용이	③ 용도전환 곤란
④ 공급 증가시 생산요소가격이 하락	④ 공급 증가시 생산요소가격이 상승
⑤ 법규제가 적거나, 인허가가 용이	⑤ 법규제가 많거나, 인허가가 곤란

(1) 생산에 소요되는 기간(건축하여 공급하는 기간) 짧을수록 : 공급 탄력 ⇨ 중고주택공급

(2) 생산에 소요되는 기간(건축하여 공급하는 기간) 길수록 : 공급 비탄력 ⇨ 신규주택공급

➕ **암기법** 쉬움 ⇨ 탄력적, 어려움 ⇨ 비탄력적

┌ 기출문제 ·┐

1. 부동산 수요의 가격탄력성에 관한 일반적인 설명으로 틀린 것은? (단, 다른 조건은 불변이라고 가정함) [제23회]

① 부동산 수요의 가격탄력성은 주거용 부동산에 비해 특정 입지조건을 요구하는 공업용 부동산에서 더 탄력적이다.
② 부동산 수요의 가격탄력성은 대체재의 존재유무에 따라 달라질 수 있다.
③ 부동산의 용도전환이 용이하면 할수록 부동산 수요의 가격탄력성이 커진다.
④ 부동산 수요의 가격탄력성은 단기에서 장기로 갈수록 탄력적으로 변하게 된다.
⑤ 부동산 수요의 가격탄력성은 부동산을 지역별·용도별로 세분할 경우 달라질 수 있다.

정답▶ ①

2. 부동산에 관한 수요와 공급의 가격탄력성에 관한 설명으로 틀린 것은? (단, 다른 조건은 동일함) [제16회, 제30회]

① 수요의 가격탄력성이 1보다 작을 경우 전체 수입은 임대료가 상승함에 따라 감소한다.
② 수요가 가격에 대해 완전탄력적일 때 공급이 증가해도 가격은 변하지 않는다.
③ 수요가 증가할 때 공급의 가격탄력성이 비탄력적일수록 가격은 더 오른다.
④ 임대주택 수요의 가격탄력성이 1인 경우 임대주택의 임대료가 하락하더라도 전체 임대료 수입은 변하지 않는다.
⑤ 일반적으로 임대주택을 건축하여 공급하는 기간이 짧을수록 공급의 가격탄력성은 커진다.

정답▶ ①

03 탄력성의 적용

1 수요와 공급 중 하나가 완전탄력적(수평)이거나 완전비탄력적(수직)인 경우

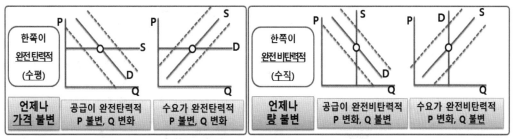

구 분	균형가격	균형거래량
1. 수요 **완전탄력**, 공급증가	불변	증가
2. 수요 **완전비탄력**, 공급증가	하락	불변
3. 공급 **완전탄력**, 수요증가	불변	증가
4. 공급 **완전비탄력**, 수요증가	상승	불변

➕암기법 완전탄력(2) ➪ **가격**(2) **불변**, 완전비탄력(3) ➪ **거래량**(3) **불변**

➕ 불변(4) 1. 완전탄력(2) ➪ 가격(2) 불변   2. 완전비탄력(3) ➪ 거래량(3) 불변
　　　　 3. 단위 ➪ 총수입 불변   4. A = B ➪ 몰랐던게 불변

▶ **출제 포인트**　완전탄력(수평), 완전비탄력(수직)

1. 수요와 공급 어느 한 쪽이 **완전탄력적(수평)**인 경우 : 무조건 **가격 불변**
2. 수요와 공급 어느 한 쪽이 **완전비탄력적(수직)**인 경우 : 무조건 **거래량 불변**

2 균형상황에서 수요와 공급의 탄력성에 따라 가격과 량이 '더' 또는 '덜' 변화하는 경우

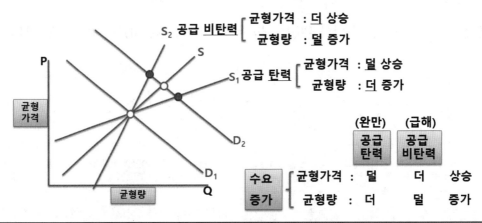

구 분	균형가격	균형수급량
① 수요증가, 공급 탄력	덜 상승	더 증가
수요증가, 공급 비탄력	더 상승	덜 증가
② 수요감소, 공급 탄력	덜 하락	더 감소
수요감소, 공급 비탄력	더 하락	덜 감소
③ 공급증가, 수요 탄력	덜 하락	더 증가
공급증가, 수요 비탄력	더 하락	덜 증가
④ 공급감소, 수요 탄력	덜 상승	더 감소
공급감소, 수요 비탄력	더 상승	덜 감소

▶ 출제 포인트 │ 가격과 량이 더 또는 덜 변화하는 경우

1. **한놈이 변화**할 때 다른 한놈이 **탄력적이거나 비탄력적**일 때 '더'와 '덜'이 나온다.
2. **탄력적인 경우 기울기가 완만**하므로 **가격은 덜 변화**하고, **량은 더 변화**한다.
   ⇨ 탄력적인 경우 가격의 변화폭은 작고(더 작게), 량의 변화폭은 크다(더 크게).
3. **비탄력적인 경우 기울기가 가파르**므로 **가격은 더 변화**하고, **량은 덜 변화**한다.
   ⇨ 비탄력적인 경우 가격의 변화폭은 크고(더 크게), 량의 변화폭은 작다(더 작게).

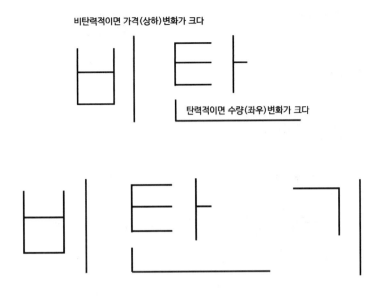

비탄력적이면 가격(상하)변화가 크다

탄력적이면 수량(좌우)변화가 크다

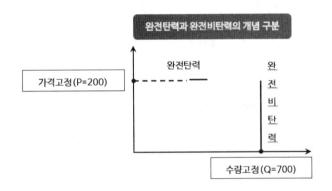

(1) P = 200 수평, 완전탄력적(가격고정)

(2) Q = 700 수직, 완전비탄력적(수량고정)

		36회 적중예상 핵심내용	기출							
테마 07	01	탄력성 기본공식	28	29	30		32	33		35
	02	탄력성(계산문제2)								

01 탄력성 기본공식

1 탄력성 공식의 기본 틀 : □□탄력성 $= \dfrac{수량변동률}{□□}$

(1) 가격탄력성 $\left(가수 = \dfrac{수요량의\ 변화율}{가격변화율}\right)$ **➕ 암기법** 가×가 = 양

① 가격변화율에 대한 수요량의 변화율이다.
② 가격탄력도의 값은 절댓값을 취하므로 항상 플러스(+)의 값이다.

(2) 소득탄력성 $\left(소수 = \dfrac{수요량의\ 변화율}{소득변화율}\right)$ **➕ 암기법** 소×소 = 양

① 소득변화율에 대한 수요량의 변화율이다.
② 열등재의 소득탄력성의 값은 (−)이다.

(3) 교차탄력성 $\left(교수 = \dfrac{해당\ 재화의\ 수요량의\ 변화율}{다른\ 재화의\ 가격변화율}\right)$ **➕ 암기법** 교×가 = 양

① 다른 재화의 가격변화율에 대한 해당 재화의 수요량의 변화율이다.
② 보완재의 교차탄력성의 값은 (−)이다.
➕ 암기법 여보 이번달도 (−)냐

02 | 탄력성(계산문제2)

1. 어느 지역의 오피스텔 가격이 4% 인상되었다. 오피스텔 수요의 가격탄력성이 2.0이라면 오피스텔 수요량의 변화는? [제25회]

$$\frac{수}{가} = 2.0 \quad \Rightarrow \quad \frac{수 \ ?}{가 + 4} = 2.0 \quad \Rightarrow \quad \boxed{\frac{수 - 8}{가 + 4}} = 2.0$$

가(2) × 가(+4% 인상) = 수(−8% 감소)

정답▶ 8% 감소

2. 어느 지역의 오피스텔에 대한 수요의 가격탄력성은 0.6이고 소득탄력성은 0.5이다. 오피스텔 가격이 5% 상승함과 동시에 소득이 변하여 전체 수요량이 1% 감소하였다면, 이때 소득의 변화율은? [제29회, 제30회]

$$\overbrace{\frac{수}{가 + 5} = 0.6}^{-1} \quad \Rightarrow \quad \frac{수}{소 \ ?} = 0.5 \quad \Rightarrow \quad \overbrace{\frac{수 - 3}{가 + 5} = 0.6}^{-1} \quad \Rightarrow \quad \boxed{\frac{수 + 2}{소 + 4}} = 0.5$$

가(0.6) × 가(5% 인상) = 수(−3% 감소)   소(0.5) × 소(4% 증가) = 수(+2% 증가)

⇨ 전체(−1% 감소)

정답▶ 4% 증가

3. 아파트 매매가격이 10% 상승할 때, 아파트 매매수요량이 5% 감소하고 오피스텔 매매수요량이 8% 증가하였다. 이때 아파트 매매수요의 가격탄력성의 정도(A), 오피스텔 매매수요의 교차탄력성(B), 아파트에 대한 오피스텔의 관계(C)는? (단, 수요의 가격탄력성은 절댓값이며, 다른 조건은 동일함) [제22회, 제26회, 제27회, 제32회]

① A : 비탄력적   B : 0.5   C : 대체재
② A : 탄력적   B : 0.5   C : 보완재
③ A : 비탄력적   B : 0.8   C : 대체재
④ A : 탄력적   B : 0.8   C : 보완재
⑤ A : 비탄력적   B : 1.0   C : 대체재

수요량 5% ↓ 가격 10% ↑	수요 8% ↑
아파트	오피스텔

A : **가격탄력성** = 0.5 ⇨ 비탄력적
B : 교차탄력성 = 0.8
C : 수요의 방향이 반대이므로 대체재

정답▶ ③

4. 아파트에 대한 수요의 가격탄력성은 0.6, 소득탄력성은 0.4이고, 오피스텔가격에 대한 아파트 수요량의 교차탄력성은 0.2이다. 아파트가격, 아파트 수요자의 소득, 오피스텔가격이 각각 3%씩 상승할 때, 아파트 전체 수요량의 변화율은? (단, 두 부동산은 모두 정상재이고 서로 대체재이며, 아파트에 대한 수요의 가격탄력성은 절댓값으로 나타내며, 다른 조건은 동일함)

① 1.2% 감소   ② 1.8% 증가
③ 2.4% 감소   ④ 3.6% 증가
⑤ 변화 없음

가격탄력성 0.6	수 1.8 ⇓	소득탄력성 0.4	수 1.2 ⇑	교차탄력성 0.2	수 0.6 ⇑
	가 3 ⇑		소 3 ⇑		교가 3 ⇑

가(0.6) × 가(3% 인상) = 수(−1.8% 감소)   소(0.4) × 소(3% 증가) = 수(+1.2% 증가)
교(0.2) × 가(3% 인상) = 수(+0.6% 증가) **전체(변화 없음)**

해설▶ 전체수요량 변화율은 − 1.8% + 1.2% + 0.6% = 0이 되므로 '변화 없음'이 정답이 된다.

$$수요의\ 가격탄력성 = \left| \frac{수요량의\ 변화율(1.8\%\ 감소)}{가격의\ 변화율(3\%\ 상승)} \right| = 0.6$$

$$수요의\ 소득탄력성 = \frac{수요량의\ 변화율(1.2\%\ 증가)}{소득의\ 변화율(3\%\ 상승)} = 0.4$$

$$수요의\ 교차탄력성 = \frac{Y재의\ 수요량변화율(0.6\%\ 증가)}{X재의\ 가격변화율(3\%\ 상승)} = 0.2$$

정답▶ ⑤

48 2025 송우석 필수서

36회 적중예상 핵심내용			기출			
테마 08	01	부동산경기변동	29	31	33	
	02	거미집이론(계산문제3)	29	31 32	34	

01 부동산경기변동

1 부동산경기변동의 유형

순환적 변동	1. 경기순환(C)	회복, 상향(정점), 후퇴, 하향(저점)이 상당히 규칙성을 보이며 반복
비순환적 변동	2. 계절적 변동(S)	1년 중, 매년 이맘때쯤 반복하여 발생 매년 12월에~, 겨울철에~, 방학이면~
	3. 추세적 변동(T)	50년 이상, 신개발 또는 재개발, 장기적 변동, 지속적 변동
	4. 무작위적 변동(R)	예기치 못한 사태, 일시적, 우발적 변동, 자연재해, 정부정책

기출문제

1. 건축허가량의 전년 동기 대비 증가율이 지난 5월을 **정점**으로 하여 **후퇴기**를 접어들게 되는 것은 순환적 변동에 속한다.
2. **매년 12월**에 건축허가량은 줄어드는 현상이 반복적으로 나타나는 것은 계절적 변동에 속한다.
3. 경제성장으로 건축허가량이 **지속적**으로 증가하고 있다는 것은 추세적 변동에 속한다.
4. **정부**의 담보인정비율(LTV)과 총부채상환비율(DTI)의 **규제**로 주택경기가 침체되는 것은 무작위적 변동에 속한다.

✔참고 스테그플레이션 — 경기침체(stagnation) + 물가상승(inflation)

2 부동산경기변동의 특성

1. 부동산경기는 일반경기에 비해 주기는 길고, 진폭은 크다.
2. 경기의 국면이 불분명, 불명확, 불규칙적(일반경기에 선행, 동행, 후행, 역행, 독립 가능)
3. 지역적·개별적·국지적으로 시작하여 전국적·광역적으로 확대
4. 회복은 서서히, 후퇴는 빠르게 진행(우경사 비대칭형)
5. 타성기간이 존재 — 뒤지는 시간차 — 민감하게 작용 못하기 때문(건축기간 장기, 가중평균)
6. 일반경기와의 시차 : 주식(전순환), 상·공업용(동시순환), 부동산(후순환), 주거용(역순환)

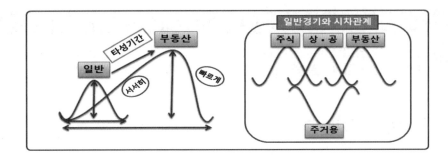

3 부동산시장의 국면별 특징

① 부동산 경기변동이란 경기가 상승과 하강을 반복하는 현상이다.
② 부동산 경기는 **회복**, **상향**, **후퇴**, **하향**시장이 순차적으로 반복하며 이 국면과는 별개로 안정시장도 존재한다.
③ 부동산경기변동 국면은 **가**격, **건**축허가건수, **거**래량 등으로 확인할 수 있다.

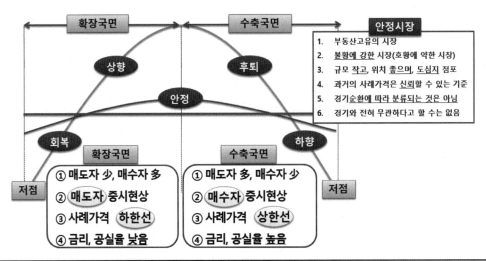

수축국면		확장국면	
후퇴	하향	회복	상향
↓	↓	↑	↑
매수자 우위		매도자 우위	
상한선		**하**한선	

➕ 암기법 내려가는게 **수상**해, 올라갈 땐 **도하**
① 후퇴, 하향국면 ⬇ : 매**수**자 우위의 시장이면서 기존가격은 **상**한선으로 작용한다.
② 회복, 상향국면 ⬆ : 매**도**자 우위의 시장이면서 기존가격은 **하**한선으로 작용한다.

국 면	특 징
회복시장	① 매수인 중시화 태도에서 매도인 중시화 태도로 변화 ② 금리·공가율은 낮아짐, 과거의 사례가격은 새로운 거래의 기준이 되거나 하한선
상향시장	① 매도인 중시 현상 ② 금리·공가율 낮음, 과거의 사례가격은 새로운 거래의 하한선
후퇴시장	① 매도인 중시화 태도에서 매수인 중시화 태도로 변화 ② 금리는 높아짐, 과거의 사례가격은 새로운 거래의 기준이 되거나 상한선
하향시장	① 매수인 중시 현상 ② 금리·공가율 높음, 과거의 사례가격은 새로운 거래의 상한선

VS	회복, 상향시장	VS	후퇴, 하향시장
	매도인중시, 하한선		매수인중시, 상한선

▶ **출제 포인트**) **부동산경기의 각 국면별 특징**

1. 부동산경기 : 4국면(순환) + 안정시장 ⇨ 5국면으로 순환 ×
2. ① 상향시장 : 매도자중시, 하한선, ② 하향시장 : 매수자중시, 상한선
3. ① 회복시장 : 매수자중시 ⇨ 매도자중시 전환, 기준가격 또는 하한선
   ② 후퇴시장 : 매도자중시 ⇨ 매수자중시 전환, 기준가격 또는 상한선
4. 안정시장
   ① 고유, 불황에 강한(호황에 약한), 위치 좋고, 규모 작고, 도심지, 신뢰할 수 있는 기준
   ② 경기순환에 따른 분류×(모든 경기국면에 걸쳐서 존재 가능), 경기와 전혀 무관×

기출지문▶ 안정시장 국면에서는 과거의 거래가격을 새로운 거래가격의 기준으로 활용하기 어렵다.(×) [제33회]

기출문제

부동산경기변동에 관한 설명으로 틀린 것은? [제29회]

① 부동산경기는 지역별로 다르게 변동할 수 있으며 같은 지역에서도 부분시장(sub-market)에 따라 다른 변동양상을 보일 수 있다.
② 부동산경기변동은 건축착공량, 거래량 등으로 확인할 수 있다.
③ 부동산경기와 일반경기는 동일한 주기와 진폭으로 규칙적·반복적으로 순환한다.
④ 부동산경기가 상승국면일 경우, 직전에 거래된 거래사례가격은 현재 시점에서 새로운 거래가격의 하한이 되는 경향이 있다.
⑤ 업무용 부동산의 경우, 부동산경기의 하강국면이 장기화되면 공실률이 증가하는 경향이 있다.

정답▶ ③

02 거미집이론(계산문제3)

1 이론(에치켈)

① 균형의 이동을 비교동학(동태)적(결론에 이르는 과정을 분석)으로 설명한다.

➕ **암기법** 거미를 동태

- 비교정학: 균형점의 변동 결과에만 관심을 기울임
- 비교동학: 그 결과에 이르기까지의 시간적 적응과정을 분석함

② 가격이 변하면 수요량은 즉각 변하고 공급량(공급은 시차)은 일정기간 후에 변한다.

③ 공급자는 **미래를 예측하지 않고 현재의 시장가격에만** 반응한다.

공급자는 현재의 가격을 고려해 미래의 공급을 결정한다는 가정을 전제하고 있다.

④ 안정적인 **주거용 부동산보다** 진폭이 큰 **상업용 부동산에 더 잘 적용**된다.

➕ **암기법** **거미집**은 **상공**에 친다.

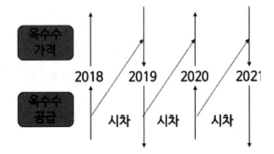

거미집이론

1. 가격변동: 수요는 즉각 반응, 공급은 시차 존재
2. 주거용 부동산보다 상·공업용에 더 잘 적용
3. 수요가 탄력적이면 수렴형(수.탄.수)
   공급이 탄력적이면 발산형(공.탄.발)
4. 수요곡선 기울기 작으면 수렴형,
   공급곡선 기울기 작으면 발산형

2 거미집 모형의 유형

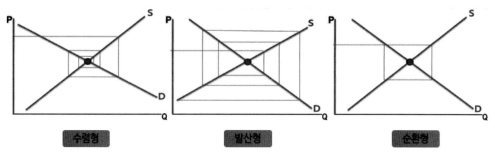

수렴형	발산형	순환형
수요의 탄력성 > 공급의 탄력성	수요의 탄력성 < 공급의 탄력성	수요의 탄력성 = 공급의 탄력성
수요곡선 기울기 < 공급곡선 기울기	수요곡선 기울기 > 공급곡선 기울기	수요곡선 기울기 = 공급곡선 기울기

(1) **수렴형(안정형)** : 시간의 경과에 의해 가격이 점차로 균형에 접근하는 경우

　① 　　수요의 가격탄력성　　 > 　　공급의 가격탄력성　　 ➕**암기법** 수탄 수
　② 수요곡선의 기울기 절댓값 < 공급곡선의 기울기 절댓값 ➕**암기법** 기작 탄

(2) **발산형(불안정형)** : 시간의 경과에 따라 가격이 점차로 균형에서 이탈하는 경우

　① 　　수요의 가격탄력성　　 < 　　공급의 가격탄력성　　 ➕**암기법** 공탄 발
　② 수요곡선의 기울기 절댓값 > 공급곡선의 기울기 절댓값 ➕**암기법** 기작 탄

(3) **순환형(중립형)** : 시간의 경과에 따라 가격이 순환만 계속하는 경우

　① 　　수요의 가격탄력성　　 = 　　공급의 가격탄력성
　② 수요곡선의 기울기 절댓값 = 공급곡선의 기울기 절댓값

	$P = a + bQ$	VS	$Q = a + bP$
VS	$\dfrac{bQ}{aP}$ 는 '기울기', 분자에 큐		$\dfrac{bP}{aQ}$ 는 '탄력성', 분자에 피

1. 수렴형 : **수요의 탄력성 ⬆(수.탄.수), 수요곡선 기울기 값⬇**
2. 발산형 : **공급의 탄력성 ⬆(공.탄.발), 공급곡선 기울기 값⬇**
3. $P = 100 - 2Q_D$, $P = 200 + 3Q_S$ (수렴형) ⇨ Q_S 앞의 '2', '3'은 기울기 값
4. $Q_D = 100 - 2P$, $Q_S = 200 + 3P$ (발산형) ⇨ P 앞의 '2', '3'은 탄력성 값

▶ **출제 포인트** | 거미집이론

탄력성, 기울기에 따른 거미집 모형의 형태

구 분		A시장	B시장	C시장
탄력성	수요 가격탄력성	0.8	0.3	0.6
	공급 가격탄력성	0.6	0.3	1.2
거미집 모형		수렴형	순환형	발산형
기울기	수요곡선 기울기	−0.8	−0.3	−0.6
	공급곡선 기울기	0.6	0.3	1.2
거미집 모형		발산형	순환형	수렴형

수요공급 함수 : 거미집이론 전용 탄력성 공식 $= \dfrac{\square\, P}{\square\, Q}$ ➕ **암기법** 탄피

☑ 수요공급 함수가 주어진 경우 거미집 모형 연습

수요공급함수	수요의 탄력성	크기	공급의 탄력성	모 형
① Qd = 200 − 2P, 2Qs = 100 + 4P	$\dfrac{2P}{1Q}=2$	=	$\dfrac{4P}{2Q}=2$	순환형
② 3Qd = 100 − P, 2Qs = −10 + P	$\dfrac{1P}{3Q}=0.33$	<	$\dfrac{1P}{2Q}=0.5$	발산형
③ Qd = 100 − $\frac{1}{2}$P, Qs = −10 + $\frac{1}{3}$P	$\dfrac{0.5P}{1Q}=0.5$	>	$\dfrac{0.33P}{1Q}=0.33$	수렴형
④ P = 200 − 3Qd, P = 100 + 2Qs	$\dfrac{1P}{3Q}=0.33$	<	$\dfrac{1P}{2Q}=0.5$	발산형
⑤ 2P = 500 − Qd, 3P = 300 + 4Qs	$\dfrac{2P}{1Q}=2$	>	$\dfrac{3P}{4Q}=0.75$	수렴형

기출문제 ·

1. 어느 지역의 수요와 공급함수가 각각 A부동산 상품시장에서는 Qd = 100−P, 2Qs = −10 + P, B부동산 상품시장에서는 Qd = 500−2P, 3Qs = −20 + 6P이며, A부동산 상품의 가격이 5% 상승하였을 때, B부동산 상품의 수요가 4% 하락하였다. 거미집이론에 의한 A와 B 각각의 모형 형태와 A부동산 상품과 B부동산 상품의 관계는? [제29회]

해설 ▶ A의 Qd = 100−($\frac{1P}{1Q}$ = 1), Qs = −5 + ($\frac{1P}{2Q}$ = 0.5)수요의 탄력성은 1이고, 공급의 탄력성은 $\frac{1}{2}$ (0.5)이므로 수렴, B의 Qd = 500 − ($\frac{2P}{1Q}$ = 2), Qs = − $\frac{20}{3}$ + ($\frac{6P}{3Q}$ = 2), 수요의 탄력성은 2이고, 공급의 탄력성도 2이므로 순환, A의 가격이 상승하고 B의 수요는 감소하였으므로 두 재화는 관계는 보완재

정답 ▶ A 수렴형, B 순환형, A와 B의 관계 보완

2. 거미집 모형에 관한 설명으로 옳은 것은? (단, 다른 조건은 동일함) [제34회]

① 수요의 가격탄력성이 공급의 가격탄력성보다 크면 발산형이다.
② 가격이 변동하면 수요와 공급은 모두 즉각적으로 반응한다는 가정을 전제하고 있다.
③ 수요곡선의 기울기 절댓값이 공급곡선의 기울기 절댓값보다 작으면 수렴형이다.
④ 수요와 공급의 동시적 관계로 가정하여 균형의 변화를 정태적으로 분석한 모형이다.
⑤ 공급자는 현재와 미래의 가격을 동시에 고려해 미래의 공급을 결정한다는 가정을 전제하고 있다.

정답 ▶ ③

		36회 적중예상 핵심내용	기출					
테마 09	01	부동산시장			31		33	
	02	효율적 시장이론	28	29	31	32		
	03	할당 효율적 시장						
	04	정보의 현재가치(계산문제4)		29			33	35
	05	주택시장 개요	28	29	30	31		
	06	주거분리와 여과작용	28	29	30	31		

01 | 부동산시장

1 완전경쟁시장(현실에는 없는 시장)과 부동산시장의 비교

현실의 부동산 시장은 불완전경쟁시장이나,
이론적 분석을 위해 시장을 완전경쟁시장이라고 가정한다.

완전경쟁시장(이론적) ➕암기법 다동은 완전히 자유	부동산시장(불완전경쟁시장) (현실적)
− 다수의 판매자와 구매자 − 동질적인 재화 − 정보의 완전성 − 진입과 탈퇴의 자유	− 소수의 판매자와 구매자 − 개별적인(비동질적인) 재화 − 정보의 비대칭(불완전성) − 진입과 탈퇴의 어려움

2 시장범위에 따른 부동산시장의 분류

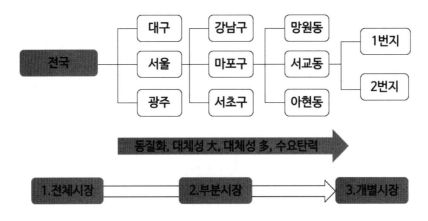

1. 시장 세분화 : 수요자의 특성에 따라 시장구분
2. 시장차별화 : 공급상품 특성 따라 시장구분

✔참고 시장을 세분화(하위시장) 할수록 동질화, 대체성 大, 대체재 多, 수요는 보다 탄력적

1. 시장범위에 따른 분류(3): 전체시장, 부분시장, 개별시장

   ① 시장세분화(하위시장): 수요자 특성에 따라 시장을 구분하는 것 ⇨ 세.수

   ② 시장차별화: 공급제품의 특성에 따라 시장을 구분하는 것 ⇨ 공.차

   ☑참고 부동산시장은 부동성으로 인해 국지화 되고, 부분시장(세분화)으로 존재한다.

2. 부분시장을 세분화할수록: 부동산 상품의 동질성과 대체성↑ 수요는 보다 탄력적

3. 주택시장에서 시장세분화: 일정한 기준에 의해 주택수요자를 보다 동질적인 소집단으로 구분하는 것이다.

3 부동산시장(불완전경쟁시장)의 특징

① 개별성 ⇨ 비표준화성 ⇨ 일물일가의 법칙이 적용되지 않고, 상품 간의 비교를 어렵게 하며, 부동산시장을 복잡하고 다양하게 한다.

② 거래비공개성(은밀성)(개별성) ⇨ 시장정보의 제한 ⇨ 정보불완전 ⇨ 정보비대칭 ⇨ 정보를 많이 가진 자가 초과 이윤 획득 ⇨ 가격형성 왜곡

③ 거래비용 증가 ⇨ 수요자와 공급자의 시장 진출입 제약 ⇨ 불완전경쟁

④ 시장의 비조직성(개별성): 집중통제의 곤란

⑤ 수급조절의 곤란성: 단기에 수요량과 공급량의 조절이 어렵다. ⇨ 단기적으로 가격왜곡 현상 발생

⑥ 시장의 국지성(부동성) ⇨ 지역시장 간 균형가격 불성립(서로 다른 가격)

⑦ 부동산은 사회성과 공공성이 높아서 공적 간섭이 많고 또 쉽다.

⑧ 매매기간의 장기성 ⇨ 고가성 등으로 부동산은 시장에서 단기간에 거래하기가 어렵다.

⑨ 공매(short selling)의 곤란성: 공매도(short selling)란 말 그대로 '없는 것을 판다'라는 뜻으로 주식이나 채권을 가지고 있지 않은 상태에서 매도주문을 내는 것을 말한다. 하지만 부동산은 개별성의 특성으로 대체가 불가능하고 표준화가 어렵기 때문에 공매도가 어렵다.

4 부동산시장의 기능 ➕암기법 자고가정양

(1) 자원(공간)의 효율적 배분기능

부동산시장은 경쟁과정에서 수요자와 공급자 간의 공간배분의 역할을 한다.
부동산시장은 지속적인 부지경쟁을 통하여 주어진 지리적 공간의 토지이용형태를 결정하고, 지대지불 능력에 따라 토지이용의 유형을 결정한다.

(2) 교환기능 : 부동산과 현금, 부동산과 부동산 등의 교환이 이루어진다.

(3) 가격형성(창조)기능 : 부동산 상품의 가격은 매도인과 매수인의 가격조정과정을 거쳐 가격이 형성된다.

(4) 정보제공기능 : 부동산활동 주체의 의사결정에 필요한 정보를 제공해준다.

(5) 양과 질의 조절기능 : 부동산 용도가 다양함으로 토지이용의 전환을 통해 양과 질이 조정된다.

VS	부동산시장의 특성	vs	부동산시장의 기능
	국지성, 3비, 수급조절의 곤란성, 매매기간의 장기성		자원, 교환, 가격, 정보, 양과 질

기출문제 •

부동산시장의 특성과 기능에 관한 설명 중 옳은 것은? [제17회]

① 부동산시장은 수요와 공급의 조절이 쉽지 않아 단기적으로 가격의 왜곡이 발생할 가능성이 높다.
② 부동산시장의 특징 중 하나는 특정 지역에 다수의 판매자와 다수의 구매자가 존재한다는 것이다.
③ 부동산은 개별성이 강하기 때문에 부동산상품별 시장조직화가 가능하다.
④ 부동산거래는 그 성질상 고도의 공적인 경향을 띠고 있다.
⑤ 부동산시장은 국지성의 특징이 있기 때문에 균질적인 가격형성이 가능하다.

정답▶ ①

02 효율적 시장이론

효율적 시장이란 정보가 알려지는 시점에 **지체 없이 가치에 반영**되는 시장을 말한다.

1 약성 효율적 시장

① 약성 효율적 시장이란 모든 **과거의 정보**가 현재의 부동산가치에 반영되어 있는 시장을 말한다.
② 약성 효율적 시장에서는 시장참여자들이 모두 기술적 분석을 하고 있다고 가정하므로, **기술적 분석에 의해서는 결코 초과이익을 얻을 수 없다.**

> 기술적 분석이란 과거의 자료를 토대로 시장가치의 변동을 분석하는 것을 말한다.

2 준강성 효율적 시장

① 준강성 효율적 시장이란 대중에게 공개되는 모든 **정보(현재의 정보 포함)**가 신속하고 정확하게 부동산가치에 반영되는 시장을 말한다.
② 준강성 효율적 시장에서는 시장참여자들이 모두 기본적 분석을 하고 있다고 가정하므로, **투자자는 기본적 분석에 의해서는 결코 초과이익을 얻을 수 없다.**

> 기본적 분석이란 공표된 사실(공식적으로 이용가능한 정보)을 토대로 시장가치의 변동을 분석하는 것을 말한다.

3 강성 효율적 시장

① 강성 효율적 시장은 모든 **정보**가 부동산가치에 완전히 반영되는 시장을 말한다.
② 강성 효율적 시장에서는 **어느 누가 어떠한 정보를 이용한다고 하더라도 시장참여자들은 결코 초과이윤을 획득할 수 없게 된다.**
③ 그러므로 강성 효율적 시장은 **완전경쟁시장의 가정과 가장 부합하는 시장**이라고 할 수 있다.

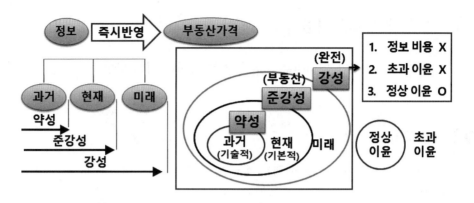

약성(과거정보), 준강성(과거, 현재정보), 강성(과거, 현재, 미래정보) ⇨ 과, 현, 미

유 형	반영되는 정보	정보분석 방법	정상 이윤	초과이윤(정상 이상의 이윤) 획득 여부		
				과거정보분석	현재정보분석	미래정보분석
약 성	과거의 정보	기술적 분석	○	×	○	○
준강성	과거 + 현재(공표)	기본적 분석	○	×	×	○
강 성	모든 정보	분석이 불필요	○	×	×	×

VS	약성	현재, 미래 초과이윤	vs	준강성	미래 초과이윤	vs	강성	초과이윤 불가

▶ 출제 포인트 │ **효율적 시장**

1. **약성 효율적 시장** : 과거분석(정상이윤), 현재 또는 미래분석(초과이윤)
2. **준강성 효율적 시장** : 과거·현재분석(정상이윤), 미래분석(초과이윤)
3. **강성 효율적 시장** : 모든 정보분석(정상이윤), 획득불가(초과이윤), **정보비용 ×, 초과이윤 ×, 정상이윤 ○**
   강성 효율적 시장 : 초과이윤(정상 이상의 이윤) ×, 정상이윤 ○
4. 부동산시장은 **준강성**, 완전경쟁시장은 **강성** 효율적 시장의 성질과 유사
5. 현재정보(기본적)분석을 통해 **정상이윤**을 얻을 수 있는 시장은 **준강성** 효율적 시장
6. 현재정보(기본적)분석을 통해 **초과이윤**을 얻을 수 있는 시장은 **약성** 효율적 시장

기출문제 ◆

다음은 3가지 효율적 시장(A~C)의 유형과 관련된 내용이다. 시장별 해당되는 내용을 〈보기〉
에서 모두 찾아 옳게 짝지어진 것은?　　　　　　　　　　　　　　　　　　　[제32회]

A. 약성 효율적 시장
B. 준강성 효율적 시장
C. 강성 효율적 시장

──────────── 보기 ────────────

㉠ 과거의 정보를 분석해도 초과이윤을 얻을 수 없다.
㉡ 현재시점에 바로 공표된 정보를 분석해도 초과이윤을 얻을 수 없다.
㉢ 아직 공표되지 않은 정보를 분석해도 초과이윤을 얻을 수 없다.

① A － ㉠,　　　　　　 B － ㉡,　　　　 C － ㉢
② A － ㉠,　　　　　　 B － ㉠, ㉡,　　　C － ㉠, ㉡, ㉢
③ A － ㉢,　　　　　　 B － ㉡, ㉢,　　　C － ㉠, ㉡, ㉢
④ A － ㉠, ㉡, ㉢,　　 B － ㉠, ㉡,　　　C － ㉠
⑤ A － ㉠, ㉡, ㉢,　　 B － ㉡, ㉢,　　　C － ㉢

정답▶ ②

03 할당(배분) 효율적 시장

① 할당 효율적 시장이란 **자원배분이 효율적으로 할당된 시장**을 의미한다.

② 할당 효율적 시장은 과소·과대평가 같은 **왜곡이 없고, 초과이윤 = 0인 시장**을 의미한다.

③ **완전경쟁시장**은 진정한 의미의 할당 효율적 시장이다.

④ **불완전경쟁**시장도 할당 효율적 시장이 될 수 있다.

     ↳ **부동산 시장**도 할당 효율적 시장이 될 수 있다.

➕ **암기법** 할당 효율적 시장: **왜곡 ×, 초과이윤 ×, 될 수 있다 ○**

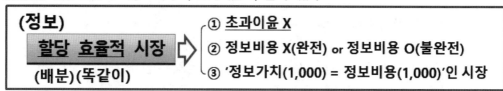

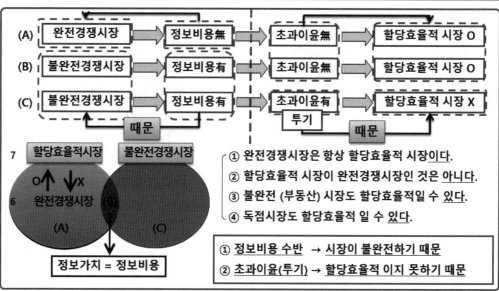

▶ **출제 포인트** 할당 효율적 시장

1. 할당 효율적 시장 : 초과이윤이 존재 ×, 정보가치(1,000) = 정보비용(1,000), 정보비용 존재 가능
2. ① 완전경쟁시장(6)은 언제나 할당 효율적 시장(7) ○
   ② 할당 효율적 시장(7)이 반드시 완전경쟁시장(6) ×
3. 불완전(독점, 부동산)시장도 초과이윤이 존재하지 않는 경우 할당 효율적 시장이 될 수 있다.
4. **정보비용**이 수반되는 이유는 시장이 **불완전**하기 때문이다.
5. **초과이윤(투기)**이 존재하는 이유는 시장이 **할당 효율적**이지 못하기 때문이다.

04 정보의 현재가치(계산문제4) ➕암기법 빼안나

1 정당한 정보가치의 의미

정당한 정보가치는 정보획득으로 인해 발생하는 초과이윤이다.

초과이윤	= 매도가격	− 매수가격(시장가격)
	= 확실한 가격	− 불확실한 가격(개발여부가 불확실)
	(확실히 개발됨)	− 살 수도 있고 팔 수도 있는 가격

어느 지역에 1년 후에 신도시가 들어선다는 정보가 있다. 이 지역에 1년 후에 신도시가 들어선다면 8,800만원이 되고, 신도시가 들어서지 않으면 6,600만원의 가치가 있다고 분석되었다. 단, 투자자의 요구수익률은 10%이고, 신도시가 들어설 확률은 50%라 가정한다.

대상토지의 현재가치 $= \dfrac{(8,800 \times 0.5) + (6,600 \times 0.5)}{(1+0.1)^1} = 7{,}000$

정보가치 1000만원

확실한경우 현재가치 $= \dfrac{(8,800 \times 1.0) + (6,600 \times 0.0)}{(1+0.1)^1} = 8{,}000$

정보가치	1,000만원	1,000만원
정보비용	1,000만원	300만원
초과이윤	없음	700만원
	할당효율적 시장 O	할당효율적 시장 X

(1) 불확실성하의 현재가치(거래가격) $= \dfrac{(8,800 \times 0.5) + (6,600 \times 0.5)}{(1 + 0.1)^1} = 7{,}000$만원

★ 계산기활용 : 88,000,000 × 50%   66,000,000 × 50% GT ÷ 1.1 =

(2) 확실성하의 현재가치 $= \dfrac{(8,800 \times 1.0) + (6,600 \times 0.0)}{(1 + 0.1)^1} = 8{,}000$만원

(3) 정보가치(1,000만원) = 확실 현재가치(8,000만원) − 불확실 현재가치(7,000만원)

정보가치(빠른 계산) $= \dfrac{(\text{실현가치} - \text{미실현가치}) \times \text{미실현확률}}{(1 + r)^n}$

$= \dfrac{(8,800 - 6,600) \times 0.5}{(1 + 0.1)^1} = 1{,}000$만원

★ 계산기활용 : 88,000,000 − 66,000,000 × 50% ÷ 1.1 =
                        빼   안   나

➕암기법 빼, 안, 나 ① 실−미 빼고 ② 안 들어설 확률 곱하고 ③ (현재가치로) 나누고
① 이 토지는 현재 매도자와 매수자에 의해 얼마에 거래가 될 것인가?　　(7,000)만원
② 신도시가 확실히 들어서는 것에 대한 정보가치는 얼마인가?　　　　(1,000)만원

주택시장 개요

1 물리적 주택과 주택서비스

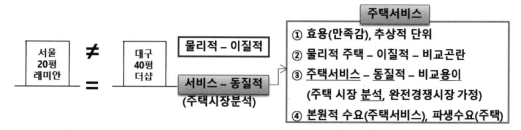

① 주택서비스는 물리적 주택에서 제공되는 효용(서비스)을 의미한다.

② 주택은 물리적 측면에서 개별적이다. 하지만 주택에서 제공되는 서비스는 동질적인 것으로 볼 수 있다.

③ 주택시장은 물리적 주택이 아니라 주택서비스를 분석한다.

> ▶ 출제 포인트 주택서비스
>
> 1. 주택서비스 : 주택소비자가 주택을 사용함으로서 얻을 수 있는 **효용(만족감)**, **추상적** 단위
> 2. ① **물리적 주택**: 이질적, 비교곤란 ② **주택서비스**: 동질적, 비교용이
> 3. 주택시장분석 : **주택서비스로 분석(물리적 주택 ×)**, 동질화가능, 완전경쟁시장으로 **분석**

주거분리와 여과작용

1 주택여과현상(filtering process) - 주택순환현상

(1) 개 념

① 주택여과현상은 주택의 질적 변화와 소득계층에 따른 가구의 이동과의 관계를 침입과 계승(천이)의 원리로 살피는 주택시장이론을 말한다.

② 주택여과현상에서 공가의 발생은 주택여과과정의 중요한 구성요소 중 하나이다.

③ 여과현상이 긍정적으로 작동하는 경우 주거의 질을 개선하는 효과가 발생할 뿐만 아니라 주택의 내구성을 증대시켜 결과적으로 주택공급량의 증가에도 기여하게 된다.

2025 송우석 필수서

(2) 상향여과(filtering up process)현상과 하향여과(filtering down process)현상

상향여과 현상	① 상향여과현상이란 하위계층 가구의 이동으로 인한 공가를 **상위계층 가구의 사용으로 전환**되어 가는 것을 말한다. ② 상향여과는 소득증가 등으로 인하여 **저가주택에 대한 수요가 감소**되었을 때 나타난다.
하향여과 현상	① 하향여과현상이란 상위계층의 가구가 이동하여 발생하는 공가를 **하위계층 가구의 사용으로 전환**되는 것을 말한다. 저가주택의 수요가 증가 ② 주택의 하향여과과정이 원활하게 작동하면 **저급주택의 공급량이 증가**한다.

▶ **출제 포인트**) **여과현상**

1. ① 하향여과 : 저소득층의 사용으로 전환, ② 상향여과 : 고소득층의 사용으로 전환
2. 하향여과 : 저가주택의 수요가 증가 (① 저가 ② 증가 ③ 하향)
   ⇨ 저가주택의 공급 증가
3. 저가주택량 : 하향여과를 통해 반드시 증가

2 주거분리

(1) 주거분리의 개념

① 주거분리란 도시에서 **고소득층 주거지역과 저소득층 주거지역이 분리**되고 있는 현상을 말한다.
② 주거분리현상은 **도시전체적인 측면뿐만 아니라**, 지리적으로 **인접한 근린지역**에서도 일어난다.

(2) 주거분리과정

주거분리과정은 주택수선에 투입되는 비용과 수선 후의 주택가치 상승분을 비교하여 의사결정한다.

고소득층 주거지역	① **저소득층 주거지역에서 수선 후의 가치 상승분이 수선비용보다 크기 때문**에 사람들은 비용을 투입해서 계속해서 주택을 수리한다. ② 따라서 주택가치는 상승하게 되고, 계속해서 **상위계층이 침입**하는 **상향여과현상**이 나타남에 따라 이 지역은 고소득층 주거지역으로 형성된다.
저소득층 주거지역	① **고소득층 주거지역에서 수선 후의 가치 상승분이 수선비용보다 작기 때문**에 수선하는 것보다는 그대로 사용하는 것이 오히려 이익이 된다. ② 따라서 주택가치는 하락하게 되고, 계속해서 **하위계층이 침입**하는 **하향여과현상**이 나타남에 따라 이 지역은 저소득층 주거지역으로 형성된다.

(3) 외부효과

정(＋)의 외부효과로 인하여 고소득층 주거지역과 인접한 저급주택은 할증되어 거래되고, 부(－)의 외부효과로 인하여 저소득층 주거지역과 인접한 고급주택은 할인되어 거래될 것이다. 이러한 주거분리현상은 주택소비자가 부(－)의 외부효과의 피해는 피하고, 정(+)의 외부효과의 편익은 추구하려는 과정에서 발생한다.

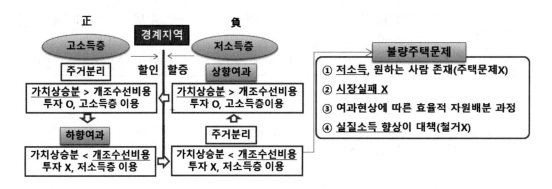

▶ 출제 포인트 │ 주거분리, 불량주택

1. 고소득층 주거지역 : 가치상승분 〈 개조수선비용, 하향여과 **+암기법** 비하
2. 저소득층 주거지역 : 가치상승분 〉 개조수선비용, 상향여과 **+암기법** 상상
3. 고소득층 주거지와 저소득층 주거지가 인접한 경우 경계지역 부근의 ① 저소득층 주택은 할증되어 거래되고 ② 고소득층 주택은 할인되어 거래된다.
4. 불량주택 : 건물이 노후하거나 구조상의 위험 또는 설비상의 하자 등으로 인해 주택의 역할을 제대로 수행하지 못하는 주택을 말한다.
   ① 소득문제(주택문제 ×)
   ② 효율적 자원배분의 과정(시장실패 ×)
   ③ 대책 : 실질소득의 향상(철거 ×)

기출문제 ●

주택의 여과과정(filtering process)과 주거분리에 관한 설명으로 틀린 것은?　　　[제31회]

① 주택의 하향여과과정이 원활하게 작동하면 저급주택의 공급량이 감소한다.
② 저급주택이 재개발되어 고소득가구의 주택으로 사용이 전환되는 것을 주택의 상향여과 과정이라 한다.
③ 저소득가구의 침입과 천이 현상으로 인하여 주거입지의 변화가 야기될 수 있다.
④ 주택의 개량비용이 개량 후 주택가치의 상승분보다 크다면 하향여과과정이 발생하기 쉽다.
⑤ 여과과정에서 주거분리를 주도하는 것은 고소득가구로 정(+)의 외부효과를 추구하고, 부(－)의 외부효과를 회피하려는 동기에서 비롯된다.

정답▶ ①

36회 적중예상 핵심내용		기출							
테마 10	01	지대와 지가 및 지대논쟁	28	29		31		33	34	35
	02	학자별 지대이론								

01 지대와 지가 및 지대논쟁

1 지대(地代)와 지가(地價)

① 지가(교환대가) : 일정시점, 토지의 매매가격, 저량의 개념
② 지대(사용대가) : 일정기간, 토지의 임대료, 유량의 개념
③ 지가 $= \dfrac{지대 10만원}{이자율 10\%} = 100만원$, 지가와 지대는 비례관계, 지가와 이자율은 반비례관계

2 지대논쟁

구 분	고전학파(리카르도, 튀넨)	신고전학파(마르크스)
토지관	자연적 특성(생산불가 : 부증성) 하늘이 만든 생산요소	인문적 특성(생산가능) 인간이 만든 생산요소
생산요소	생산요소를 토지·노동·자본과 구별	생산요소를 토지·노동·자본과 구별× 생산요소의 일종
지대성격	지대는 잉여(불로소득)	지대는 생산비(비용)에 포함됨

➕ 암기법 고전잉어 신고비용
★ 헨리 조지의 토지 단일세론(고전학파) [감정평가시험 35회 적중]
토지의 몰수가 아닌 지대의 몰수라고 주장하면서 토지가치에 대한 조세 이외의 모든 조세를 철폐하자고 하였다.

02 학자별 지대이론

1 리카르도의 차액지대설(1817년)

➕ 암기법 비옥하게 확 먹고 차액은 니카드로

구 분	A토지(우등지)	B토지(열등지)	C토지(최열등지)
곡물가격 (비옥도, 생산성, 질적 차이)	500	300	200
비 용	200	200	200
지대(잉여)	300	100	0

① 우등지부터 빌려서 경작 ⇨ 수확체감법칙(비옥도가 아무리 높아도 단위 토지에서 생산되는 밀(곡물가격)의 양은 한정)의 존재 ⇨ 열등지로 경작 확대 ⇨ 우등지와 열등지 간 비옥도 차이 발생 ⇨ 최열등지(한계지)는 지대가 없다 ⇨ 무(無)지대. 하지만 우등지를 빌리기 위해서는 토지의 생산성 차이만큼 지대를 지불해야 한다.

② 지대는 시장가격에서 생산비를 빼고 남은 잉여이다. 따라서 토지생산물의 가격이 높아지면 지대가 높아지고 토지생산물의 가격이 낮아지면 지대도 낮아진다.

2 마르크스(막스)의 절대지대설(1894년)

➕ 암기법 한계지는 절마 소유

① 절대지대는 토지의 생산성과 무관하게 토지가 개인에 의해 배타적으로 소유되는 것으로부터 발생한다.

② 한계지 또는 한계지 밖에서도 토지 소유자가 요구하면 절대지대가 발생한다.
[구분] 독점지대 : 토지의 양적, 질적 부족 때문에 지대가 발생

차액지대설(리카도)	절대지대설(마르크스)
① 토지의 비옥도(생산성, 질적 차이)	① 토지 소유권(요구), 소유자체
② 수확체감법칙을 전제	② 사유화와 희소성의 법칙
③ 한계지에서 지대는 zero	③ 한계지에서도 지대 존재
④ 곡물가격(비옥도) ⇨ 지대 결정	④ 지대 ⇨ 곡물가격 결정
➕ 암기법 니꼭지	⑤ 지대는 생산비(비용)로 파악
⑤ 지대는 불로소득(잉여)으로 파악	

➕ 암기법 차액 잉여, 절대 비용

3 튀넨(J. V. Thünen)의 위치지대설(입지교차지대설, 고립국이론, 농업입지론) : (1826년)

+암기법 위치가 튀네, 수송비가 증가한다.

① 지대 = 매상고 − 생산비 − 수송비 **+암기법** 아지매생수

　　　　　　　　위치에 따라 달라지는 비용이며 지대를 결정하는 핵심요소

② 수송비 절약분이 지대이며 지대와 수송비는 반비례한다.

③ 시장과의 거리와 지대는 반비례관계이며 지대곡선은 우하향한다. 조방한계점에 이르면 지대는 0이 된다.

④ 튀넨의 동심원이론의 확장 : 버제스의 동심원이론과 알론소의 입찰지대곡선에 영향을 미침

⑤ 집약농업일수록 기울기는 급경사이고, 조방농업일수록 기울기가 **완경사**이다.

⑥ 농산물 생산활동의 입지경쟁 과정에서 토지이용이 할당되어 지대가 결정되는데, 이를 입찰지대라 한다.

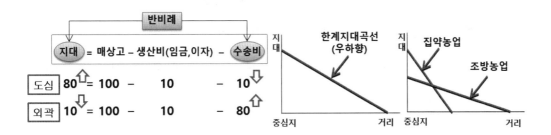

4 알론소의 입찰지대 **+암기법** 앓는소를 최고가에 입찰한다.

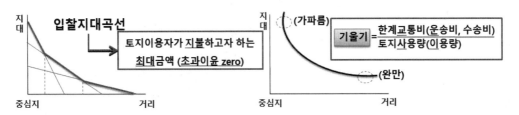

① 토지에 대해 토지이용자가 지불하고자 하는 **최대금액**, **초과이윤이 0**이 되는 수준의 지대

② 입찰지대곡선은 도심에서 외곽으로 나감에 따라 **가장 높은 지대**를 지불할 수 있는 각 산업의 지대곡선들을 연결한 것(포락선)이다. 원점을 향해 볼록한 우하향의 곡선의 모양

③ 입찰지대곡선의 기울기가 가파른 업종일수록 중심지에 가까이 입지하는 경향

④ 입찰지대곡선의 기울기 $= \dfrac{\text{기업의 한계교통비(운송비, 수송비)}}{\text{기업의 토지사용량(이용량)}}$ ⇨ 교. 사 ∣ 운. 이

+암기법 알론소 너 왜 운 이

5 헤이그의 마찰비용 ➕암기법 헤이그 수(교)지랑 마찰있구나~

중심지로부터 멀어질수록 교통비(수송비)는 증가하고 지대는 감소한다고 보고 교통비의 중요성을 강조한 이론이다. <u>옳은 지문으로 자주 출제</u>

① 도시 내에서의 입지는 마찰비용을 최소화하는 곳에 결정된다.
② 마찰비용 = 교통비 + 지대

▶ **출제 포인트** │ **지대이론**

1. **차액지대설** : 리카도, 비옥도, 수확체감, 한계지 지대 **없음**, 비옥도가 지대결정, 불로소득(잉여)
2. **절대지대설** : 마르크스, 소유자체, 요구, 한계지 지대 **존재**, 지대가 곡가결정, 생산비(비용)
3. **위치지대설** : 튀넨, 지대와 수송비 **반비례**, 한계지대곡선 우하향, 집약(가파름), 조방(완만)
4. **입찰지대설** : 알론소, 지대지불능력 **최대**, 초과이윤 zero, 원점 향해 볼록 우하향

   ⇨ 입찰지대곡선의 **기울기** = $\dfrac{\text{교통비(운송비)}}{\text{사용량(이용량)}}$, 교통비(운송비)를 사용량(이용량)으로 **나눈값**

5. **헤이그의 마찰비용이론**에서는 **교통비**와 지대를 마찰비용으로 본다.
   <u>옳은 지문으로 자주 출제</u>

★ **수송비(교통비, 운송비) 강조** : 튀넨 위치지대설, 헤이그 마찰비용이론, 베버 최소비용이론

---

6 생산요소의 대체성과 도시지대

7 마샬의 준지대 ➕암기법 맛살 준 단발그녀, 일시적

① **마샬**, 인간의 기계 등(토지 이외)에서 일시적으로 발생하는 초과이윤
   ⇨ 단기 : 발생, 장기 : 소멸
② 준지대
   ㉠ 생산을 위하여 사람이 만든 기계나 기구들로부터 얻는 소득
   ㉡ 토지에 대한 개량공사로 인해 추가적으로 발생하는 일시적인 소득
   ㉢ 장기에는 경쟁에 의해 소멸하므로 단기적으로 지대의 성격을 가지는 소득

8 파레토의 파레토지대(경제지대) +암기법 총마전파레토

① 생산요소 공급자의 총수입   –   전용수입   =   파레토지대
    박찬호 연봉 100억원   교사수입 1억원   초과이윤 99억원

② 전용수입(이전수입)
    ㉠ 어떤 생산요소가 다른 용도로 전용되지 않고 현재의 용도에 그대로 사용되도록 지급
       하는 **최소한의 지급액**이다.
    ㉡ 박찬호가 야구선수가 아닌 다른 용도(교사)로 전환되는 것을 막기 위해 박찬호에게
       지불해야 하는 최소한의 금액은 1억원(기회비용)

③ 경제지대(파레토지대) : 총수입에서 전용수입을 빼고 남은 금액인 99억원을 파레토지대
    라고 하며 생산요소가 희소할수록, 비탄력적일수록 경제지대의 값은 커진다.
    파레토, 토지, 영구적으로 발생하는 초과이윤 ⇨ 공급이 비탄력적일수록 ↑
    +암기법 **전**, **경제**적으로 **파토**나슈, **전용채소**로 바꿔서 경제적 잉여를 극대화! [수출]

VS	경제지대	파레토, 토지, 영구·장기적	vs	준지대	마샬, 인간(토지 이외), 일시·단기적

▶ 출제 포인트 | 경제지대, 준지대

1. ① 경제지대 : **파레토, 토지, 영구적, 장기적**
   ② 준지대 : **마샬, 인간, 일시적, 단기적**   +암기법 맛살 준 단발그녀
2. 경제지대(파레토) : 총수입 - 전용수입, 공급자의 **초과이윤**
   +암기법 총마전 파레토
   ⇨ 총수입 = 전용수입(**최소수입**) + 경제지대(**초과수입**)
3. 경제지대(준지대)는 **공급이 비탄력적일수록 커지고, 공급이 탄력적일수록 작아진다.**

1. 지대이론에 관한 설명으로 옳은 것은? [제29회]

① 차액지대는 토지의 위치를 중요시하고 비옥도와는 무관하다.
② 준지대는 토지사용에 있어서 지대의 성질에 준하는 잉여로 영구적 성격을 가지고 있다.
③ 절대지대는 토지의 생산성과 무관하게 토지가 개인에 의해 배타적으로 소유되는 것으로
부터 발생한다.
④ 경제지대는 어떤 생산요소가 다른 용도로 전용되지 않고 현재의 용도에 그대로 사용되
도록 지급하는 최소한의 지급액이다.
⑤ 입찰지대는 토지소유자의 노력과 희생 없이 사회 전체의 노력에 의해 창출된 지대이다.

정답▶ ③

2. 지대이론에 관한 설명으로 옳은 것은? [제34회]

① 튀넨(J. H. von Thünen)의 위치지대설에 따르면, 비옥도 차이에 기초한 지대에 의해
비농업적 토지이용이 결정된다.
② 마샬(A. Marshall)의 준지대설에 따르면, 생산을 위하여 사람이 만든 기계나 기구들로
부터 얻은 일시적인 소득은 준지대에 속한다.
③ 리카도(D. Ricardo)의 차액지대설에서 지대는 토지의 생산성과 운송비의 차이에 의해
결정된다.
④ 마르크스(K. Marx)의 절대지대설에 따르면, 최열등지에서는 지대가 발생하지 않는다.
⑤ 헤이그(R. Haig)의 마찰비용이론에서 지대는 마찰비용과 교통비의 합으로 산정된다.

정답▶ ②

		36회 적중예상 핵심내용	기출							
테마 11	01	도시내부구조이론 (도시공간(성장)구조이론)	28	29	30	31	32	33	34	35
	02	도시경제기반이론 (입지계수 계산문제5)			30		32		34	

01 도시내부구조이론(도시공간(성장)구조이론)

단핵도시	① 전통도시, 소도시, 중심업무지구(도심) ② 동심원이론, 선형이론
다핵도시	① 현대도시, 대도시, 중심업무지구(도심) + 외부업무지구(부도심) ② 다핵심이론

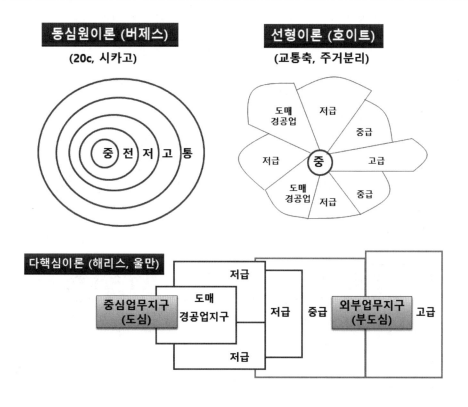

1 동심원이론(시카고 대학의 사회학과 교수 버제스 - 1925년)

➕암기법 버스타고 동심 찾아 생태계로 침쟁이!

① 도시생태학적 관점, 도시 공간구조 형성을 침입, 경쟁, 천이의 과정으로 설명

② 도시는 5개의 동심원지대로 분화되면서 성장한다.

중심업무지구(CBD) ⇨ 전이(점이)지대 ⇨ 저급(근로자)주택지대 ⇨ 고급(중산층)주택지대 ⇨ 통근자지대

➕암기법 중전저고통

㉠ 중심업무지대(CBD) : 상업·금융·서비스시설이 집중된 도시의 핵심지역

㉡ 전이지대(zone in transition - 천이지대, 점이지대)

　- 상업, 경공업, 주거기능이 혼재된 지역

　- 주거환경이 극히 열악한 슬럼지역

③ 중심지와 가까워질수록 범죄, 빈곤 및 질병이 많아진다.

④ 튀넨의 고립국이론을 도시에 적용 + 단핵이론 + 소도시 + 오래된 도시

⑤ 저소득층일수록 도심과 접근성이 양호한 지역에 주거지를 선정한다.

⑥ 동심원이론에 따르면 중심지에서 멀어질수록 지대 및 인구밀도가 낮아진다.

2 호이트의 선형이론 : 교통축(교통망), 부채꼴(쐐기형) : 1939년

➕암기법 부채들고 호잇호잇!

① 호이트(H. Hoyt)의 선형이론에 따르면 도시공간구조의 성장과 분화는 주요 교통축을 따라 부채꼴 모양으로 확대되면서 나타난다.

② 주택지불능력이 높을수록(고소득층) 도심지역과 접근성이 양호한 지역에 주거지를 선정

③ 고급주택은 교통축에 가까이, 중급주택은 고급주택의 인근에, 저급주택은 반대편에 입지

④ 동심원이론과 선형이론 : 단핵이론 ⇨ 부도심 없음

VS	동심원이론(버제스)	VS	선형이론(호이트)
	도시생태학, 침입·경쟁·천이 접근성 양호, 저소득 입지		교통축, 부채꼴(쐐기형) 접근성 양호, 고소득 입지

3 해리스와 울만의 다핵심이론(1945)

① 여러 개의 전문화된 중심 + 대도시 + 신도시 + 도심과 부도심 존재
② 핵의 성립요인
    ㉠ 동종(유사)활동 간 집적(중)이익(모여입지) 예 상호편익을 주는 소매업지구
    ㉡ 이종(이질)활동 가의 입지적 비양립성(분산) 예 공장과 주택
    ㉢ 특정위치나 시설의 필요성 예 공업지구는 지역 간 교통과 수자원 확보가 용이한 곳
    ㉣ 지대지불능력의 차이 예 교외공업지구, 창고업 분산

VS	동종(유사)	모여, 집적, 양립성	vs	이종(이질)	흩어져, 분산, 비양립성

▶ 출제 포인트 | 도시내부구조론

1. **동심원이론** : 버제스, **'중, 전, 저, 고, 통'**, **접근성이 양호**한 곳에 **저소득층** 입지, 도시생태학적 관점, **침입·경쟁·천이**
2. **선형이론** : **호이트**, 교통축의 **접근성이 양호**한 곳에 **고소득층** 입지, 저소득층은 반대편 입지
3. **다핵심이론** : 해리스·울만, 중심업무지구(도심) + 외부업무지구(부도심), **현대도시·대도시**
4. 다핵의 성립요인 : **동종 - 집적, 이종 - 분산**, 특정시설·위치의 필요성, 지대지불능력

이론 도입순서 : **동심원이론(1925)** ⇨ **선형(쐐기형)이론(1939)** ⇨ **다핵심이론(1945)**
➕ **암기법** 너 피 똥   싼   다

| 기출문제 |

도시공간구조이론에 관한 설명으로 옳은 것은? [제28회, 제34회]

① 도시공간구조의 변화를 야기하는 요인은 교통의 발달이지 소득의 증가와는 관계가 없다.
② 버제스(E. Burgess)는 도시의 성장과 분화가 주요 교통망에 따라 확대되면서 나타난다고 보았다.
③ 호이트(H. Hoyt)는 도시의 공간구조형성을 침입, 경쟁, 천이 등의 과정으로 나타난다고 보았다.
④ 동심원이론에 의하면 점이지대는 고급주택지구보다 도심으로부터 원거리에 위치한다.
⑤ 버제스(E. Burgess)의 동심원이론에서 통근자지대는 가장 외곽에 위치한다.

정답▶ ⑤

02 　도시경제기반이론(입지계수 계산문제5)

1 　입지계수의 의미

① 의의 : 특정산업의 "전국점유율에 대한 지역점유율의 비율"
② 적용 : 특정지역이 어떤 산업에 특화되었는지를 판단하는 지표이다.

2 　입지계수 적용례

① 전국의 고용자수가 100명이고 그중 자동차산업에 10명이 종사한다.
② 울산의 고용자수는 10명이고 그중 자동차산업에 2명이 종사한다.
③ 울산 지역에서의 자동차 산업의 입지계수를 구하는 방법

$$\frac{\text{울산의 자동차산업 비중}}{\text{전국의 자동차산업 비중}} = \frac{\text{울산}\dfrac{\text{자동차산업(2명)}}{\text{전체산업(10명)}} = 20\%}{\text{전국}\dfrac{\text{자동차산업(10명)}}{\text{전체산업(100명)}} = 10\%} = 2.0$$

$$\text{입지계수(LQ)} = \frac{\text{울산의 자동차산업 구성비}}{\text{전국의 자동차산업 구성비}} = \frac{\dfrac{\text{지역 특정산업 고용수}}{\text{지역 전 산업 고용수}}}{\dfrac{\text{전국 특정산업 고용수}}{\text{전국 전 산업 고용수}}}$$

⇨
1. LQ > 1 수출기반산업
2. LQ < 1 비수출기반산업
3. LQ = 1 자급자족산업

3 　기반산업과 비기반산업

(1) 기반산업

　도시의 주된 산업, 도시 외부로 재화를 수출하여 외부로부터 화폐의 유입을 가져오는 산업

(2) 비기반산업

　도시 내부에서 소비되는 재화를 생산 판매하는 산업, 지역서비스 산업

(3) 기반산업의 성장이 비기반산업의 성장을 유도하며 도시 전체의 성장을 주도한다.

(4) '입지계수 > 1'의 의미

　★ '1'과 비교 (4) : ① 입지계수(LQ) ② 원료지수 ③ 수익성지수 ④ 부채감당률
　　① 입지계수가 1보다 큰 산업이라는 것은 해당산업이 그 지역에서 수출산업, 지역기반산업, 특화산업임을 뜻한다.
　　② 대구에서 섬유산업의 입지계수가 2.0, 수원에서 전자산업의 입지계수가 1.5라면 섬유산업은 대구에서 경제기반산업이고, 전자산업은 수원에서 경제기반산업이다.

기출문제

A도시의 X산업의 입지계수는?

구 분	A도시	B도시	C도시	D도시	전 국
X산업	400	1,200	650	1,100	3,350
Y산업	600	800	500	1,000	2,900
합 계	1,000	2,000	1,150	2,100	6,250

해설▶ 전국과 해당지역에 박스 표시할 것!

구 분	A	B	C	D	전 국
X산업	400	1,200	650	1,100	3,350
Y산업	600	800	500	1,000	2,900
합 계	1,000	2,000	1,150	2,100	6,250

$$입지계수 = \frac{A도시\dfrac{400}{1,000}}{전국\dfrac{3,350}{6,250}} = 0.75$$ ➕**암기법** 전국, 전, 특, 지역, 전, 특

계산기 활용▶ 400 × 6,250 ÷ 1,000 ÷ 3,350 =

정답▶ 0.75

		36회 적중예상 핵심내용	기출						
테마 12	01	상업입지론 : 크 ⇨ 레일리 ⇨ 컨버스 ⇨ 허프	29	30	31	32		34	35
	02	공업입지론 : 베버와 뢰시							
	03	입지론(계산문제6) : 레일리, 허프, 컨버스	28			32	33	34	35

01 상업입지론 : 크 ⇨ 레일리 ⇨ 컨버스 ⇨ 허프

1 상 권

① 중심지와 배후지

　　㉠ 중심지 : **점포가 존재하는 곳**, 각종 재화와 서비스 공급기능이 집중되어 **배후지에 재화와 서비스를 공급**하는 중심**지역**

　　㉡ 배후지(상권) : **고객이 존재하는 곳**, 중심지에 의해 재화와 서비스를 제공받는 주변지역

　　㉢ 중심지 재화 및 서비스 : **중심지**에서 **배후지**로 제공되는 재화 및 서비스

2 크리스탈러의 중심지이론(중심지 형성)

중심지(점포) - **고차** : 백화점 - **저차** : 편의점	최소요구범위(생존) 판매자가 정상이윤을 **얻는** 만큼의 충분한 소비자를 포함하는 경계까지의 거리	초과이윤
	재화의 도달범위 ─────────────────→ 고객이 기꺼이 통행할 것으로 예상되는 범위, 중심지가 재화나 서비스를 제공하는 최대한의 범위로서 **판매량(수요)이** '0'이 되는 범위	

① 재화의 **도달범위**(최대상권범위), **최소요구범위**를 통해
중심지의 **계층구조** 및 상권의 **규모** 차이를 설명하는 모델이다.

② 중심지 : 배후지에 **재화와 서비스를 공급**하는 지역

③ 최소요구**범위** : **정상이윤**을 얻을 만큼의 소비자들을 포함하는 **거리** [반경 100m]

　　↳ 최소요구**치** : 중심지 기능이 유지되기 위한 최소한의 **수요요구** [최소 100**명**]

④ 재화의 **도달범위** : 중심지 활동이 제공되는 **최대**범위 [**수요 = 0**이 될 때까지]

⑤ 중심의 성립요건 : 재화의 **도달범위** > 최소요구범위

　　↳ **최소요구** 범위가 **재화의 도달범위 내**에 있어야 중심지가 성립한다. **➕암기법** 처재내

　　➕암기법 도다리를 잡아 중심에 **채소**를 넣어 물회를 만들어 **크리스탈** 그릇에

기출문제 •

크리스탈러(W. Christaller)의 중심지이론에 관한 설명으로 옳은 것은? [제34회]

① 최소요구범위 – 중심지 기능이 유지되기 위한 최소한의 수요 요구 규모
② 최소요구치 – 중심지로부터 어느 기능에 대한 수요가 0이 되는 곳까지의 거리
③ 배후지 – 중심지에 의해 재화와 서비스를 제공받는 주변지역
④ 도달범위 – 판매자가 정상이윤을 얻을 만큼의 충분한 소비자들을 포함하는 경계까지의 거리
⑤ 중심지 재화 및 서비스 – 배후지에서 중심지로 제공되는 재화 및 서비스

정답▶ ③

3 레일리의 소매인력법칙, 컨버스의 분기점모형 : 중심지 상호작용(유인력)

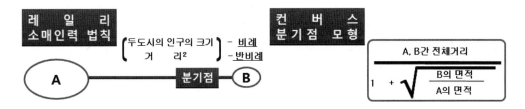

(1) 레일리의 소매인력의 법칙(중심지 간의 상호작용을 설명)

뉴턴의 만유인력법칙(**중력**)을 활용, 두 중심지가 소비자에게 미치는 영향력의 크기는 두 중심지의 **크기**(**인구**)에 **비례**하고 **거리의 제곱에 반비례**한다. ➕**암기법** 레인 비
➕**암기법** 레일리는 거제도로 내려가 일자리를 찾기 위해 내일 인력 사무소로 감

(2) 컨버스의 분기점(경계지점) 모형

경쟁하는 두 도시에 각각 입지해 있는 소매시설 간 상권의 경계지점을 확인할 수 있도록 레일리의 소매중력모형을 수정
경계지점(분기점) ➕**암기법** 큰버스 경계

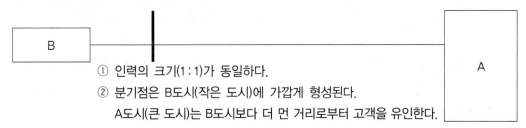

① 인력의 크기(1 : 1)가 동일하다.
② 분기점은 B도시(작은 도시)에 가깝게 형성된다.
    A도시(큰 도시)는 B도시보다 더 먼 거리로부터 고객을 유인한다.

$$A\text{도시에서 분기점까지의 거리} = \frac{A, B \text{간의 전체거리}}{1 + \sqrt{\dfrac{B\text{의 면적(인구)}}{A\text{의 면적(인구)}}}}$$

✚ 1. 4배 큰 경우 : 작은 도시 쪽으로부터 3으로 나누어 계산
  2. 9배 큰 경우 : 작은 도시 쪽으로부터 4로   나누어 계산

✚ 암기법 큰버스 경계(컨버스 경계지점), 큰버스 번호 : 9443

기출문제 ◆

어떤 도시에 쇼핑센터 A, B가 있다. 두 쇼핑센터 간 거리는 24km이다. A의 면적은 1,000m²이고, B의 면적은 4,000m²이다. 컨버스(P. D. Converse)의 분기점 모형에 따른 두 쇼핑센터의 상권 경계선은 어디인가?   [제18회 응용]

해설▶ 쇼핑센터 A로부터의 분기점 $= \dfrac{24km}{1 + \sqrt{\dfrac{4,000}{1,000}}} = 8km$이다.

정답▶ A로부터 8km 지점, B로부터 16km 지점

▨ 4 허프의 확률모형

① 허프의 **확률**모형은 **상권의 규모, 점포의 매출액을 확률적**으로 설명하는 모델로, 대도시 내 특정 점포의 **시장점유율**을 산정하는 모델이다.
② **점포선택요인** : 경쟁점포 **수**, 소비자와 점포와의 **거리**, 점포의 **면적 ✚ 암기법** 수거면
③ **특이 고려사항** : 실측거리, **시간거리**, **효용**(비공간요인)을 모두 고려함
④ 허프에 따르면 소비자의 매장 선택은 **마찰계수**에 따라 달라진다.
⑤ 마찰계수는 접근성을 측정하는 지표로 **교통조건, 물건특성**에 따라 달라진다.
  공간(거리)마찰계수의 결정요인 : 거리(**교통조건**), 상품(**물건특성**)의 특성
  ✚ 암기법 100km 빡침계수(값 ; 거리부담), 공간마찰계수는 빡침계수
  ㉠ 교통조건 양호, 교통 발달(교통비용 감소), 전문품점 : 마찰계수값 ⬇
                                              (멀어도 go, 저항값⬇)
  ㉡ 교통조건 불량, 교통 체증(교통비용 증가), 일상용품점 : 마찰계수값 ⬆
                                              (가까워야 go, 저항값⬆)
⑥ 교통조건이 나쁠수록 마찰계수가 커진다.
⑦ **전문품**의 경우 일용품에 비해 **마찰계수가 작은** 편이다. [샤넬 사러 멀리 갈 수 있음]

$$\text{허프의 확률이론에 따른 A점포의 유인력} = \frac{\text{A의 크기}}{\text{A까지 거리}^{\text{마찰계수}}}$$

➕ 암기법 허프는 **확** 하프 매장을 오픈, **점포**의 **매출액**이 올라 주변상인과 **마찰!**

---

5 넬슨의 소매입지이론 **➕ 암기법** 넬슨약국 : 병원과 양립하라, 네입 팔

① 특정 점포가 **최대** 이익을 얻을 수 있는 **매출**액을 확보하기 위해서는 어떤 장소에 입지하여야 하는지 8가지 원칙을 제시하였다.
② 서로 보완되는 상품을 취급하는 점포와 양립하면 유리하다. (양립성)
　　➕ 암기법 점포의 **최대매출**을 하루 만에 **낼름 소매**치기 당함 **입**이 튀어 나옴

---

7 점포의 입지

(1) 점포의 분류

☑ **소재위치에 따른 분류**

집심성 점포	배후지의 중심지에 입지(백화점, 도매점, 귀금속점, 영화관, 대형서점)
집재성 점포	동일업종 모여 입지(금융기관, 관공서, 사무실, 기계점, 가구점, 공구점)
산재성 점포	동일업종 분산 입지(일용품, 목욕탕, 세탁소, 이발소, 잡화점)
국부적 집중성 점포	동일업종 국부적(변두리) 중심지에 모여 입지(농기구, 비료, 종묘, 석재, 철공소)

☑ **구매관습에 따른 분류**

편의품점	① 생활필수품 ② 가정용 상품, 주부고객
선매품점	① 가구, 부인용 의상, 보석류 ② 비교 후 구매 ③ 상품의 표준화 어렵다.(비표준화성)
전문품점	① 고급양복, 고급시계, 고급자동차 ② 구매를 위한 노력을 아끼지 않는다.

VS	집심성 점포	중심지에 모여	vs	선매품점	비교 후 구매, 비표준화
	집재성 점포	같은 업종 모여		전문품점	고급, 구매노력 아끼지×

> ▶ 출제 포인트 │ 점포의 분류
>
> 1. **소재위치**: 집심성, 집재성, 산재성, 국부적집중성 ⇨ 집심성 점포와 집재성 점포 구분
> 2. **구매관습**: 편의품점, 선매품점, 전문품점 ⇨ **선매품점**과 **전문품점** 구분
>   각 점포에 입지하는 점포의 예시 기억할 것

02 │ 공업입지론 : 베버와 뢰시

1 베버(A. Weber)의 최소비용이론

① 기업(공장)의 최적입지 : 최소비용으로 제품을 생산할 수 있는 곳

② 운송비(소), 노동비(소), 집적이익(대)을 중시하며 특히 운송비를 강조한다.

③ 등비용선 : 최소운송비 지점으로부터 기업이 입지를 바꿀 경우, 이에 따른 추가적인 운송비(노동비 ×)의 부담액이 동일한 지점을 연결한 곡선

2 뢰쉬(A. Lösch)의 최대수요이론

① 최적공업입지점 : 시장의 확대 가능성이 가장 풍부한 곳(시장중심지)

② 이윤극대화가 가능한 곳에 입지

③ 뢰쉬(A. Lösch)의 최대수요이론에서는 입지분석에 있어 대상지역 내 원자재가 균등(불균등 ×)하게 존재한다는 전제 하에, 수요가 최대가 되는 지점이 최적입지라고 본다.

[감정평가시험]

VS	베버 최소비용이론	수송비(비용)	vs	뢰쉬 최대수요이론	이윤극대화(수요)

3 공업입지의 입지선정

원료 지향형 산업	시장 지향형 산업
① **원료중량** > 제품중량(중량**감소**산업)	① 원료중량 < **제품중량**(중량**증가**산업)
② **원료** 부패, 국지(편재)원료	② **제품** 부패, 보편원료
③ 원료지수 > 1	③ 원료지수 < 1

원료지수	$\dfrac{\text{국지원료중량}}{\text{제품중량}}$

☑ **보편원료와 국지(편재)원료**

보편원료란 아무 데서나 손쉽게 구할 수 있는 원료(물이나 공기 등)를 말하며, 국지원료
(편재원료)란 특정한 장소에서만 생산되는 원료(광물자원 등)를 말한다.

▶ **출제 포인트** | **공업입지**

1. **원료 지향형 산업** : 원료쪽, 중량감소(감·원), 국지(편재)원료, 원료지수 $>$ 1
2. **시장 지향형 산업** : 제품쪽, 중량증가(증·시), 보편원료,　원료지수 $<$ 1

---

03 | 입지론(계산문제6) : 레일리, 컨버스, 허프

기출문제 ⋅

1. **A, B도시 사이에 C도시가 위치한다. 레일리(W. Reilly)의 소매인력법칙을 적용할 경우, C
도시에서 A, B도시로 구매활동에 유인되는 인구규모는? (단, C도시의 인구는 모두 구매자
이고, A, B도시에서만 구매하는 것으로 가정한다)**
[제27회]

• A도시 인구 수 : 400,000명 • B도시 인구 수 : 100,000명 • C도시 인구 수 : 50,000명 • C도시와 A도시 간의 거리 : 10km • C도시와 B도시 간의 거리 : 5km

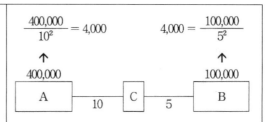

야매 : A도시 유인력 : $\dfrac{400,000}{10^2} = 400,000 \div 10 \div 10 = 4,000$

　　　　B도시 유인력 : $\dfrac{100,000}{5^2} = 100,000 \div 5 \div 5 = 4,000$

　　　　　　　A : B
㉠ 크기　= 4 : 1(A도시가 B도시보다 4배 유리)
㉡ 거리　= 1 : 4(2^2)(B도시가 A도시보다 4배 유리)
㉢ 유인력 = 1 : 1(A도시와 B도시가 같다)
㉣ A도시로의 인구유인규모 = 50,000명 $\times \dfrac{1}{2} = 25,000$명

정답▶ A : 25,000명, B : 25,000명

2. 허프모형을 활용하여, X지역의 주민이 할인점 A를 방문할 확률과 할인점 A의 월 추정매출액을 순서대로 나열한 것은? [제28회]

- X지역의 현재 주민 : 4,000명
- 1인당 월 할인점 소비액 : 35만원
- 공간마찰계수 : 2
- X지역의 주민은 모두 구매자이고, A, B, C 할인점에서만 구매한다고 가정

구 분	할인점 A	할인점 B	할인점 C
면적(m²)	500	300	450
거리(km)	5	10	15

총매출액(4,000명 × 35만원) × $\dfrac{20}{(20+3+2)}$ (A방문확률; 80%)

= A매출액(1,120,000,000원)

구 분	할인점 A	할인점 B	할인점 C
유인력 계산	$\dfrac{500}{5^2} = 20$	$\dfrac{300}{10^2} = 3$	$\dfrac{450}{15^2} = 2$

야매 : 계산기 한번에~

할인점 A : $\dfrac{500}{5^2} = 500 \div 5 \div 5 = 20$

할인점 B : $\dfrac{300}{10^2} = 300 \div 10 \div 10 = 3$

할인점 C : $\dfrac{450}{15^2} = 450 \div 15 \div 15 = 2$

정답▶ A를 방문할 확률 : 80%, 할인점 A의 월 추정매출액 : 1,120,000,000원

36회 적중예상 핵심내용			기출						
테마 13	01	정부의 시장개입근거	28	29	30	31			34
	02	정부의 시장개입 방법(수단), 토지정책수단							

01 정부의 시장개입근거

1 부동산정책 의의

부동산문제를 해결하기 위해 부동산시장에 정부가 개입하는 것

2 정부의 시장개입 이유(근거)

정치적 기능	경제적 기능
① 사회적 목표 달성	① 시장실패 수정
② 저소득층 위한 정책, 임대주택 정책	② 외부효과 제거, 지역지구제

3 시장실패의 의의

① 재화의 생산을 시장에 맡겼을 때 시장의 균형 생산량이 사회에서 필요한 적정 생산량보다 너무 많거나 또는 너무 적은 것을 말한다.
② 사회적으로 20개가 필요한데 시장에 맡기면 10개를 생산하거나(과소생산), 30개를 생산하는 경우(과다생산) 이를 시장실패라고 한다.
③ **정부실패** : 정부의 개입이 오히려 자원배분을 더 비효율적으로 만드는 상황
   예 **규제**수단의 **불완전성**

4 시장실패의 원인

원인 ○	공공재	외부효과	규모의 경제	독점	정보 비대칭
원인 ×	완전경쟁시장	다수 수급인	동질적 재화	진퇴의 자유	정보 완전성

① 불완전경쟁, 독과점기업, 규모의 경제, 비용체감
② 외부효과(외부경제, 외부불경제 모두)
③ 공공재의 존재, 무임승차자 문제
④ 정보의 비대칭성, 불확실성

5 공공재(공원(내구재), 국방 등 정부가 국민 전체를 대상으로 해서 생산하는 재화)

비경합성과 비배제성 ⇨ 무임승차 가능 ⇨ 시장에서 수요 표시 없음 ⇨ 과소생산 ⇨ 시장실패 ⇨ 정부의 시장 개입

① 소비에 있어서 **비경합성, 비배제성**이 있는 재화(공원(내구재), 도로, 국방, 치안, 가로수 등)

   ㉠ **비경합성** : 소비경쟁이 발생하지 않는다. : 동시소비성

   ㉡ **비배제성** : 요금을 내지 않아도 소비로부터 배제되지 않는다. : 요금×, 소비 ○

   ㉢ **무임승차** : 비용을 부담하지 않고 소비하려는 속성이 생긴다.

   ㉣ **과소생산** : 사적시장에 맡기면 공공재의 공급은 **과소생산**의 문제가 발생한다.

② 소비에 있어서 **규모의 경제**(많은 사람이 이용할수록 생산에 따른 평균비용이 감소되는 현상을 말한다), 공동소비, 무임승차자 문제 발생

③ 시장에 공급을 맡길 경우 과소생산, 공공재는 일반적으로 정부가 세금이나 공공의 기금으로 비용을 조달하여 직접 생산 공급하는 경우가 많다. 도시계획을 통해 정부가 공급

▶ **출제 포인트** │ **시장실패**

1. 시장실패의 **원인** : ① **불완전경쟁**(완전경쟁×), ② **외부효과** 둘 다(부의 외부효과만×),   ③ **공공재**(민간재×), ④ 정보의 **비대칭성**(정보의 대칭×) 2. ① **공공재**와 **정**의 외부효과는 **과소생산**(2) ② **부의 외부효과**만 **과대생산**(1) 3. **공공재** : 공원, **비경합성, 비배제성, 공동소비, 무임승차**, 과소생산, 정부공급

기출문제

부동산 시장실패(market failure)와 관련이 없는 것은?   [제16회, 제29회]

① 불완전경쟁시장(공급독점)   ② 외부효과

③ 공공재(무임승차자 문제)   ④ 정보의 비대칭

⑤ 완전경쟁(재화의 동질성)

정답 ▶ ⑤

6 외부효과

(1) 의 의

제3자(타인), 의도하지 않은 이익이나 손해, 시장기구를 통하지 않고(부동성, 인접성)
어떤 경제활동과 관련하여 거래당사자가 아닌 제3자에게 의도하지 않은 혜택이나 손해를
가져다주면서도 이에 대한 대가를 받지도 지불하지도 않는 상태를 말한다. 외부효과는 새화
의 생산과정 또는 소비과정에서 발생한다.

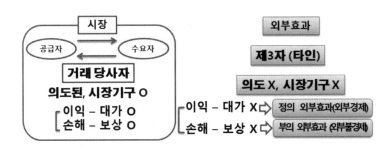

(2) 종 류

정의 외부효과(외부경제) 공원조성(내 돈 쓰고 남 좋은일)	부의 외부효과(외부불(비)경제) 공해배출(남이 돈 쓰고 내가 재미 봄)
① 생산측면 : 사적 비용 > 사회적 비용	① 생산측면 : 사적 비용 < 사회적 비용
② 소비측면 : 사적 편익 < 사회적 편익	② 소비측면 : 사적 편익 > 사회적 편익
사회가 유리 : 사회적 편익 ⇧, 사회적 비용 ⇩	**사회가 불리** : 사회적 편익 ⇩, 사회적 비용⇧
③ 과소생산(사적 비용 초과발생), 규제완화(**보조금, 세금감면**)	③ 과대생산 유일(사회적 비용 초과발생), 규제강화(**벌과금, 중과세**)
④ 핌피현상(PIMFY) 발생 [**적극유치**]	④ 님비현상(NIMBY) 발생 [**유치반대**]
⑤ 존재 : 수요 증가, 균형가격 상승, 균형량 증가	⑤ 규제 : 공급 감소, 균형가격 상승, 균형량 감소
정(+) 발생 ⇨ 주택수요 증가	부(−) 발생 ⇨ 공장규제 ⇨ 제품공급 감소

① 부의 외부효과를 해결하는 방법 예 학원에서 방구

   ㉠ 사적 해결책 : 시장기구 스스로 해결(협상 − 코오즈정리) 예 돈으로 해결

   ㉡ 공적 해결책 : 정부가 개입해서 해결(지역지구제, 세금) 예 학원에서 격리조치

      ★ 외부효과는 정부의 직접개입이 유일한 해결방법이다. (×)

      ★ 유일 : 부(−)의 외부효과 과대생산

      ➕ 암기법 부대찌게

② 심화 : 부동산시장 참여자가 자신들의 행동이 초래하는 외부효과를 의사결정에서 감안
하도록 만드는 과정을 외부효과의 (내부화)라 한다. [감평 제35회]

(3) 학문상 지역지구제

① 목적 : 부(-)의 외부효과를 제거하여 시장실패를 치유하는 것(해결수단)

② 효과 : 주택과 공장이 혼재된 지역을 주거지역으로 지정하는 경우

| 기출문제 |

외부효과에 관한 설명으로 틀린 것은?　　　　　　　　　　　　　　　　[제26회]

① 외부효과란 어떤 경제활동과 관련하여 거래당사자가 아닌 제3자에게 의도하지 않은 혜택이나 손해를 가져다주면서도 이에 대한 대가를 받지도 지불하지도 않는 상태를 말한다.

② 정(+)의 외부효과가 발생하면 님비(NIMBY) 현상이 발생한다.

③ 인근지역에 쇼핑몰이 개발됨에 따라 주변 아파트 가격이 상승하는 경우, 정(+)의 외부효과가 나타난 것으로 볼 수 있다.

④ 부(-)의 외부효과를 발생시키는 시설의 경우, 발생된 외부효과를 제거 또는 감소시키기 위한 사회적 비용이 발생할 수 있다.

⑤ 부(-)의 외부효과가 발생하는 재화의 경우 시장에만 맡겨두면 지나치게 많이 생산될 수 있다.

정답▶ ②

---

02 정부의 시장개입 방법(수단), 토지정책수단

토지 이용규제 사적 주체의 토지이용행위를 바람직한 방향으로 유도하기 위해 법적·행정적 조치에 의해 구속하고 제한하는 것	직접적 개입 공적 주체가 부동산에 대한 수요자 및 공급자의 역할을 적극적으로 수행하는 방법 수급역할	간접적 개입 시장기능을 통해 해결 수급조절
① 지역지구제(이용규제) ② 개발권양도제(TDR) ③ 규제, 계획, 인허가제도 ④ 부동산(토지)거래허가제 소유규제, 거래규제	① 토지은행제도, 공영개발 ② 수용, 선매, 초과매수 ③ 도시개발, 재개발, 공공임대 주택(행복주택) 공급 ④ 최고가격제 (분양가 및 임대료 규제)	① 세금부과 (보조금, (개발)부담금) ② 각종금융정책(대부비율(LTV), 총부채상환비율(DTI)) ③ 행정지원(정부의 정보공개), 부동산가격공시제도

| VS | 이 | 지역지구제, TDR | vs | 직 | 그 외 | vs | 간
(세금,
공시) | 조세(금), 보조금,
부담금, 금융, 행정(정보),
부동산가격공시제도
➕암기법 금, 공시, 정보 |

(1) 토지은행제도(공공토지비축제도) - 공공토지의 비축에 관한 법률

정부가 저렴한 가격으로 미개발 토지를 대량 구입하여 비축하였다가 민간에게 팔거나 대여하는 정부의 직접적 개입수단을 말한다. 공공개발용(공익사업목적)과 수급조절용(시장안정목적)으로 구분, 한국토지주택공사(LH) 토지공사 + 주택공사가 별도의 계정(토지은행계정)으로 직접 관리

① 의의 : LH가 토지를 매입, 공공자유·공공임대보유 비축, 개발 또는 분양·임대
② 장점 : 효과적 도시 계획, 개발이익의 환수, 값싸게 공급(비축지역), 사적권리 침해가 적음
③ 단점 : 매입비, 관리, 지가상승·투기(주변지역)

(2) 공영개발

① 의의 : 정부가 토지를 매입, **택지개발**, 분양·임대
② 장점 : 효과적 도시 계획, 개발이익의 환수, 값싸게 공급(비축지역)
③ 단점 : 매입비, 민원, 지가상승·투기(주변지역)

기출문제 ◆

정부의 부동산시장 직접개입 유형에 해당하는 것을 모두 고른 것은? [제31회]

㉠ 토지은행	㉡ 공영개발사업
㉢ 총부채상환비율(DTI)	㉣ 종합부동산세
㉤ 개발부담금	㉥ 공공투자사업

① ㉠, ㉡, ㉢   ② ㉠, ㉡, ㉥   ③ ㉢, ㉣, ㉤
④ ㉢, ㉤, ㉥   ⑤ ㉣, ㉤, ㉥

정답▶ ②

기출문제 ◆

정부가 부동산시장에 개입할 수 있는 근거가 아닌 것은?

① 토지자원배분의 비효율성   ② 부동산투기
③ 저소득층 주거문제   ④ 난개발에 의한 기반시설의 부족
⑤ 개발부담금 부과

해설▶ 개발부담금 부과 : 간접적 개입 수단

근거와 수단 비교

근거 : 어떤 일이나 행동을 하는데 원인이나 이유

수단(방법) : 목적하는 바를 이루기 위한 방법

정답▶ ⑤

36회 적중예상 핵심내용						기출		
테마 14	01	국토법상 용도지역지구제	27				33	35

01 국토법상 용도지역지구제

「국토의 계획 및 이용에 관한 법률」 제2조 【정의】

15. 용도지역이란 토지의 이용 및 건축물의 용도, 건폐율, 용적률, 높이 등을 제한함으로써 토지를 경제적·효율적으로 이용하고 공공복리의 증진을 도모하기 위하여 서로 중복되지 아니하게 도시·군관리계획으로 결정하는 지역을 말한다.
⇨ ① 도시지역 ② 관리지역 ③ 농림지역 ④ 자연환경보전지역

16. 용도지구란 토지의 이용 및 건축물의 용도·건폐율·용적률·높이 등에 대한 용도지역의 제한을 강화하거나 완화하여 적용함으로써 용도지역의 기능을 증진시키고 경관·안전 등을 도모하기 위하여 도시·군관리계획으로 결정하는 지역을 말한다.
⇨ ① 경관지구 ② 고도지구 ③ 방화지구 ④ 방재지구 ⑤ 보호지구 ⑥ 취락지구 ⑦ 개발 진흥지구 ⑧ 특정용도제한지구 ⑨ 복합용도지구

17. 용도구역이란 토지의 이용 및 건축물의 용도·건폐율·용적률·높이 등에 대한 용도지역 및 용도지구의 제한을 강화하거나 완화하여 따로 정함으로써 시가지의 무질서한 확산방지, 계획적이고 단계적인 토지이용의 도모, 토지이용의 종합적 조정·관리 등을 위하여 도시·군관리계획으로 결정하는 지역을 말한다.
⇨ ① 개발제한구역 ② 도시자연공원구역 ③ 시가화조정구역 ④ 수산자원보호구역 ⑤ 입지 규제최소구역

3. 도시 군기본계획이란 특별시·광역시·특별자치시·특별자치도 시 또는 군의 관할구역에 대하여 기본적인 공간구조와 장기발전방향을 제시하는 종합계획으로서 도시 군관리계획 수립의 지침이 되는 계획을 말한다.

4. 도시 군관리계획이란 특별시·광역시·특별자치시·특별자치도 시 또는 군의 개발 정비 및 보전을 위하여 수립하는 토지 이용, 교통, 환경, 경관, 안전, 산업, 정보통신, 보건, 복지, 안보, 문화 등에 관한 계획을 말한다.

기출문제 ◆

도시·군관리계획은 국토의 계획 및 이용에 관한 법령상 특별시·광역시 또는 군의 관할 구역에 대하여 기본적인 공간구조와 장기발전방향을 제시하는 종합계획이다. (×)

5. 지구단위계획이란 도시·군계획 수립 대상지역의 일부에 대하여 토지 이용을 합리화하고 그 기능을 증진시키며 미관을 개선하고 양호한 환경을 확보하며, 그 지역을 체계적·계획적으로 관리하기 위하여 수립하는 도시·군관리계획을 말한다. [제35회]

▶ 출제 포인트 ｜ 지역지구제

1 용도지역 : 도시지역, 관리지역, 농림지역, 자연환경보전지역
  (1) 도시지역
    ① 주거지역 ➕암기법 전양, 일편
      ㉠ 전용주거[양호한] 1종 - 단독, 2종 - 공동
      ㉡ 일반주거[편리한] 1종 - 저층, 2종 - 중층, 3종 - 중고층
      ㉢ 준주거 주거 + 상업, 업무기능보완
    ② 상업지역 : ㉠ 중심상업 ㉡ 일반상업 ㉢ 유통상업 ㉣ 근린상업
    ③ 공업지역 : ㉠ 전용공업 ㉡ 일반공업 ㉢ 준공업
    ④ 녹지지역 : ㉠ 보전녹지 ㉡ 생산녹지 ㉢ 자연녹지
  (2) 관리지역 : 보전관리지역, 생산관리지역, 계획관리지역
  (3) 농림지역 : 도시지역 외의 지역, 농업진흥지역 및 보전산지로 지정된 지역의 농림업 진흥, 산림의 보전을 위하여 필요한 지역
  (4) 자연환경보전지역 : 자연환경, 수자원, 해양생태계, 상수원, 문화재 보전, 수산자원 보호 육성을 위한 지역
 2. 중복지정 : ① 지역 + 지역 불가능 ② 지구 + 지구 : 가능 ③ 지역 + 지구 : 가능
   [감평문제] 「국토의 계획 및 이용에 관한 법령」상 현재 지정될 수 있는 용도지역 : 준주거지역과 준공업지역이다(준상업지역 ×, 준농림지역 ×). ➕암기법 준공주

기출문제 ◆

1. 용도지역 중 자연환경보전지역은 도시지역 중에서 자연환경·수자원·해안·생태계· 상수원 및 문화재의 보전과 수산자원의 보호·육성을 위하여 필요한 지역이다. (×)
2. 국토의 계획 및 이용에 관한 법령상 제2종일반주거지역은 공동주택 중심의 양호한 주거 환경을 보호하기 위해 필요한 지역이다. (×)
3. 용도지구는 하나의 대지에 중복지정될 수 있다. (○)
4. 국토의 계획 및 이용에 관한 법령상 국토는 토지의 이용실태 및 특성 등을 고려하여 도 시지역, 관리지역, 농림지역, 자연환경보전지역과 같은 용도지역으로 구분된다. (○)
5. 국토교통부장관은 주택가격의 안정을 위하여 필요한 경우 일정한 지역을 투기과열지구 로 지정할 수 있다. (○)
6. 지구단위계획은 도시·군기본계획이다. (×)　　　　　　　　　　　　　　　[제35회]

	36회 적중예상 핵심내용		기출							
테마 15	01 부동산정책 종합정리		28	29	30	31	32	33	34	35

01 부동산정책 종합정리

■ 1 현재 우리나라에서 시행 중인 부동산정책이 아닌 것

➕ 암기법 폐지된 T초소가 공토

(1) 개발권양도제도(TDR) : 개발손실보상제도 : 개발권양도제도(개발제한 ➪ 손실발생 ➪ 보상)
 보존지역을 지정함으로 인해 발생한 토지소유자의 손실을 시장기구를 통해서 개발지역에서 발생한 개발이익으로 보상하도록 하는 제도인데 미국의 몇몇 주에서 한정적으로 시행하고 있다.

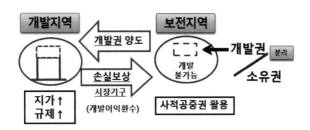

 토지보전 필요 ➪ 토지이용규제 ➪ 손실보상 ➪ 개발권(TDR) 지급 ➪ 매매가능
 ① 목적 : 손실보상, **우리나라 실시**× (미국 ○)
 ② 토지이용규제, 소유권과 개발권의 분리, 개발권 양도(소유권 양도×)
 ③ 시장기구(사적자금)를 통한 보상
 ④ 사적 공중권 활용방안

(2) 토지초과이득세
 토지를 보유만 하고 있으면서 쉽게 얻는 **이득**에 대해 **중과세**하는 제도이다. 현재는 **폐지**되었다.

(3) 택지소유상한제
 서울, 부산 등 6대 도시에서 한 가구가 200평이 넘는 택지를 신규 취득할 수 없도록 하는 제도이다. 도시계획구역 안의 **택지**에 한하여 가구별 **소유상한**을 초과하는 택지에 대하여 **초과 소유 부담금을 부과**하는 제도이다. 현재 **폐지**되었다.

(4) 공한지세
 사용하지 않는 토지나 잡종지에 부과되는 지방세인 공한지세는 **폐지**되었다.

(5) 종합토지세

전국에 있는 모든 토지를 소유자별로 합산한 다음 그 합산한 토지가액에 누진세로 부과하는 세금이다. 2005년 지방세법이 개정되면서 **폐지**되었다.

기출문제

1. 현재 우리나라에서 시행되고 있는 주택정책수단이 아닌 것은? [제32회]

① 공공임대주택제도　　② 주거급여제도　　③ 주택청약종합저축제도
④ 개발권양도제도　　⑤ 재건축초과이익환수제도

정답▶ ④

2. 현재 우리나라에서 시행되고 있지 않는 부동산정책수단을 모두 고른 것은? [제34회]

㉠ 택지소유상한제	㉡ 부동산거래신고제	㉢ 토지초과이득세
㉣ 주택의 전매제한	㉤ 부동산실명제	㉥ 토지거래허가구역
㉦ 종합부동산세	㉧ 공한지세	

① ㉠, ㉧　　　　　　　　　　　② ㉠, ㉢, ㉧
③ ㉠, ㉣, ㉤, ㉥　　　　　　　④ ㉡, ㉢, ㉣, ㉤, ㉦
⑤ ㉡, ㉣, ㉤, ㉥, ㉦, ㉧

정답▶ ②

---

2 현재 우리나라에서 시행 중인 부동산정책

(1) 개발이익 환수제도 「개발이익환수에 관한 법률」

개발부담금제도(개발허용 ⇨ 개발이익 발생 ⇨ 환수)

① 의의 : 개발이익 환수제도는 **개발**사업의 시행으로 **이익**을 얻은 사업시행자로부터 불로소득적 증가분의 일정액을 **환수**하는 **제도**다.

② 개발이익 : 개발사업의 시행에 의해 정상지가상승분(물가상승분 ×)을 초과해 개발사업을 시행하는 자에게 귀속되는 사업이윤의 증가분이다.

③ 개발부담금이란 개발이익 중 이 법에 따라 국가가 부과·징수하는 금액을 말한다.

(2) 토지적성평가제도

> 토지의 개발과 보전이 경합할 때 이를 합리적으로 조정하기 위한 수단으로 도시계획의 기초조사단계에서 수행하는 평가제도로 토지의 토양, 입지, 활용가능성 등 토지의 적성에 대한 내용이 포함된다.

(3) 부동산거래신고제도 : 「부동산 거래신고 등에 관한 법률」

> ① 부동산 매매계약이 있을 때 거래당사자는 그 실제 거래가격 등을 거래계약체결일로부터 30일 이내
> ② 시장·군수 또는 구청장에게 공동으로 신고하여야 한다. ➕ **암기법** 계3시
> ③ 거래당사자는 신고한 후 해당 거래계약이 해제, 무효 또는 취소된 경우 해제 등이 확정된 날부터 30일 이내에 해당 신고관청에 공동으로 신고하여야 한다.

(4) 토지거래허가구역

① **지정권자**	국토교통부장관 또는 시·도지사
② **지역**	㉠ 토지의 투기적인 거래가 성행 ㉡ 지가가 급격히 상승하는 지역과 그러한 **우려**가 있는 지역
③ **허가권자**	시장·군수·구청장

(5) 개발제한구역 : 「개발제한구역의 지정 및 관리에 관한 특별조치법」 제3조

국토교통부장관은 도시의 무질서한 확산을 방지하고 도시 주변의 자연환경을 보전하여 도시민의 건전한 생활환경을 확보하기 위하여 도시의 개발을 제한할 필요가 있거나 국방부장관의 요청으로 보안상 도시의 개발을 제한할 필요가 있다고 인정되면 개발제한구역의 지정 및 해제를 도시·군관리계획으로 결정할 수 있다.

(6) 토지선매제도 : 「부동산 거래신고 등에 관한 법률」 제15조

허가구역에서 사적거래에 우선하여 국가가 협의매수(강제수용 ×)

> ① 시장·군수 또는 구청장은 토지거래계약에 관한 허가신청이 있는 경우
> ② 공익사업용 토지 또는 토지거래계약허가를 받아 취득한 토지를 그 이용목적대로 이용하고 있지 아니한 토지에 대해
> ③ 국가, 지방자치단체, 한국토지주택공사 등이 그 매수를 원하는 경우에는
> ④ 이들 중에서 선매자를 지정하여 그 토지를 협의 매수하게 할 수 있다.

(7) 환지방식 : 신개발방식

① 택지가 개발되기 전 토지의 위치·지목·면적·등급·이용도 및 기타 사항을 고려하여, 택지가 개발된 후 개발된 토지 중 사업에 소요된 비용과 공공용지를 제외한 토지를 당초의 토지소유자에게 재분배하는 방식
② 미개발 토지를 토지이용계획에 따라 구획정리하고 기반시설을 갖춤으로써 이용가치가 높은 토지로 전환시키는 제도

(8) 기타 용어정리

① **지정지역(투기지역)** : 기획재정부장관은 해당 지역의 부동산 가격 상승률이 전국 소비자물가 상승률보다 높은 지역으로서 전국 부동산 가격 상승률 등을 고려할 때 그 지역의 부동산 가격이 급등하였거나 급등할 우려가 있는 경우에는 대통령령으로 정하는 기준 및 방법에 따라 그 지역으로 지정할 수 있다(「소득세법」 제104조의2).

② **투기과열지구의 지정** : 국토교통부장관 또는 시·도지사는 주택가격의 안정을 위하여 필요한 경우에는 주거정책심의위원회의 심의를 거쳐 일정한 지역을 투기과열지구로 지정하거나 이를 해제할 수 있다(「주택법」 제63조).

③ **조정대상지역의 지정** : 국토교통부장관은 국토교통부령으로 정하는 기준을 충족하는 지역을 주거정책심의위원회의 심의를 거쳐 조정대상지역으로 지정할 수 있다(「주택법」 제63조의2).

④ **재건축부담금** : 재건축부담금은 정비사업 중 **재건축(재개발 ✕)사업**에서 발생되는 초과이익을 환수하기 위한 제도로 재건축초과이익 환수에 관한 법률에 의해 시행되고 있다.

⑤ **주택조합** : 주택마련 또는 리모델링하기 위해 결성하는 주택조합에는 주택법령상 지역주택조합, 직장주택조합, 리모델링주택조합이 있다.
➕암기법 주택조합 : **지역**, **직장**, **리모델링**(지직리)

(9) 부동산정책 종합정리

1) 핵심정책 정리

정책명	정책내용
지역지구제 (토지이용규제)	부(−)의 외부효과 제거 또는 감소
공공토지비축 (토지은행제도)	• 목적 : 공익사업의 원활한 시행 + 토지시장의 안정 • 관리 : 토지공사(LH)에서 별도계정(토지은행)으로 관리
용도지역	국토는 도관농자, 도시는 주상공녹으로 구분한다.
지구단위계획	일부에 대한 **관리계획**
토지거래허가구역	투기지역 또는 급격한 지가상승 지역
토지선매제도 직접적 개입수단	토지거래허가구역에서 사적 거래에 우선하여 국가가 **협의매수(수용 ✕)**
토지적성평가	토지에 대한 개발과 보전의 문제 발생시 이를 조정하는 제도
개발제한구역	무질서한 도시의 확산 억제, 주변 지역의 지가 상승

2) 주택도시기금

    ① 관리 : 장관이 운용, 관리 + **주택도시보증공사(한국주택금융공사 ×)**에 위탁

    ② 구분 : 주택계정(국민주택규모) + 도시계정(정비사업)

    ③ 국민주택 : 정부 직접 건설 또는 정부재정 국민주택규모 – 주거전용 85m² 이하

3) 주택청약종합저축(만능청약통장)

    ① 가입 : 누구나 1인 1계좌로 가입 가능함

    ② 청약 : 만 19세 이상

4) 부동산 관련 제도 중 법령상 도입이 빠른 순서   제31회, 제33회

공인중개사제도(1983) ⇨ 개발부담금제(1990) ⇨ 부동산실명제(1995) ⇨ 자산유동화제도 (1998) ⇨ 부동산 거래신고제(2006년 1월) ⇨ 재건축부담금제(2006년 8월)

➕ **암기법** **공개 부자 거래신고 재건축부담금 납부**

★ 33회 기출 부동산실명제의 근거 법률은 「부동산등기법」이다. (×)

                                    「부동산등기법」 ⇨ 「부동산실명제법」

5) 부동산 정책의 근거 법률

    ① 주택 법 : 투기과열지구, 조정대상지역, 분양가 상한제, 최저주거기준의 설정, 주택조합

    ② 부동산 거래신고 등에 관한 법률 : 부동산거래신고, 토지거래허가제, 선매

    ③ 개발이익환수에 관한 법률 : 개발부담금

    ④ 재건축초과이익환수에 관한 법률 : 재건축부담금

    ⑤ 부동산등기 특별조치 법 : 검인계약서제

    ⑥ 소득세 법 : 지정지역(투기지역)

    ⑦ 공공토지의 비축에 관한 법률 : 토지은행(비축)제

    ⑧ 부동산 가격공시에 관한 법률 : 표준지 · 개별공시지가, 표준 · 개별 · 공동주택가격의 공시

    ⑨ 부동산 실권리자명의 등기에 관한 법률 : 부동산실명제

기출문제

1. 정부는 국민이 쾌적하고 살기 좋은 생활을 하기 위하여 필요한 최소주거기준을 갖추고 있다. (○)

                                                        [제20회]

2. 우리나라는 주거에 대해 권리를 인정하고 있지 않다. (×)

                                                        [제34회]

36회 적중예상 핵심내용		기출							
테마 16	01 임대주택 정책	28	29	30	31		33	34	35
	02 분양주택 정책								

01 임대주택 정책

1 임대주택정책 1 : 임대료 상한제(규제) ➕암기법 신선하지 않고 상한제도!

① 임대료상한제는 임대료 또는 임대료 상승률을 일정범위 내로 **규제**하는 정책이다.

② 임대료상한제는 가격통제(최고(最高)임대료), 비율통제(인상비율제한) 방식이 있다.

③ 현재 우리나라는 **전월세상한제**를 통해 재계약시 비율제한 방식을 활용하고 있다.

④ 상한제의 전제조건 : 균형임대료보다 **낮게** 규제해야 한다. (높다면 아무변화×)

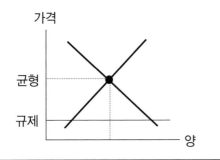

실시효과(장기)	
임대료하락 ⇨ **초과수요** + **공급감소**	
수요측면	**공급측면**
집 구하기 어려움	투자저하↓
주거이동↓	질적저하↓
주거환경↓	다른 용도전환

임대료상한제로 인한 **초과수요**는 단기(효과)에서 **장기(부작용)**로 갈수록 커짐

⑤ 임대료상한제는 **임대주택의 공급을 위축(감소)**시키고, 다양한 부작용을 초래한다.

> **기출문제**
>
> 1. 임대료 규제는 임대부동산을 질적으로 향상시키고 기존 세입자의 주거 이동을 촉진시킨다. (×)
>
> 2. 임대료상한을 균형가격 이하로 규제하면 임대주택의 수요과잉현상을 초래한다. (○)

박문각 공인중개사

기출문제

임대아파트의 수요함수는 $Q_D = 1,400 - 2P$, 공급함수는 $Q_S = 200 + 4P$라고 하자. 이때 정부가 아파트 임대료를 150만원과 250만원으로 규제했다. 이 규제 하에서 각각의 시장의 초과수요 또는 초과공급 상황과 그 수량은?　　　　　　　　　　　　　　　　　　[제16회] 심화

해설▶ 균형가격은 $1,400 - 2P = 200 + 4P$에서 $6P = 1,200$, $P = 200$

　　　1. 임대료를 150만원으로 규제하는 경우 P = 150을 대입하면 수요량은 1,100이고, 공급량은 800이므로 초과수요가 300이 발생한다.

　　　2. 임대료를 250만원으로 규제하는 경우 시장가격(200)보다 높게 규제하는 경우로 시장에서는 아무런 변화가 발생하지 않는다.

다른 해설▶ 임대료 규제시 초과수요 또는 아무런 변화 없음만 발생

　　　1. 150 대입 : 초과수요 300, 정답 확정

　　　2. 250 대입 : 초과공급 300, 초과공급은 발생할 수 없으므로 아무런 변화가 발생하지 않음으로 수정, 정답확정

정답▶ 150으로 규제 − 300 초과수요, 250으로 규제 − 아무런 변화가 발생하지 않는다.

---

2 임대주택정책2 : 임대료 보조제(보조) ➕암기법 보조개가 생기는 행복한 제도!

① 임대료 보조는 저소득 임차인에게 임대료를 지원하는 정책이다.

② 임대료 보조는 수요자 보조방식, 공급자 보조방식으로 구분할 수 있다.

③ 수요자 보조 : 주거급여, 주택바우처 등이 있으며 임차인의 효용증대 효과가 있다.
　↳ **바우처 : 교환권, 쿠폰** 등을 활용하여 보조금을 지급하는 방식
　　옳은 지문으로 자주 출제

④ 공급자 보조 : 시장보다 낮은 임대료로 정부가 직접 주택을 공급하는 정책
　㉠ 정부가 시장임대료보다 낮게 공적 주택을 공급하는 방식으로 보조
　㉡ 공공주택 거주자는 사적 주택과의 임대료 **차액만큼 보조**효과를 누림
　㉢ 공공주택의 **공급**은 임차인이 임대주택을 **자유롭게 선택할 수 없는** 단점이 있음
　㉣ 임차인의 **자유로운 주거선택을 보장**하기 위해서는 **수요자** 보조방식이 유리함

⑤ 임대료 보조는 임차인의 효용을 증대시키고, **임대주택의 공급을 증가**시킨다.

⑥ 임대료 **보조(간접개입)** : 수요, 공급, 실질소득, 주택수요, 비주택수요, 효용 모두 '증가'

부동산학개론 **99**

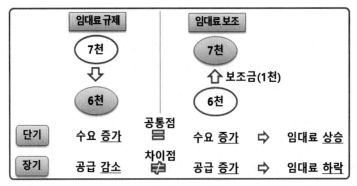

① 단기적 효과 : 수요증가, 임대료 상승, 임대인 초과이윤(임대인 혜택)
② 장기적 효과 : 공급증가, 임대료 하락, 임대인 정상이윤(임차인 혜택)

VS	임대료 규제		VS	임대료 보조	
	수요증가(공통점)	공급감소(차이점)		수요증가(공통점)	공급증가(차이점)

3 임대주택정책3 : 공공임대주택의 종류 – 직접적 개입방법

(1) **공공주택특별법령**상 공공임대주택 종류

공공주택이란 공공주택사업자가 국가 또는 지방자치단체의 재정이나 **주택도시기금을 지원받아** 이 법 또는 다른 법률에 따라 **건설, 매입** 또는 **임차**하여 **공급**하는 주택을 말한다.

➕ 암기법 영국행통장 분기기

① **영구임대주택** : **최저소득계층** 대상 : **50년 이상 영구**적 임대를 목적으로 함
② **국민임대주택** : **저소득서민** 대상 : **30년 이상** 장기간 임대를 목적으로 함
③ **행복주택** : 대학생, 사회초년생, 신혼부부 등 **젊은 층**의 주거안정을 목적으로 함
④ **통합공공임대주택** : **최저계층(영), 저소득서민(국), 젊은 층(행)**, 국가유공자 등에게
⑤ **장기전세주택** : **전세계약**의 방식으로 공급하는 공공임대주택
⑥ **분양전환공공임대주택** : **일정기간 임대 후 분양전환**할 목적으로 공급함
⑦ **기존주택매입임대주택** : **기존주택**을 매입하여 저소득층 등에게 **공급**하는 주택
⑧ **기존주택전세임대주택** : **기존주택**을 임차하여 저소득층 등에게 **전대(轉貸)**하는 주택

(2) 민간임대주택에 관한 특별법상 민간임대주택의 종류

민간매입임대주택은 「민간임대주택에 관한 특별법」에 따른 **임대사업자가 매매** 등으로 **소유권을 취득**하여 **임대**하는 민간임대주택을 말한다.

> ① 공공지원 민간임대주택 : 임대사업자가 주택도시기금의 출자 등을 받아 **건설 또는 매입**하는 민간임대주택을 10년 이상 임대할 목적으로 취득하여 이 법에 따른 임대료 및 임차인의 자격 제한 등을 받아 임대하는 민간임대주택을 말한다.
> ② 장기일반 민간임대주택 : 임대사업자가 **공공지원민간임대주택이 아닌 주택**을 10년 이상 임대할 목적으로 취득하여 임대하는 민간임대주택[아파트(「주택법」 제2조 제20호의 도시형 생활주택이 아닌 것을 말한다)를 임대하는 민간매입임대주택은 제외한다]을 말한다.
> ③ 단기민간임대주택 : 임대사업자가 6년 이상 임대할 목적으로 취득하여 임대하는 민간임대주택[아파트(「주택법」 제2조 제20호의 도시형 생활주택이 아닌 것을 말한다)는 제외한다]을 말한다. (2025년 6월 4일 시행)

기출문제

국민임대주택은 국가나 지방자치단체의 재정이나 주택도시기금의 자금을 지원받아 대학생, 사회초년생, 신혼부부 등 젊은 층의 주거안정을 목적으로 공급하는 공공임대주택을 말한다.

(×)

4 주택의 부담능력문제

(1) PIR 지수 : housing price to income ratio

① PIR은 주택가격을 가구당 연소득으로 나눈 배수로 나타낸다. 즉, PIR이 10배라면 10년치 소득을 모두 모아야 주택 한 채를 살 수 있다는 뜻이다. PIR 비율이 증가할수록 가구의 내 집 마련 기간은 길어진다.
② 지수가 높을수록 주택구입능력이 낮아져서 주택문제를 발생시킬 가능성이 높다.

$$PIR = \frac{주택가격}{연간가계소득}$$

(2) RIR 지수 - rent to income ratio

연간가계소득에 대한 주택임대료 비율을 말하며, RIR 지수가 높을수록 주거비부담이 커지게 된다.

$$RIR = \frac{주택임대료}{연간가계소득}$$

기출문제

1. 소득대비 주택가격비율(PIR)과 소득대비 임대료비율(RIR)은 주택시장에서 가구의 지불 능력을 측정하는 지표이다. (○)
2. 주택시장의 지표로서 PIR(Price to Income Ratio)은 개인의 주택지불능력을 나타내며, 그 값이 클수록 주택구매가 더 쉽다는 의미다. (×)　　　　　　　　　　[제33회]

02 분양주택정책

1 분양가규제(상한제) : 「주택법」

① 정부가 신규주택시장에서 분양가의 상한선을 규제하는 정책이다. 「주택법령」상 분양가 상한제 적용주택의 분양가격은 택지비와 건축비로 구성된다.
② 분양가상한제의 목적은 주택가격을 안정시키고 무주택자의 신규주택 구입부담을 경감 시키기 위해서이다.
③ 공공택지에는 의무적용하고, 민간택지에는 선택적으로 적용한다. 단, 도시형 생활주택 에는 분양가상한제를 적용하지 않는다. **➕암기법** 내 도생 삼백이 노터치!
④ 분양가격과 시장가격의 차이를 노리는 투기를 막기 위해 주택법령상 분양가상한제 적용 주택 및 그 주택의 입주자로 선정된 지위에 대하여 전매를 제한할 수 있다.
⑤ 공급자를 규제하는 정책이기 때문에 신규주택의 공급이 감소하고 공급의 질이 하락한다.

분양가 규제(상한제)	
① 분양가 인하	② 투기수요 증가(가수요)
③ 분양주택의 질적 수준 저하	④ 신규공급 감소, 주택가격상승
⑤ 저소득층의 주택난 심화	

▶ **출제 포인트** 분양가 규제

1. 분양가 규제 : 분양가인하, 투기증가, 가수요, 수준저하, 공급감소, 중고가격상승, 주택난심화
2. 분양가상한제는 시장가격 이하로 상한가격을 설정하여 무주택자의 주택가격 부담을 완화시 키고자 하는 제도이다(이상 ×).
3. 분양가상한제는 민간의 신규주택 공급을 위축시킴으로써 주택가격을 상승시킬 수 있다.
4. 분양가상한제의 경우 상한가격이 시장가격보다 낮을 경우 일반적으로 초과수요 발생한다. (초과공급 ×)

2 선분양과 후분양의 비교(선증가 | 후감소)

(건설)선분양제도 팔 ⇨ 짓	(건설)후분양제도 짓 ⇨ 팔
① 공급자 중심, 견본주택 필요	① 수요자 중심, 견본주택 불필요
② 투기발생, 소비자 이자부담, 품질 저하	② 투기억제, 공급자(사업자) 이자부담, 품질 향상
③ 소비자 목돈 부담 없음, 공급증가, 독과점 견제	③ 소비자 목돈 부담 있음, 공급감소, 독과점 발생

VS	선분양	공급자 중심, 공급증가	vs	후분양	수요자 중심, 공급감소

기출문제 •

1. 주택법령상 국민주택건설사업이 추진하는 공공사업에 의하여 개발·조성되는 공동주택이 건설되는 용지에는 주택의 분양가격을 제한할 수 없다. (×)

2. 후분양제도는 초기 주택건설자금의 대부분을 주택구매자로부터 조달한다. (×)

3. 선분양제도는 분양권 전매를 통하여 가수요를 창출하여 부동산시장의 불안을 야기할 수 있다. (○)

4. 후분양제도는 초기 주택건설자금의 대부분을 주택구매자로부터 조달하므로 건설자금에 대한 이자의 일부를 주택구매자가 부담하게 된다. (×)

공급증가	1. 임대료 보조 2. 선분양(유일) ➕암기법 보조선 증가
공급감소	1. 임대료 규제 2. 분양가 규제 3. 후분양 4. 양도소득세중과(동결효과)

		36회 적중예상 핵심내용		기출						
테마 17	01	부동산조세의 의의와 기능		29	30	31	32	33	34	35
	02	조세의 전가와 귀착	28			31	32			
	03	거래세의 인상과 토지보유세의 경제적 효과						33		

01 부동산조세의 의의와 기능

1 국세와 지방세

국 세	지방세
국가인 중앙정부가 부과·징수하는 조세	지방자치단체가 부과·징수하는 조세
(양도)소득세, 종합부동산세, 부가가치세, 인지세, 상속세, 증여세	재산세, 취득세, 등록면허세, 지방소득세

2 단계별 조세

구 분	취득단계	보유단계	처분단계
국 세	인지세, 상속세, 증여세	종합부동산세	양도소득세
지방세	취득세, 등록면허세	재산세	지방소득세

심화: 취득세와 양도소득세는 거래세이고 재산세와 종합부동산세는 보유세이다.
  1. 취득세는 비례세율만 적용되지만, 재산세는 비례세율과 초과누진세율을 적용한다.
  2. 종합부동산세와 재산세의 과세대상은 일치하지 아니한다.

재산세 과세대상	토지, 건축물, 주택, 선박, 항공기
종합부동산세 과세대상	토지(단, 분리과세토지는 제외), 주택(단, 임대주택 등은 제외)

  3. 종합부동산세와 재산세의 과세기준일은 매년 6월 1일이다. [감평문제] [제35회 적중]

암기법 거지보국 취재종양

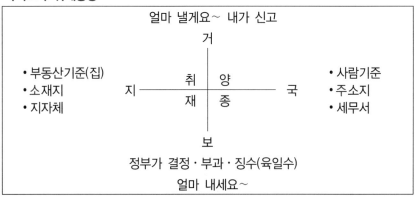

부동산조세에 관한 설명으로 옳은 것을 모두 고른 것은? [제33회]

> ㉠ 양도소득세와 부가가치세는 국세에 속한다.
> ㉡ 취득세와 등록면허세는 지방세에 속한다.
> ㉢ 상속세와 재산세는 부동산의 취득단계에 부과한다.
> ㉣ 증여세와 종합부동산세는 부동산의 보유단계에 부과한다.

① ㉠   ② ㉠, ㉡
③ ㉡, ㉣   ④ ㉠, ㉢, ㉣
⑤ ㉡, ㉢, ㉣

정답▶ ②

3 부동산조세의 기능

① 부동산자원배분 : 조세를 통하여 토지이용을 규제하거나 조장시켜 민간과 공공부문에서 활용할 수 있도록 배분한다. 서민주택을 위한 조세상 특혜는 주거의 공간분배에 큰 역할을 담당한다.
② 소득재분배 : 부동산의 상속세·재산세 등은 소득을 재분배하는 중요한 조세이다.
사회계층 간의 소득격차 축소 : 시장에서 1차 분배, 정부가 강제로 재분배
정부가 저소득층에게 공급하는 공공임대주택의 임대료는 민간 임대주택의 임대료에 비해 저렴하다. 그 결과 소득이 재분배되는 효과가 있다. 임대주택 정책이 소득을 직접 분배하는 것은 아니다. [감정평가]
③ 지가안정 : 양도소득세를 중과세해서 투기수요억제
④ 주택문제 해결 : 다주택자에게 중과세

4 절세, 조세회피, 탈세

① 절세는 합법적으로 세금을 줄이는 행위이다.
② 조세회피는 사회적 비난의 대상의 될 수는 있지만 상당한 경우 합법적으로 세금을 줄이는 행위이다.
③ 탈세는 불법적으로 세금을 줄이는 행위이다.

02 조세의 전가와 귀착

1 조세의 전가와 귀착

① 조세의 전가란 법적 납세의무자로부터 다른 경제주체에게로 조세의 부담이 이전되는 것을 말한다.

② 조세의 사실상 부담이 최종적으로 어떤 사람에게 귀속되는 것을 조세의 귀착이라 한다.

③ 세금은 누구한테 부과하든 상관없이 수요자와 공급자가 나누어서 낸다.
일반적으로 수요나 공급 중 탄력성이 더 큰 쪽이 가격에 예민하므로 세금을 덜 부담하게 되고, 탄력성이 더 작은 쪽이 가격에 둔감하므로 세금을 더 부담하게 된다.

④ 수요곡선이 공급곡선에 비해 더 탄력적이면 수요자에 비해 공급자의 부담이 더 커진다.

⑤ 토지공급의 가격탄력성이 '0'인 경우, 부동산조세 부과시 토지소유자가 전부 부담하게 된다.

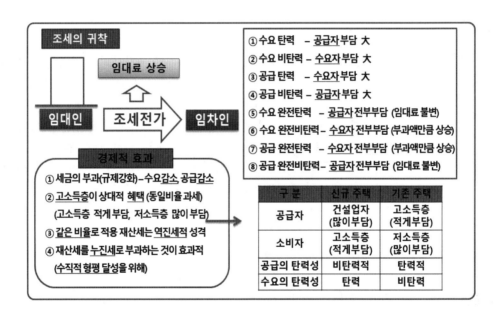

조세의 전가와 귀착

1. 임대인은 임차인에게 조세를 전가시키므로 전가분만큼 임대료가 상승한다(부과액만큼 ×).
2. 비탄력적인 쪽이 세금을 많이 부담, 탄력적인 쪽이 세금을 적게 부담
   ⇨ 비탄력 : ~자, 탄력 : 바꾸고 ~자
   ① 수요 탄력 : 공급자 많이(전가 小), 수요 비탄력 : 수요자 많이(전가 多)
   ② 공급 탄력 : 수요자 많이(전가 多), 공급 비탄력 : 공급자 많이(전가 小)
3. 수요 완전탄력적, 공급 완전비탄력적 : 공급자 전부 부담, 조세전가 없음, 임대료 불변
4. 수요 완전비탄력적, 공급 완전탄력적 : 수요자 전부 부담, 전부전가, 부과액만큼 임대료 상승
5. 공공임대주택의 공급확대 : 임대주택의 재산세가 임차인에게 전가되는 현상을 완화
6. 동일비율의 세금 : 고소득층 혜택, 저소득층 손해, 역진세적 효과
7. 차등비율의 세금(누진세) : 수직적 형평을 달성하기 위해서 효과적

03 거래세의 인상과 토지보유세의 경제적 효과

1 거래세 인상 : 세금부과 ⇨ 거래량 감소 ⇨ 수요자와 공급자 모두 잉여손실 발생

① 소비자 지불 가격 상승 : 소비자 잉여 감소
② 공급자 받는 가격 하락 : 생산자 잉여 감소
③ 거래세 인상에 의한 세수입 증가분은 정부에 귀속되지만, 전체거래량이 감소되면 경제적 순손실(경제 주체들이 시장을 떠났을 때 발생하는 손해액)이 발생한다.
④ 수요곡선이 변하지 않을 때, 세금부과에 의한 경제적 순손실은 공급이 탄력적일수록 커지고, 공급이 비탄력적일수록 작아진다.
⑤ 공급곡선이 변하지 않을 때, 세금부과에 의한 경제적 순손실은 수요가 탄력적일수록 커지고, 수요가 비탄력적일수록 작아진다.

2 거래량의 감소 : '거래량이 감소하는 것 = 시장왜곡'

① 수요자와 공급자 모두 불리하므로 수요량도 감소하고 공급량도 감소한다.
② 탄력적일수록 거래량은 더 많이 감소한다(시장왜곡이 더 커진다).

3 양도세 중과

공급감소, 주택가격 상승(주택공급 동결 효과)

4 보유세 중과

① 용도에 따라 차등과세 : 정부가 토지보유세를 부과할 때에는 토지용도에 따라 다른 세금을 부과할 수 있다. ➪ 비업무용 토지인 경우 재산세와 양도소득세를 중과세한다.

② 공급이 완전비탄력적인 경우 보유세가 부과 : 자원배분 왜곡 초래 ×

☑ 헨리 조지(H. George)의 토지단일세론

> ① 토지는 세금을 부과해도 물리적 토지공급량을 줄일 수 없다.
>
> ② 토지세는 시장왜곡(공급량 감소)을 가져오지 않으므로 효율적 세금이다.
>
> ③ 헨리 조지의 주장 : 토지에서 나오는 지대수입을 100% 징세할 경우 토지세 수입만으로 재정을 충당할 수 있으므로 토지에만 세금을 부과하고 토지세 이외의 모든 조세는 철폐하자고 주장 ➪ 토지단일세

▶ 출제 포인트 | 양도소득세, 보유세

1. **양도세** 중과 : 주택공급동결효과로 인해 **주택공급 감소, 주택가격 상승**
2. **보유세** 중과 : **투기방지**
3. **공급이 완전비탄력적인 경우 보유세가 부과시 자원배분의 왜곡이 초래되지 않는다**(공급완전탄력 ×).
4. **헨리조지는 토지단일세론을 주장**하였다.
   옳은 지문으로 자주 출제

기출문제

부동산조세에 관한 설명으로 옳은 것은? (단, 우하향하는 수요곡선을 가정함)

[제22회, 제28회]

① 소유자가 거주하는 주택에 재산세를 부과하면, 주택수요가 증가하고 주택가격은 상승하게 된다.

② 임대주택에 재산세를 부과하면 임대주택의 공급이 증가하고 임대료는 하락할 것이다.

③ 헨리 조지(Henry George)는 토지에서 발생하는 지대수입을 100% 징세할 경우, 토지세 수입만으로 재정을 충당할 수 있기 때문에 토지세 이외의 모든 조세는 철폐하자고 주장했다.

④ 주택공급의 동결효과(lock-in effect)란 가격이 오른 주택의 소유자가 양도소득세를 납부하기 위해 주택의 처분을 적극적으로 추진함으로써 주택의 공급이 증가하는 효과를 말한다.

⑤ 토지공급의 가격탄력성이 '0'인 경우, 부동산조세 부과시 토지소유자는 세금을 전혀 부담하지 않는다.

정답▶ ③

36회 적중예상 핵심내용		기출					
테마 18	01 부동산투자의 장점과 단점						
	02 지렛대효과, 자기자본수익률(계산문제7)	29		31		33	

01 부동산투자의 장점과 단점

1 투자의 의의

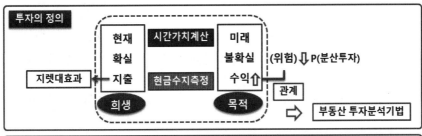

① 투자는 장래 기대되는 현금유입과 현재 지출되는 현금유출을 교환하는 행위를 말한다.
② 투자는 장래의 불확실한 수익을 위해 현재의 확실한 소비를 희생하는 행위이다.
③ 투자에는 위험(불확실성)이 수반된다.

2 부동산투자의 장점

① 소득이득과 자본이득의 동시 향유 : 임대수입과 매각수입의 동시 향유
② 대출이자와 감가상각비에 대한 절세효과 발생 : 임대사업을 영위하는 법인은 건물에 대한 감가상각과 이자비용을 세금산정시 비용으로 인정받을 수 있다.
③ 인플레이션 방어 : 부동산 가격이 물가상승률과 연동하여 상승하는 기간에는 인플레이션을 방어하는 효과가 있다.
　㉠ 인플레이션 : 화폐와 실물자산 중 실물자산(부동산 등)의 평균가격이 오르는 현상
　㉡ 인플레 상황에서 부동산에 투자하면 화폐를 가지고 있는 것보다 유리하다.
④ 레버리지(**지렛대효과**)를 통한 수익극대화 : 부동산 투자자는 저당권과 전세제도 등을 통해 레버리지를 활용할 수 있다. 단, **투자위험도 증가**한다.

3 부동산투자의 단점

① 낮은 환금성(유동성위험)
② 금융적 위험

기출문제

부동산투자에 관한 설명으로 틀린 것은? [제27회]

① 부동산은 실물자산의 특성과 토지의 영속성으로 인해 가치 보존력이 양호한 편이다.
② 임대사업을 영위하는 법인은 건물에 대한 감가상각과 이자비용을 세금산정시 비용으로 인정받을 수 있다.
③ 부동산투자자는 저당권과 전세제도 등을 통해 레버리지를 활용할 수 있다.
④ 부동산가격이 물가상승률과 연동하여 상승하는 기간에는 인플레이션을 방어하는 효과가 있다.
⑤ 부동산은 주식 등 금융상품에 비해서 단기간에 현금화할 수 있는 가능성이 높다.

정답▶ ⑤

---

02 지렛대효과, 자기자본수익률(계산문제7)

1 지렛대효과(leverage effect)

(1) 지렛대효과의 의의

① 지렛대효과란 타인자본(저당)을 이용할 경우 부채비율의 증감이 자기자본수익률(지분수익률)에 미치는 효과를 말한다.
② 대부비율이 증가할수록 지렛대효과도 커지게 되나, 지분투자자가 부담하는 위험도 증가한다.
③ 융자를 받아 아파트를 구입했을 때 차입금리보다 집값상승률이 높아 자본이득을 보는 경우도 지렛대효과로 볼 수 있다. 또한 전세를 안고 주택을 구매하는 것도 지렛대효과를 이용한 예라고 할 수 있다.

(2) 지렛대효과의 구분

① 총자본수익률 : 100% 자기자본으로 투자할 시의 지분수익률
② 지분수익률 : 대출을 이용하여 투자할 시의 지분수익률
③ 지렛대효과의 유형을 파악할 시에는 총자본수익률과 저당수익률을 비교하여 판단한다.
④ 지렛대효과의 크기는 지분수익률에서 종합수익률을 공제한 값으로 판단한다.

┌─ ① 정(正)의 지렛대 　　 : 지분수익률 > 총자본수익률 > 저당수익률 (지분수익률 상승)
│　 ② 부(負)의 지렛대 　　 : 지분수익률 < 총자본수익률 < 저당수익률 (지분수익률 하락)
└─ ③ 중립적(0)의 지렛대 : 지분수익률 = 총자본수익률 = 저당수익률 (지분수익률 불변)

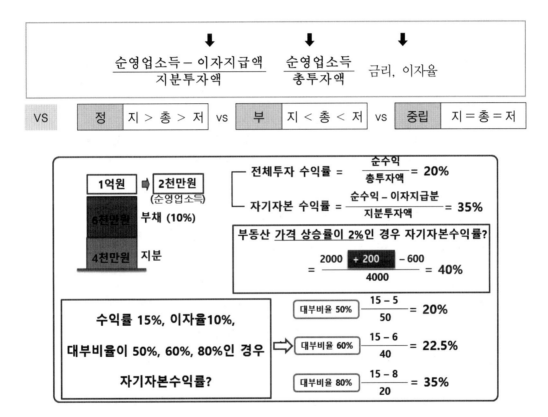

2 수익률의 구분, 자기자본수익률(계산문제7)

① 지분(자기자본)수익률

㉠ 지분수익률 $= \dfrac{\text{순영업소득} - \text{이자지급분}}{\text{지분투자액}}$, $\dfrac{\text{순영업소득} + \text{상승분} - \text{이자지급분}}{\text{지분투자액}}$

➕암기법 내돈, 수익, 이자, 상승분

㉡ 지분수익률 = 총자본수익률 + (총자본수익률 − 저당수익률) × 부채비율

➕암기법 빼 곱 더

② 총자본수익률 : $\dfrac{\text{순영업소득}}{\text{총투자액}}$

③ 저당수익률 : 금리, 이자율

▶ **출제 포인트** | 지렛대효과

1. '**지분, 총자본, 저당**'수익률의 순서로 셋팅 후 **부등호의 방향**으로 지렛대효과를 구분한다.
2. 정(+)의 레버리지효과를 예상하고 투자했을 경우에도, 부채비율이 커질수록 투자위험은 **증가**한다.
3. 부채비율이 커질수록 ① 정(+)의 레버리지는 **자기자본수익률이 상승**, ② 부(-)의 레버리지는 **자기자본수익률이 하락**, ③ 중립적 레버리지에서는 **자기자본수익률이 불변**한다. 즉, 중립적 레버리지에서는 부채비율의 변화는 자기자본수익률에 영향을 미치지 못한다.
4. ① **지분수익률** $= \dfrac{\text{수익(+ 상승분) - 이자}}{\text{내 돈}}$

   ② **지분수익률 = 총 + (총 - 저) × 부채비율**
5. 부(-)의 레버리지효과가 발생할 경우에는 부채비율을 낮추어도 정(+)의 레버리지효과로 전환할 수 **없다**. (이자율을 낮추면 전환할 수 있다.)

기출문제

1. 타인자본의 이용으로 레버리지를 활용하면 위험이 감소된다. (×)
2. 부(−)의 레버리지효과가 발생할 경우 부채비율을 낮추어서 정(+)의 레버리지효과로 전환할 수 있다. (×)
3. 총자본수익률과 저당수익률이 동일한 경우 부채비율의 변화는 자기자본수익률에 영향을 미치지 못한다. (○)

기출문제 •

1. 부동산투자시 (㉠)타인자본을 활용하지 않는 경우와 (㉡)타인자본을 50% 활용하는 경우, 각각의 1년간 자기자본수익률은? (단, 주어진 조건에 한함) [제29회]

- 기간 초 부동산가격 : 10억원
- 1년간 순영업소득(NOI) : 연 3천만원(기간 말 발생)
- 1년간 부동산가격 상승률 : 연 2%
- 1년 후 부동산을 처분함
- 대출조건 : 이자율 연 4%, 대출기간 1년, 원리금은 만기시 일시 상환함

해설▶ ㉠ 자기자본수익률 = $\dfrac{3천만원 + 2천만원}{10억원}$ = 5%

㉡ 자기자본수익률 = $\dfrac{3천만원 + 2천만원 - 2천만원}{5억원}$ = 6%

정답▶ ㉠ 5%, ㉡ 6%

2. A부동산의 투자수익률은 15%이며, 대출금리는 10%이다. 현재 甲이 활용하고 있는 대부비율이 50%에서 대부비율이 80%로 높아진다면, 甲의 자기자본수익률은 몇 %p가 상승하는가? [제15회]

해설▶ 대부비율 50%의 경우, 자기자본수익률은 $\dfrac{15 - 5}{50}$ = 20%

대부비율 80%의 경우, 자기자본수익률은 $\dfrac{15 - 8}{20}$ = 35%, 갑의 자기자본수익률은 15%p 상승한다.

정답▶ 15%p 상승

3. 부채비율이 50%, 총자본수익률(또는 종합수익률)이 10%, 저당수익률이 8%라면 자기자본수익률은 몇 %인가? [제27회]

해설▶ 자기자본수익률 = 총자본수익률 + (총자본수익률 − 저당수익률) × 부채비율

(11%) = 10%   (10% − 8%)   × 50%

정답▶ 11%

		36회 적중예상 핵심내용	기출					
테마 19	01	부동산투자의 수익, 기대수익률, 투자가치 (계산문제8)		30		32		34	35
	02	부동산투자의 위험	29					34	35

---

01 부동산투자의 수익, 기대수익률(계산문제8)

1 수익과 수익률 및 타당성 판단

				수익	수익률
대상 부동산 (투자대상) (1억원)	① 2,000만원 정도 오를 것으로 예상	⇨	기대	2,000만원	20%
	② 최소 1,000만원은 올라줘야 투자가능	⇨	요구	1,000만원	10%

※ 기대수익률 20% > 요구수익률 10% → 투자타당성이 있다고 판단한다.

	③ 1년 후 실제로 3,000만원이 오름	⇨	실현	3,000만원	30%

2 수익률 $\left(\dfrac{순수익}{투자액}\right)$

수익률이란 투자액에 대한 수익의 비율을 말하며, 부동산투자에 대한 의사결정의 중요한 변수 중 하나이다.

① 기대수익률	투자로 인해 기대되는 예상수익률(내부, 예상, 사전적, 객관적 수익률)
② 요구수익률	부동산에 자금을 투자하기 위한 최소한의 수익률(외부, 필수, 기회비용(기회(수익률) 포기하는 셈(비용), 포기대가반영), 주관적 수익률)
③ 실현수익률	투자가 이루어지고 **난** 후 현실적으로 달성된 수익률, 투자의 준거로 **사용하지 않음**

기대수익률의 계산은 비정낙의 **확률**과 **수익률**을 곱해서 더한다.

기출문제 ▶

가상적인 아파트 투자사업에 대해 미래의 경제환경 조건에 따라 추정된 수익률의 예상치가 아래와 같다고 가정할 때 기대수익률은?

[제19회]

경제환경변수	발생확률(%)	수익률(%)
비관적	20	4.0
정상적	50	8.0
낙관적	30	13.0

계산기▶ 20 × 4% 50 × 8% 30 × 13% GT

　　　　야매 : 20 × 4 = 50 × 8 = 30 × 13 = GT

　　　　　　　 = 870 ÷ 100 = 8.7%

정답▶ 8.7%

3 요구수익률

☑ 요구수익률(할인율, 위험조정률, 위험조정할인율, 피셔효과, 기회비용, 자본비용)

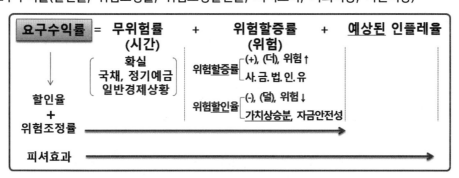

요구수익률	=	무위험률	+	위험할증률
• 투자자의 수익률 • 주관적 수익률 • 최소한의 수익률		• 시간에 대한 대가 • 시장상황과 연동		• 불확실성에 대한 대가 • 위험할수록 증가 • 개별적인 위험 혐오도

① 무위험률의 하락은 투자자의 요구수익률을 상승시키는 요인이다. (×)

② 기대수익률은 투자에 대한 위험이 주어졌을 때 투자자가 투자부동산에 대하여 자금을 투자하기 위해 충족되어야 할 최소한의 수익률을 말한다. (×)

VS	무위험률 상승 시장금리 상승	요구수익률 상승	vs	위험할증률 상승	요구수익률 상승

☑ 투자균형

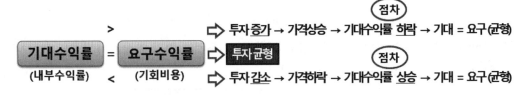

| VS | 기대 > 요구 | 기대수익률 점차 하락 | vs | 기대 < 요구 | 기대수익률 점차 상승 |

4 투자가치와 시장가치

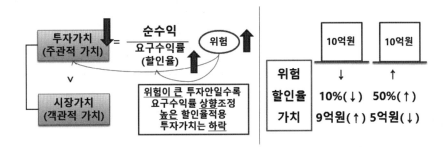

기출문제 •

다음과 같은 투자안에서 부동산의 투자가치는? (단, 연간 기준이며, 주어진 조건에 한함)

[제19회]

| • 무위험률 : 3% | • 위험할증률 : 4% |
| • 예상인플레이션율 : 2% | • 예상순수익 : 4,500만원 |

해설▶ 투자가치 $= \dfrac{\text{예상순수익}}{\text{요구수익률}} = \dfrac{4,500\text{만원}}{\text{무위험률}(3\%) + \text{위험할증률}(4\%) + \text{예상인플레이션율}(2\%) = 9\%}$

정답▶ 5억원

▶ 출제 포인트 수익률, 투자가치 · 시장가치

1. 투자자의 **기대수익률**이 요구수익률보다 큰 경우 기대수익률은 점차 하락하게 된다.
2. 투자자의 **요구수익률**이 기대수익률보다 큰 경우 기대수익률은 점차 상승하게 된다.
3. **투자채택**
   ① **기대수익률** 〉 요구수익률(기대가 크거나 요구가 작을 때 : 키큰요작) 요구 항상 작음
   ② **투자가치** 〉 시장가치
4. **위험한 투자안** : 요구수익률 **상향조정**, 높은 할인율 적용, 투자가치 **하락**
5. **위험이 작은 투자안** : 요구수익률 **하향조정**, 낮은 할인율 적용, 투자가치 **상승**
6. **위험과 수익은 비례관계(위수비), 위험과 가치는 반비례관계(위가반)**

02 부동산투자의 위험

1 투자위험

(1) 위험의 개념

① 불확실성

② 예상 수익 ≠ 실현 수익(벗어나는 정도)

(2) 위험과 수익의 측정

① 수익의 측정 : 기대수익률, 평균(확률)

② 위험의 측정 : 분산, 표준편차, 변이계수$\left(\dfrac{위험}{수익}\right)$ ↓ (수익률을 올리기 위해 감수하는 위험의 비율로 표준편차를 기대수익률로 나눈 값이다)

VS	수익의 측정	vs	위험의 측정
	기대수익률, 평균 위험 단위당 수익$\left(\dfrac{수익}{위험}\right)$		분산, 표준편차 수익 단위당 위험(변이계수, $\left(\dfrac{위험}{수익}\right)$)

구 분	표준편차	평 균	변이계수$\left(\dfrac{위험}{수익}\right)$
A투자안	20	100	0.20
B투자안	30	200	0.15

⇨ ① B투자안 : 절대적 위험도↑(표준편차 30)
　 ② A투자안 : 상대적 위험도↑(변이계수 0.2)

▶ **출제 포인트**　**위험과 수익의 측정**

1. ① 수익 측정 : 기대수익률, 평균(확률) ② 위험 측정 : 분산, 표준편차, 변이계수$\left(\dfrac{위험}{수익}\right)$
2. 기대수익률의 계산은 비정낙의 확률과 수익률을 곱해서 더한다.
3. 위험 : 분산 또는 표준편차, 수익을 고려한 상대적 위험 : 변이계수
4. 분산, 표준편차가 작을수록 절대적 위험도↓, 변이계수가 작을수록 상대적 위험도↓

(3) 투자위험의 종류와 관리

1) 부동산투자의 위험 : 사, 금, 법, 인, 유

① 사업상의 위험 (경영 위험)	부동산 **사업 자체**에서 연유하는 **수익성**에 관한 위험
	㉠ **시장위험** : 시장의 수요·공급 상황의 변화
	㉡ **운영위험** : 근로자 파업, 영업경비의 변동
	㉢ **위치적 위험** : 부동성 ⇨ 위치적 위험은 환경이 변하면 대상부동산의 **상대적 위치**가 변화하는 위험이다. 부동성 ⇨ 입지선정의 실패
② **금융적 위험**	**부채**의 사용으로 채무불이행, 파산의 위험이 커지는 것
③ **법적 위험**	정부의 **정책**이나 **규제**의 변화, **이자율 변화**
④ **인플레 위험** (구매력 위험)	**화폐가치의 하락**, **차입자 - 고정금리** 선호, **대출자 - 변동**이자율 선호
⑤ **유동성위험**	부동산투자자가 대상부동산을 원하는 시기와 가격에 **현금화**하지 못하는 경우

2) 위험의 관리방법

위험의 관리방법
위험전가 : 물가상승 만큼 임대료 인상계약, 제3자와의 계약(보험)
위험회피 : 위험한 투자대상에서 제외

3) 위험의 처리방법 ➕ 암기법 **기하요상**

위험반영 전	① 보수적 예측	② 할인율 조정
기대수익률 12%	기대수익률 8% ⇩(하락)	기대수익률 12%
요구수익률 10%	요구수익률 10%	요구수익률 14% ⇧(상승)
타당성 있음	타당성 없음	타당성 없음

① 보수적 예측방법은 투자수익의 추계치를 하향 조정함으로써, 미래에 발생할 수 있는 위험을 상당수 제거할 수 있다는 가정에 근거를 두고 있다. (○)

② 위험조정할인율을 적용하는 방법으로 장래 기대되는 소득을 현재가치로 환산하는 경우, 위험한 투자일수록 낮은 할인율을 적용한다. (×)

4) 민감도분석 ➕ 암기법 **민변**

민감도분석은 투자효과를 분석하는 모형의 투입요소가 변화함에 따라, 그 결과치에 어떠한 영향을 주는가를 분석하는 기법이다.

5) 투자위험과 투자수익의 관계 ➕ 암기법 **위수비 위가반**

① 위험⇧ 수익⇧(비례) : 투자대상의 위험상승 ⇨ 투자자가 요구 수익 상승

② 위험⇧ 가치⇩(반비례) : 수익은 일정 : 투자대상 위험상승 ⇨ 수요감소 ⇨ 가치하락

2 위험과 수익의 관계

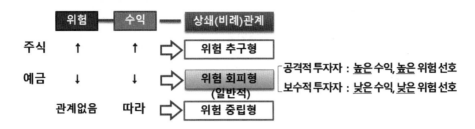

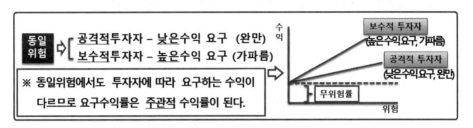

1. 위험과 수익의 관계 : 상쇄(비례)관계, 부담하는 (체계적)위험이 크면, 요구하는 수익도 커진다.
2. 위험혐오적인 투자자라 할지라도 대가가 주어지는 위험이거나 피할 수 없는 (체계적) 위험일 경우에는 투자자는 기꺼이 이를 감수한다.
3. 동일한 위험증가에 대해 보수적 투자자는 공격적 투자자보다 더 높은 수익률을 요구

VS	보수적 (방패)	높은 수익 요구, 가파름	VS	공격적 (창)	낮은 수익 요구, 완만함

▶ 출제 포인트 ┃ **위험과 수익의 관계, 요구수익률(주관적)**

1. 위험과 수익의 **상쇄**관계
   ① 투자자의 요구수익률은 **체계적 위험**이 증대됨에 따라 상승한다.
   ② 부동산투자에서 일반적으로 위험과 수익은 **비례관계**를 가지고 있다.
   ③ 투자 위험(표준편차)과 기대수익률은 **정(+)의 상관관계**(부의 상관관계 ×)
2. **동일위험 : 보수적 투자자 더 높은 수익률 요구**, 요구수익률선 기울기 **가파름(방패)**
3. **동일위험 : 공격적 투자자 더 낮은 수익률 요구**, 요구수익률선 기울기 **완만함(창)**
4. 투자자의 위험에 대한 태도 : 심화 [감정평가문제]
   ① 위험**회피(혐오)**형 : 투자자는 위험증가에 따른 보상으로 높은 기대수익률을 요구한다.
   ② 위험**선호(추구)**형 : 높은 수익률을 획득할 기회를 얻기 위해 위험을 기꺼이 감수한다.
   ③ 위험**중립형** : 위험의 크기에 관계없이 기대수익률에 따라 행동한다.

		36회 적중예상 핵심내용	기출							
테마 20	01	평균분산모형	28	29	30		32	33	34	35
	02	포트폴리오, 포트폴리오의 기대수익률 (계산문제9)								
	03	최적포트폴리오								

01 평균분산모형 : 평균분산 지배원리(같은 값이면~)

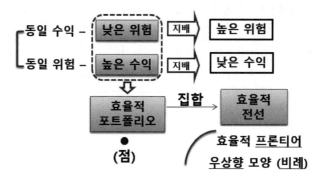

✅참고 효율적 프론티어(efficient frontier)

① 효율적 포트폴리오의 집합

② 동일한 위험에서 최고의 기대수익률을 나타내는 포트폴리오를 선택하여 연결한 선

③ 우상향의 모양 : 위험과 수익의 비례관계

▶ 출제 포인트 | 평균분산 지배원리

1. **효율적 포트폴리오(점)** : 같은 값일 때 낮은 위험의 자산, 같은 값일 때 높은 수익의 자산
2. **효율적 전선, 효율적 프론티어(선)** : 효율적 포트폴리오의 집합, 우상향, 위험과 수익 비례
3. **평균분산 지배원리**
   A와 B의 기대수익률이 같은 경우, A보다 B의 기대수익률의 표준편차가 더 크다면 A가 더 선호

02 포트폴리오, 포트폴리오의 기대수익률(계산문제9)

1 포트폴리오의 의의

① 분산투자
② 비체계적 위험 제거
③ 안정된 결합편익의 획득

2 총위험 : 체계적 위험 + 비체계적 위험

체계적 위험	비체계적 위험
① 모든 부동산 ② 피할 수 없는 위험 ③ 위험과 수익의 상쇄(비례) 관계 ④ 인플레이션 심화, 이자율 변화, 경기변동 (경기침체) 등	① 개별 부동산만 ② 피할 수 있는 위험 ③ 포트폴리오를 통해 제거하려는 위험 ④ 파업, 법적문제, 영업경비변동 등

VS	체계적	피×, 상쇄, 이자율·인플레	vs	비체계적	피○, 분산, 파업·경비

3 포트폴리오 효과 大

① 구성 항목 수 多
② 다른(반대) 방향
   부동성, 용도의 다양성으로 인해 지역별, 유형별로 다양한 포트폴리오를 구성 가능
③ 상관계수 : 자산의 움직임 지표(한 자산의 수익률의 변동에 따른 다른 자산의 수익률의 변동 정도) ↓, (−1) ➕ 암기법 상관이 적어야 좋다.
   ㉠ 상관계수 (+1) : 비체계적 위험이 전혀 제거되지 않는다.
   ㉡ 상관계수 (−1) : 비체계적 위험이 완전히 제거(zero)된다.
   상관계수가 +1인 경우를 제외하면, 자산구성비율을 조정하여 포트폴리오를 구성한다면 상관계수가 (+)값을 갖는 경우에도 포트폴리오 효과는 있다.

VS	+1	위험 전혀 제거×	vs	+	유사 방향, 효과↓
	−1	비·위험 완전히 제거		−	다른 방향, 효과↑

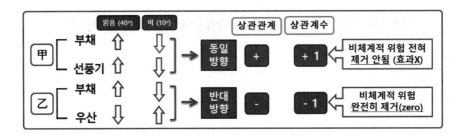

▶ 출제 포인트 | 포트폴리오 이론

1. 포트폴리오 : 분산투자, 비체계적 위험 제거, 안정된 수익
2. 포트폴리오 효과 大 : 자산수 多, 다른(반대) 방향, 상관계수↓(-1에 가깝게)
   ① 상관계수+1 : 포트폴리오 구성을 통한 위험절감 효과 × (포트폴리오 효과×)
   ② 상관계수+1 : (+) : 포트폴리오 ○ (+ : 효과 ↓, - : 효과 ↑, -1 : 효과 최대)
3. 부동성과 용도의 다양성으로 인해 지역별 또는 유형별 분산투자로 다양한 포트폴리오를 구성 가능

4 포트폴리오의 기대수익률(계산문제9)(투자비중, 수익률 - 곱해서 더한다)

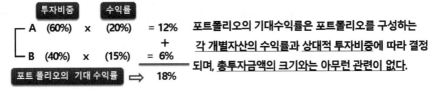

포트폴리오의 기대수익률은 포트폴리오를 구성하는 각 개별자산의 수익률과 상대적 투자비중에 따라 결정되며, 총투자금액의 크기와는 아무런 관련이 없다.

➕ 암기법 포트폴리오 기대수익률 : A, B, C 비중 수익률

기출문제 •

자산비중 및 경제상황별 예상수익률이 다음과 같을 때, 전체 구성자산의 기대수익률은? (단, 확률은 호황 40%, 불황 60%임)

[제25회]

구 분	자산비중	경제상황별 예상수익률			
		호황(40%)		불황(60%)	
상 가	20%	20%	400	10%	200
오피스텔	30%	25%	750	10%	300
아파트	50%	10%	500	8%	400
			1,650		900

계산기 ▶ (1,650 × 40%) (900 × 60%) = 1,200(12%)

03 최적포트폴리오

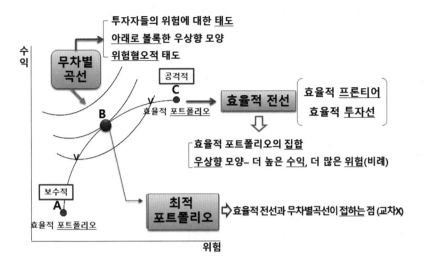

1 효율적 포트폴리오(efficient portfolio)

평균분산 지배원리에 의해 선택된 포트폴리오

2 효율적 전선(효율적 프론티어, efficient frontier)

① 의의 : 효율적 포트폴리오의 집합, 동일한 위험에서 최고의 수익을 나타내는 포트폴리오를 연결한 곡선
② 모양 : 우상향(위로 볼록한 우상향의 형태)
③ 의미 : 더 높은 수익률을 얻기 위해서는 더 많은 위험을 감수해야 한다는 것을 의미(위험과 수익 비례)

3 무차별곡선

① 의의 : 투자자들의 위험에 대한 태도
② 모양 : 아래로 볼록한 우상향의 형태
③ 의미 : 투자자가 위험혐오적이라는 것을 의미

✔ 참고 무차별곡선의 기울기

1. 투자자가 위험을 회피할수록(보수적, 방패) 투자자의 무차별곡선의 기울기는 가파르게 된다.
2. 투자자가 위험을 선호할수록(공격적, 창) 투자자의 무차별곡선의 기울기는 완만하게 된다.

4 최적의 포트폴리오

효율적 전선과 투자자의 무차별곡선이 접하는 점에서 결정(교차점 ×)

▶ 출제 포인트 **평균분산 지배원리**

1. 효율적 포트폴리오 : 평균분산 지배원리에 의해 선택된 포트폴리오, 낮은 위험, 높은 수익(점 상태)
2. 효율적 전선(프론티어) : 효율적 포트폴리오의 집합, 우상향, 위험과 수익의 상쇄관계
3. 무차별곡선 : 투자자들의 위험에 대한 태도, 아래로 볼록한 우상향, 투자자들은 위험혐오적
4. 최적의 포트폴리오 : 효율적 전선과 무차별곡선이 접하는 점(교차점 ×)

기출문제 ◆

포트폴리오 이론에 따른 부동산투자의 포트폴리오 분석에 관한 설명으로 옳은 것은?

[제26회]

① 인플레이션, 경기변동 등의 체계적 위험은 분산투자를 통해 제거가 가능하다.
② 투자자산 간의 상관계수가 1보다 작을 경우, 포트폴리오 구성을 통한 위험절감 효과가 나타나지 않는다.
③ 2개의 투자자산의 수익률이 서로 다른 방향으로 움직일 경우, 상관계수는 양(+)의 값을 가지므로 위험분산 효과가 작아진다.
④ 효율적 프론티어(efficient frontier)와 투자자의 무차별곡선이 접하는 지점에서 최적 포트폴리오가 결정된다.
⑤ 포트폴리오에 편입되는 투자자산 수를 늘림으로써 체계적 위험을 줄여나갈 수 있으며, 그 결과로 총 위험은 줄어들게 된다.

정답▶ ④

	36회 적중예상 핵심내용		기출						
테마 21	01	화폐의 시간가치(계산문제10)	28		30	31	32	33	
	02	화폐의 시간가치 이론		29	30		32		

01 화폐의 시간가치(계산문제10)

1 화폐의 시간가치 개요

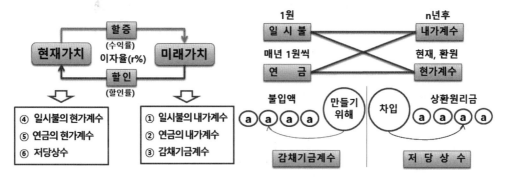

┌ **일시금** : **한 번**의 금액   퇴직금을 **일시금**으로 받으실래요?
└ **연금**   : **여러 번** 금액   아니면 **연금**으로 받으실래요?

       현재시점 ⇨ r% = 수익률 ⇨ **미래가치** ⇨ 미래로 할증
       현재로 할인 ⇦ **현재가치** ⇦ r% = 할인율 ⇦ 수입발생

① 현재금액에 이자를 적용하여 **미래금액을 산정**하는 방법 [이자를 붙여 **할증**]
② 미래금액에 이자를 적용하여 **현재가치로 환산**하는 방법 [이자를 깎아 **할인**]

2 단리와 복리의 개념

(1) 단리는 초기의 원금에만 이자를 지급하는 것을 말하고 복리는 원금뿐만 아니라 이자에도 이자를 지급하는 것을 말한다.

(2) 은행에 100만원을 12%의 이자율로 1년 동안 예금하는 경우

① 12개월 단리 적용시 : 100만원 × 1.12 = 112만원
② 6개월 복리 적용시 : 100만원 × 1.06 × 1.06 = 112.36만원

> **기출문제** •

1. 연금의 미래가치계수를 계산하는 공식에서는 이자 계산방법으로 복리방식을 채택한다. (○)
[제26회]

2. 원금에 대한 이자뿐만 아니라 이자에 대한 이자도 함께 계산하는 것은 단리방식이다. (✕)
[제29회]

3 화폐의 시간가치계수

(1) 일시불의 내가계수(일시불의 미래가치계수)

의 미			○원의 **n년 후** (복리이자 적용)
산 정	공식 : $(1 + r)^n$	현재금액 $\times (1 + r)^n$	$5\% = 1.05, \quad 7\% = 1.07, \quad 10\% = 1.1,$ $20\% = 1.2$
사 례	**일시불의 미래가치 = 일시불 × 일시불의 내가계수** 현재 5억원인 주택이 매년 5%씩 가격이 상승한다고 했을 때 10년 후의 주택가치는? ⇨ 5억원 × 일시불의 내가계수 (5%, 10년) = 5억 $\times 1.05^{10}$		

(2) 일시불의 현가계수(일시불의 현재가치계수)

의 미		○원의 **현재가치** (특정액을 할인할 때!)
산 정	공식 = $\dfrac{1}{(1+r)^n} = (1 + r)^{-n}$, 공식적용방법 = 미래의 특정액 $\times (1 + r)^{-n}$ **일시불의 현재가치 = 일시불 × 일시불의 현가계수** ① 부동산에 투자하여 5년 후 **8억원**에 매각하고 싶은 투자자가 **현재** 이 부동산의 구입금액을 산정하는 경우 일시불의 내가계수 ⇔ 일시불의 현가계수(역수관계)	

(3) 연금의 내가계수(연금의 미래가치계수)

의 미		매년○원의 **n년 후** (복리이자 적용)
산 정	**연금의 미래가치 = 매년 금액 × 연금의 내가계수**	
사 례	정년퇴직자가 **매월 연금**형태로 받는 퇴직금을 일정기간 적립한 후에 달성(**5년 후**의 가치는?)되는 금액을 산정	

(4) 감채기금계수

의미	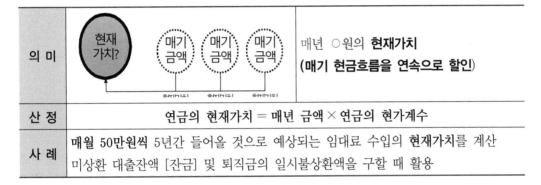 ○원을 만들기 위한 적금액 산정
산정	적금액 = 연금의 미래가치 × 감채기금계수
사례	5년 후 주택구입에 필요한 자금 3억원을 모으기 위해 매월 말 불입해야 하는 적금액을 계산 연금의 내가계수 ⇔ 감채기금계수 (역수관계)

(5) 연금의 현가계수(연금의 현재가치계수)

의미	매년 ○원의 **현재가치** **(매기 현금흐름을 연속으로 할인)**
산정	연금의 현재가치 = 매년 금액 × 연금의 현가계수
사례	**매월 50만원씩** 5년간 들어올 것으로 예상되는 임대료 수입의 **현재가치**를 계산 미상환 대출잔액 [잔금] 및 퇴직금의 일시불상환액을 구할 때 활용

(6) 저당상수

의미	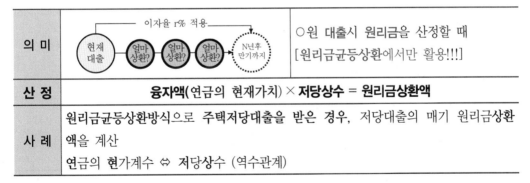 ○원 대출시 원리금을 산정할 때 [원리금균등상환에서만 활용!!!]
산정	**융자액(연금의 현재가치) × 저당상수 = 원리금상환액**
사례	**원리금균등상환방식**으로 **주택저당대출**을 받은 경우, 저당대출의 매기 **원리금상환액**을 계산 연금의 현가계수 ⇔ 저당상수 (역수관계)

☑ 화폐의 시간가치 계수 정리

VS	일. 내	1원, n년 후	vs	일. 현	1원, 현재
	연. 내	매년 1원씩, n년 후		연. 현	매년 1원씩, 환원
	감. 기	만들기 위해, 불입		저. 상	차입, 상환원리금

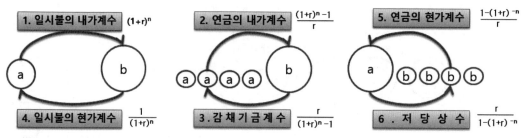

✔ 참고 역수관계

(1) 일시불의 내가계수　⇔　일시불의 현가계수

(2) 연금의 내가계수　⇔　감채기금계수

(3) 연금의 현가계수　⇔　저당상수

① **일시불**의 내가계수와 **일시불**의 현가계수는 역수관계이다. [일시불은 자기들끼리]

② 연금의 **내가**계수(미래가치계수)와 **감채기**금계수는 역수관계이다. [**내가감기**]

③ 연금의 **현**가계수(현재가치계수)와 **저당**상수는 역수관계이다. [**현저**]

0원 × 저당상수 = 0원 ÷ 연금의 현가계수

▶ 출제 포인트　| 화폐의 시간가치 계산

1. 미래가치 계산 공식(**일.내, 연.내, 감.기**)과 현재가치계산(**일.현, 연.현, 저.상**) 공식을 비교
2. 미래가치 계산 : 일.내(**1원, n년 후**), 연.내(**매년 1원씩, n년 후**), 감.기(**만들기 위해서 불입**)
3. 현재가치 계산 : 일.현(**1원, 현재**), 연.현(**매년 1원씩, 환원**), 저.상(**차입, 상환원리금**)
4. 역수관계 : 일.내 ⇔ 일.현, 연.내 ⇔ 감.기, 연.현 ⇔ 저.상 (× 원래공식 = ÷ 역수)
5. 공 식

　야매 : 현재는 마이너 승 이지만 (현재는 40점이지만)

　　　　미래는 메이저(플러스) 승 일거야 (미래는 80점 일거야)

① 일.내 $(1+r)^n$ ⇔ 일.현 $\dfrac{1}{(1+r)^n}$

② 연.내 $\dfrac{(1+r)^n-1}{r}$ ⇔ 감.기 $\dfrac{r}{(1+r)^n-1}$

③ 연.현 $\dfrac{1-(1+r)^{-n}}{r}$ ⇔ 저.상 $\dfrac{r}{1-(1+r)^{-n}}$

4 상환비율과 잔금비율 상환비율 + 잔금비율 = 1

잔금 비율	① 대출원금(저당대부액) 중에서 미상환된 원금인 잔금이 차지하는 비율 ② 잔금비율은 연금의 현가계수를 이용하여 구한다. $$t시점의\ 잔금비율 = \frac{t시점의\ 미상환\ 원금액}{원금총액} = \frac{연금의\ 현가계수\,(r,\ 잔여기간)}{연금의\ 현가계수\,(r,\ 저당기간)}$$ [계산문제 1] 잔금과 잔금비율(연금의 현가계수를 통해 계산) ⇨ 1억 차입, 20년 상환, 저당상수 8%, 5년 후 처분 ① 잔금 = 원리금(800만원) × 연금의 현가계수(잔여기간. 15년) ② $$잔금비율 = \frac{연금의\ 현가계수\,(잔여기간.\,15년)}{연금의\ 현가계수\,(전기간.\,20년)}$$
상환 비율	① 상환비율이란 대출원금(저당대부액)에서 상환금이 차지하는 비율을 말한다. ② 상환비율 = 1−잔금비율

✅ **참고** 잔금비율과 상환비율의 관계
① 잔금비율 + 상환비율 = 1(100%)
② 상환비율 = 1 − 잔금비율
③ 잔금비율 = 1 − 상환비율

[계산문제 2] 5년 후 1억원의 현재가치는? (단, 주어진 조건에 한함) [제23회]

ㄱ 할인율 : 연 7%(복리 계산)
ㄴ 최종 현재가치 금액은 십만원 자리 반올림함

해설▶ 5년 후의 1억의 현재가치를 구하는 문제는 일시불의 현가계수($\frac{1}{(1+r)^n}$)를 적용

1억원 × 일시불의 현가계수 $\frac{1}{(1+0.07)^5}$, $(1.07)^5$ = 약 1.4이므로 $\frac{1억원}{1.4}$ = 71,428,571원

10만원 자리에서 반올림 하면 약 7,100만원이 된다.

계산기▶ 100,000,000 ÷ 1.07 = = = = =

정답▶ 7,100만원

[계산문제 3] 갑은 부동산 구입자금을 마련하기 위하여 3년 동안 매년 연말 3,000만원씩을 불입하는 정기적금에 가입하였다. 이 적금의 이자율이 복리로 연 10%라면 3년 후 이 적금의 미래가치는?

해설▶ 연금의 내가계수를 활용 = 3,000만원 × $\frac{(1+0.1)^3-1}{0.1}$

3년 동안 매년 말 3,000만원을 불입하는 정기적금의 금리가 10%일 때 3년 후의 가치는?

[기말]연금의 내가계수 일반적인 풀이	GT를 활용한 연금의 내가계산
① 3,000	① 3,000 =
② $3,000 \times 1.1 = 3,300$	② $\times 1.1 =$
③ $3,000 \times 1.1 \times 1.1 = 3,630$	③ $\times 1.1 =$
$3,000 + 3,300 + 3,630 = 9,930$	④ GT를 누르면 정답 9,930이 나옴

[계산문제 4] A는 부동산 자금을 마련하기 위하여 20×1년 1월 1일 현재, 2년 동안 매년 연말 2,000원씩 불입하는 투자 상품에 가입했다. 투자 상품의 이자율이 연 10%라면, 이 상품의 현재가치는? (단, 십원 단위 이하는 절사함)

해설▶ 연금의 현가계수를 활용 $= 2,000원 \times \dfrac{1-(1+0.1)^{-2}}{0.1}$

2년 동안 매년 연말 2000원씩 불입하는 투자 상품의 현재가치는? (이자율 10%)

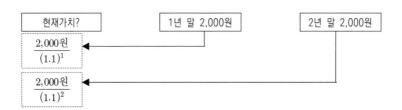

[기말]연금의 현가계수 일반적인 풀이	GT를 활용한 연금의 내가계산
① $\dfrac{2,000}{1.1^1} + \dfrac{2,000}{1.1^2} =$	① $2,000 \div 1.1 =$
$1,818 + 1,652 = 3,471원$	② $\div 1.1 =$
② 십원 단위 이하 절사하면 3,400원	③ GT를 누르면 3,471이 나옴
	④ 십원 단위 이하 절사하면 3,400원

02 | 화폐의 시간가치 이론

1 화폐의 시간가치 적용례(핵심 기출지문)

- 일시금을 현재로 땡길 때 쓰는 도구 : 일시금의 현가계수
- 일시금을 미래로 보낼 때 쓰는 도구 : 일시금의 내가계수

- 매 기간 발생하는 금액을 뭉칠 때 쓰는 도구 : 연금(빗자루)
- 현재에서 뭉치면 현가계수, 미래에서 뭉치면 내가계수

- 일시금을 매 기간으로 쪼갤 때 쓰는 도구 : 저당감채(망치)
- 현재금액을 쪼개면 저당상수, 미래금액을 쪼개면 감채기금계수

☑ **모으는 도구(빗자루)와 쪼개는 도구(망치)**

1. 매월 50만원씩 5년간 들어올 것으로 예상되는 임대료 수입의 현재가치를 계산
   ➪ 뭉친 금액을 구함 + 현재가치를 구함 : 연금의 현가계수
2. 정년퇴직자가 매월 연금형태로 받는 퇴직금을 일정기간 적립한 후에 달성(5년 후의 가치는?) 되는 금액을 산정 ➪ 뭉친 금액을 구함 + 미래가치를 구함 : 연금의 내가계수
3. 원리금균등상환방식으로 주택저당대출을 받은 경우, 저당대출의 매기 원리금상환액을 계산 ➪ 쪼갠 금액을 구함 + 큰 금액이 현재시점임 : 저당상수
4. 5년 후 주택구입에 필요한 자금 3억원을 모으기 위해 매월 말 불입해야 하는 적금액을 계산 ➪ 쪼갠 금액을 구함 + 큰 금액이 미래시점임 : 감채기금계수

   ➕ 암기법 상환액 구하라 = 상수, 기금(적금)을 구하라 – 기금

➕ 암기법 연현사에 가서 연미육 드세요

일시불의 현재가치계수	$\dfrac{4}{6}$
일시불의 미래가치계수	$\dfrac{6}{4}$
연금의 현재가치계수	4
저당상수	$\dfrac{1}{4}$
연금의 미래가치계수	6
감채기금계수	$\dfrac{1}{6}$

---

5. 연금의 현재가치(현재 뭉친 금액 : 4)계수에 일시불의 미래가치계수(미래로 보낸다 : $\frac{6}{4}$)를 곱($\times$)하면 연금의 미래가치(미래 뭉친 금액 : 6)계수가 된다. [2021년 감정평가]

6. 연금의 미래가치계수(미래 뭉친 금액 : 6)에 일시불의 현재가치계수(현재로 보낸다 : $\frac{4}{6}$)를 곱하면($\times$) 연금의 현재가치계수(현재 뭉친 금액 : 4)가 된다. [2021년 감정평가]

7. 저당상수($\frac{1}{4}$)에 연금의 현재가치계수(4)(역수관계)를 곱하면($\times$) 1이 된다. [2021년 감정평가]

8. 연금의 현재가치계수(4)에 감채기금계수($\frac{1}{6}$)를 곱하면($\times$) 일시불의 현재가치계수($\frac{4}{6}$)이다.
[제32회]

기출문제

화폐의 시간가치에 관한 설명으로 틀린 것은?　　　　　　　　　　　　　　　　[제26회]

① 연금의 미래가치계수를 계산하는 공식에서는 이자 계산 방법으로 복리 방식을 채택한다.
② 원리금균등상환 방식으로 주택저당대출을 받은 경우, 저당대출의 매기 원리금 상환액을 계산하려면, 저당상수를 활용할 수 있다.
③ 5년 후 주택구입에 필요한 자금 3억원을 모으기 위해 매 월말 불입해야 하는 적금액을 계산하려면, 3억원에 연금의 현재가치계수(월 기준)를 곱하여 구한다.
④ 매 월말 50만원씩 5년간 들어올 것으로 예상되는 임대료 수입의 현재가치를 계산하려면, 저당상수(월 기준)의 역수를 활용할 수 있다.
⑤ 상환비율과 잔금비율을 합하면 1이 된다.

정답▶ ③

36회 적중예상 핵심내용			기출					
테마 22	01	현금수지의 측정(계산문제11)	28	29	30				34	

01 현금수지의 측정(계산문제11)

투자대상 부동산의 현금흐름(수지)이란 부동산 운영을 통해서 발생되는 소득이득(영업 현금흐름)과 해당 부동산을 처분할 때 이루어지는 자본이득(매각 현금흐름)으로 구성된다.

소득이득	자본이득
① 보유기간, 운영(영업, 임대사업)을 통해 발생 ② 매기간 발생 ③ 지대, 임대료 ④ 영업의 현금수지를 통해 계산	① 기간말, 처분(매각수입)시 발생 ② 한 번만 발생 ③ 매매차익, 양도차익, 시세차익 ④ 지분복귀액(수지가 복귀하네)을 통해 계산

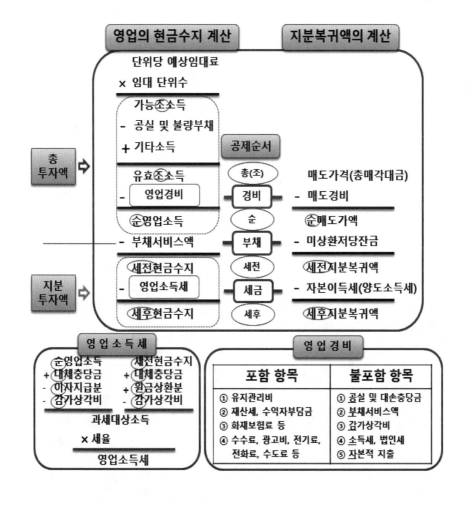

(1) 가능총소득 = 단위당 임대료 × 임대단위 수(임대가능면적)

(2) 기타수입 : 관리수입, 주차료 수입, 자판기 수입 등

(3) 영업경비는 투자 대상 부동산의 운영에 필요한 비용을 말한다.

(4) 부채서비스액이란 저당대부에 대한 매기간의 원금상환분과 이자지급분을 합한 것을 말한다.
원리금상환액, 원부금, 저당지불액, 원금 + 이자

(5) 영업소득세는 매 기간 지불하며, 개인인 경우는 개인소득세, 법인인 경우는 법인세를 말한다.

① 영업소득세 계산은 순영업소득에서 계산하나 세전현금수지에서 계산하나 결과는 마찬가지다.

② 대체충당금은 영업경비 항목에는 포함되나 자본적 지출로 취급되어 세액 공제는 되지 않는다.(임대아파트 투자자가 에어컨 시설이나 주방기구를 일정기간마다 대체하기 위해 매년 얼마씩 영업경비로 지출하여 적립한 금액을 대체충당금이라 한다. ⇨ 자본적 지출로 취급)

③ 영업경비를 분류할 때 세액공제가 되는 영업비 지출과 세액공제가 되지 않는 자본적 지출로 구별해야 한다.

㉠ 부동산의 유효수명이나 가치를 단지 유지시켜주는 수선비는 영업비 지출로 취급된다(세액공제 됨).

㉡ 부동산의 유효수명이나 가치를 증진시켜주는 수선비는 자본적 지출로 취급된다(세액공제 안 됨).

④ 부채서비스액 중 이자지급분은 세금에서 공제된다.

⑤ 부채서비스액 중 원금상환분은 세금에서 공제되지 않는다(∵ 이는 부동산의 실질가치를 상승시켜 투자자의 지분을 증가시키므로).

⑥ 감가상각액은 세금에서 공제된다.

순영업소득	세전현금수지
+ 대체충당금	+ 대체충당금
− 이자지급분	+ 원금상환분
− 감가상각분	− 감가상각분
과세대상소득	과세대상소득
× 세율	× 세율
영업소득세	영업소득세

예제▶ 다음 자료에 의한 영업소득세는?

- 세전현금수지   4,000만원
- 대체충당금   350만원
- 원금상환액   400만원
- 감가상각액   250만원
- 영업소득세율   20%

정답▶ 900만원 심화 [감정평가 문제]

	영업수지	vs	지분복귀액
	가. 공. 기. 유. 영. 순. 부. 세. 영. 세		매. 매. 순. 미. 세. 자. 세
	영업경비 ○		영업경비 ×
VS	유지수선비, 화재보험료 재산세, 종부세, 기타	vs	공실불량부채, 부채서비스액 (건물)감가상각비, 소득세 · 법인세 자본적 지출, 건물의 취득세 및 등록세 개인적 업무비 및 소유자의 급여

▶ **출제 포인트** | 현금수지의 측정

1. ① 영업수지 계산 : 가. 공. 기. 유. 영. 순. 부. 세. 영. 세
   ② 지분복귀액 계산 : 매. 매. 순. 미. 세. 자. 세
2. 유효조소득 > 순영업소득
3. (대출금 ○) 순영업소득 > 세전현금수지, (대출금 ×) 순영업소득 = 세전현금수지
4. (흑자, 과세) 세전현금수지 > 세후현금수지, (적자, 비과세) 세전현금수지 = 세후현금수지
5. 유효조소득에서 순영업소득을 차감하면 영업경비가 되며, 순영업소득에서 영업경비를 더하면 유효조소득이 된다.('㉠ - ㉡ = ㉢', '㉠ - ㉢ = ㉡', '㉢ + ㉡ = ㉠')
6. 영업경비에 포함 : 유지수선비, 화재보험료, 재산세, 수수료·전기료·수도료·광고비 등
7. 영업경비에 불포함 : 공실 및 불량부채, 부채서비스액, 감가상각비, 소득세·법인세, 자본적지출, 개인업무비
8. 영업소득세 계산 : '순. 대. 이. 감' 중 감가상각비와 이자지급분은 공제(-), 나머지(순.대)는 + ⇨ ① 순 + 대 ② - 이 - 감 ③ × 세율
9. 영업소득세 = (세전현금수지 + 대체충당금 + 원금상환분 - 감가상각분) × 세율
   ⇨ ① 세 + 대 + 원 ② - 감 ③ × 세율

기출문제 ▸

어느 회사의 1년 동안의 운영수지다. 세후현금수지는?   [제23회]

- 호당 임대료 6,000,000원
- 공실률 10%
- 원리금상환액 90,000,000원
- 감가상각액 10,000,000원
- 임대가능호수 40호
- 운영비용 16,000,000원
- 융자이자 20,000,000원
- 소득세율 30%

해설 ▸

	가능조소득	240,000,000원
−	공실 및 불량부채	24,000,000원
	유효조소득	216,000,000원
−	영업경비	16,000,000원
	순영업소득	200,000,000원
−	부채서비스액	90,000,000원
	세전현금수지	110,000,000원
−	영업소득세	51,000,000원
	세후현금수지	59,000,000원

	순영업소득	200,000,000원
+	대체충당금	0원
−	이자지급분	20,000,000원
−	감가상각액	10,000,000원
	과세대상소득	170,000,000원
×	세율	0.3
	영업소득세	51,000,000원

정답 ▸ 59,000,000원

36회 적중예상 핵심내용			기출							
테마 23	01	할인현금수지분석법(DCF기법) 이론	28	29	30			32	33	34	35
	02	순현가법과 내부수익률법									
	03	할인법(DCF)(계산문제12)					31	32			

☑ 투자분석기법: 할인법 vs 비할인법

할인법(시간가치 고려 ○)	비할인법(시간가치 고려 ✕)
할인현금흐름분석법(DCF법) 순현가법 내부수익률법 수익성지수법 현가회수기간법	어림셈법(승수법, 수익률법) 대부비율, 부채비율, 부채감당률 등 단순회수기간법 평균회계이익률

➕ 암기법 할인법(현가, 내부, 지수)

---

01 | 할인현금수지분석법(DCF기법) 이론

1 할인현금수지(흐름)분석법의 의의

① 할인현금흐름분석법(DFC)은 화폐의 시간가치를 **고려**하는 투자분석기법이다.
② 할인현금흐름분석법은 현금흐름을 **현재가치로 할인**하여 투자금액과 비교하는 투자분석기법이다. (유입의 현가와 유출의 현가를 비교)
③ 할인현금흐름분석법은 투자 기간 동안 **모든** 현금흐름을 고려한다.
④ 할인현금흐름분석법에는 **순현가법, 수익성지수법, 내부수익률법**이 있다.
⑤ 할인법과 비할인법 비교
   ㉠ 할인법 : 지금 1억과 1년 후의 3억 3천만원을 10%로 할인한 3억과 비교
   ㉡ 비할인법 : 지금 1억과 1년 후의 3억 3천만원을 비교

2 순현가법(NPV)

① 순현가법은 장래 발생할 **수입의 현가**에서 **비용의 현가**를 **차감**하는 방법이다.
② 순현가 = **유입의 현가** − **유출의 현가**
③ 순현가는 할인율(재투자율)로 **요구수익률**을 활용한다. [달라질 수 **있음**]
④ 순현가를 산정하기 위해서는 사전적으로 요구수익률이 **필수**이다.
⑤ 순현가가 **0보다 크거나 같을 때** 투자안이 채택된다.
⑥ 순현가는 가치가산원칙(합의 법칙)이 **성립**한다.

3 수익성지수법(PI)

① 수익성지수법은 **유입**의 현가를 유출의 현가**로** 나눈 **비율**을 의미한다.
　　　　　유**출**의 현가**에 대한** 유입의 현가

② 수익성지수 = **유입의 현가** ÷ **유출의 현가** = $\dfrac{\text{유입의 현가}}{\text{유출의 현가}(-\text{에 대한})}$

③ 수익성지수는 할인율로 **요구수익률**을 활용하며, 사전에 요구수익률이 **필수**이다.

④ 단일 투자안의 **순현가**가 0이 되면, **수익성지수**는 1이 되게 된다.

⑤ 수익성지수가 **1보다 크거나 같을 때** 투자안이 채택된다.

4 내부수익률법(IRR)

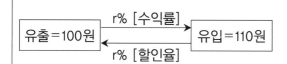

- 100원을 110원으로 만드는 수익률
- 110원을 100원으로 만드는 할인율

① 내부수익률은 유입의 **현가**와 유출의 **현가**를 **같게** 만드는 할인율(수익률)이다.

② 내부수익률은 순현가를 0으로 만들고, 수익성지수를 1로 만드는 할인율이다.

③ 내부수익률은 할인율(재투자율)로 **내부수익률** 자체를 활용한다.
　↳ 내부수익률법은 사전에 요구수익률이 **필수가 아니다.**

④ 내부수익률이 **요구수익률**보다 크거나 같을 때 투자안이 채택된다.

5 순현가, 수익성지수, 내부수익률법 3자 비교

순현가	수익성지수	내부수익률
유입(현) − 유출(현)	유입(현) ÷ 유출(현)	유입(현) = 유출(현), r%
할인 : 요구수익률	할인 : 요구수익률	할인 : **내부수익률**
요구수익률 필수 ○	요구수익률 필수 ○	**요구수익률 필수×**
채택기준 : ≥ 0	채택기준 : ≥ 1	채택기준 : ≥ **요구**

① 어느 방법을 적용하느냐에 따라 의사결정, 타당성, 투자결과가 **달라질 수 있다.**

② 순현가법의 재투자율은 **요구수익률**이고, 내부수익률법의 재투자율은 **내부수익률** 자체이다. ⇨ **순현가법이 더 우수한** 투자판단 기준으로 인정되는 편

☑ 할인현금수지분석법(DCF)의 사용지표

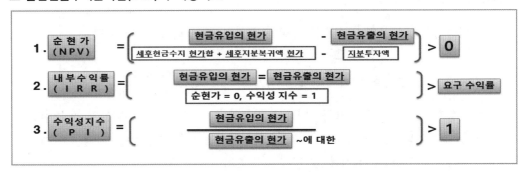

▶ 출제 포인트 할인현금수지분석법(DCF법)

➕ 암기법 순영씨 수일이가 내요 할인카드 있어요!

1. 할인현금수지분석법(DCF법) : 시간가치 고려 ○, 매기간, 소득이득 + 자본이득 고려, 세후소득
2. 수입현가·지출현가
   (1) 순현가 : 입 - 출 > 0
   (2) 내부수익률 : 입 = 출 > 요구수익률
   (3) 수익성지수 : 입 ÷ 출 > 1 ⇨ 빼 같 나

02 순현가법과 내부수익률법

1 의 의

① 둘 이상의 투자안의 투자 우선순위를 결정할 때 순현가법과 내부수익률법 중 어느 방법을 기준으로 하는가에 따라 그 결과가 달라질 수 있다.

② 순현가법(금액 비교)이 내부수익률(수익률 비교)보다 상대적으로 더 우수하다.

2 순현가법이 내부수익률법보다 더 우수하다. ➕ 암기법 좋은 말은 순현가법

구 분	순현가법(좋은 말)	내부수익률법
시간가치	고려 ○	고려 ○
할인율 재투자수익률	요구수익률(주관적) (사전에 요구결정 ○)	내부수익률(객관적) (사전에 요구결정 ✕) ※ 주의 ; 비교대상은 요구수익률
부의 극대화	달성 ○ 순현가가 가장 높은 방법 선택(○)	달성✕ 수익률이 가장 높은 방법 선택(✕)
가치가산원리 (합의 원칙)	준수 ○ 'A + B' 결합투자안의 순현가(30) = A의 순현가(10) + B의 순현가(20)	준수 ✕ 'A + B' 결합투자안의 내부수익률(13% ✕) ≠ A의 수익률(5%) + B의 수익률(8%)
투자판단	언제나 가능	투자판단 불가능 (복수의 내부수익률)

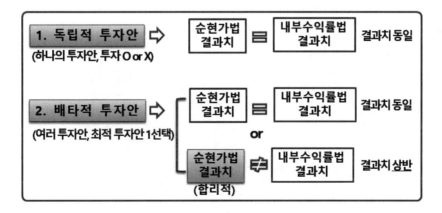

▶ 출제 포인트 | **순현가법과 내부수익률법**

1. 순현가법 : 할인율(요구수익률), 사전 요구 결정 ○, 합 ○, 부의 극대화 ○, 투자판단 ○
   ⇨ 순현가법을 이용한 투자타당성분석에서 선택되는 **할인율(요구수익률)은 투자주체에 따라 달라진다(주관적).**
2. 내부수익률법 : 할인율(내부수익률), 사전 요구 결정 ×, 합 ×, 부의 극대화 ×, 투자판단 ×(복수)
   ① 내부수익률법은 **사전적으로 요구수익률을 결정하지 않아도 된다**는 장점이 있다.
   ② 동일한 투자안의 경우 복수의 내부수익률이 존재하는 경우 투자판단 불가능(내부수익률 큰쪽 사용 ×)
3. 독립적(단일) 투자안의 경우 순현가법과 내부수익률법의 결과치 반드시 동일
4. 배타적(여러) 투자안의 경우 순현가법과 내부수익률법의 결과치 : 동일 또는 상반 ⇨ 순현가법 합리적
   ⇨ 여러 투자안의 투자 우선순위를 결정할 때, 순현재가치법과 내부수익률법 중 어느 방법을 적용하느냐에 따라 투자 우선순위는 달라질 수 있다.
5. 연평균순현가(ANPV)
   사업기간 동안의 연평균 순수익, 순현가법의 일종이므로 시간가치를 고려 ○

기출문제 ◆

부동산 투자분석기법에 관한 설명으로 틀린 것은?
[제32회]

① 동일한 현금흐름이라도 요구수익률에 따라 순현재가치(NPV)가 달라질 수 있다.
② 순현재가치법과 수익성지수법을 통한 의사결정이 달라질 수 있다.
③ 순현재가치법은 가치가산원리가 적용되나 내부수익률법은 적용되지 않는다.
④ 부의 극대화 원칙에 따르면 순현재가치가 큰 투자안을 채택한다.
⑤ 재투자율로 내부수익률법에서는 요구수익률을 사용한다.

정답▶ ③

03 할인법(DCF)(계산문제12)

기출문제

1. 요구수익률이 20%인 경우, 투자안 A의 순현가와 내부수익률을 구하면 각각 얼마인가?

[제24회]

투자안	초기 현금지출	말기 현금유입
A	5,000원	6,000원

해설▶ 순현가 = 현금유입의 현가($\frac{6,000원}{(1+0.2)^1}$, 5,000원) − 현금유출의 현가(5,000원)

내부수익률 해설 1 ⇨ 현금유입의 현가($\frac{6,000원}{(1+r)^1}$) = 현금유출의 현가(5,000원), r = 20%

내부수익률 해설 2 ⇨ 내부수익률 = $\frac{순수익(1,000원)}{투자액(5,000원)}$ = 20%

정답▶ 순현가(NPV) = 0, 내부수익률(IRR) = 20%

유의▶ 순현가와 수익성지수 산정 : 수입을 할인

내부수익률 산정 : $\frac{차이값}{투자액}$ (수입 할인 ×) ➕암기법 내차투

2. 사업기간이 1년이며, 금년에는 현금지출만 발생하고 내년에는 현금유입만 발생한다고 한다. 할인율이 5%일 때 순현가와 수익성지수를 각각 구하시오.

[제19회]

사 업	금년의 현금지출	내년의 현금유입
A	300만원	630만원
B	100만원	315만원
C	100만원	420만원
D	100만원	262.5만원

해설▶

사 업	금년현금지출	내년현금유입	현금유입현가	순현가	수익성지수
A	300만원	630만원	600만원	300만원	2
B	100만원	315만원	300만원	200만원	3
C	100만원	420만원	400만원	300만원	4
D	100만원	262.5만원	250만원	150만원	2.5

계산기▶ ① 630 ÷ 1.05 = ② 315 = ③ 420 = ④ 262.5 =

정답▶ ① 순현가 : A (300만)원, B (200만)원, C (300만)원, D (150만)원

② 수익성지수 : A (2), B (3), C (4), D (2.5)

3. 다음은 투자부동산의 매입, 운영 및 매각에 따른 현금흐름이다. 이에 기초한 순현재가치
   는? (단, 0년차 현금흐름은 초기투자액, 1년차부터 7년차까지 현금흐름은 현금유입과 유
   출을 감안한 순현금흐름이며, 기간이 7년인 연금의 현가계수는 3.50, 7년 일시불의 현가
   계수는 0.60이고, 주어진 조건에 한함) [제32회]

(단위 : 만원)

기간(년)	0	1	2	3	4	5	6	7
현금흐름	−1,100	120	120	120	120	120	120	1,420

해설▶ 순현재가치 = 현금유의 현재가치 − 현금유출의 현재가치
             = 1,200만원 − 1,100만원 = 100만원
   •유입의 현재가치 = 420만원 + 780만원 = 1,200만원
   •120만원 × 3.50 = 420만원
   •1,300만원(= 1,420만원 − 120만원) × 0.60 = 780만원

정답▶ 100만원

36회 적중예상 핵심내용			기출					
테마 24	01	비할인법(어림셈법, 비율분석법) 이론	28			31		33	34	
	02	비할인법(어림셈법, 비율분석법)(계산문제13)	28	29	30			33	34	35

01 비할인법(어림셈법, 비율분석법) 이론

1 어림셈법 ➕암기법 어승수

	승수법[회수기간]	수익률법[수익률]
투자 ⟶ 1년 뒤 100원 ⟵ 10원	$\dfrac{100원 = 투자}{10원 = 수입} = 10년$	$\dfrac{10원 = 수입}{100원 = 투자} = 10\%$

① 어림셈법은 화폐의 시간가치를 **고려하지 않는** 분석기법이다.
② 어림셈법은 **첫 해**의 영업수입만을 고려하여 투자분석하는 기법이다.
③ 어림셈법은 **승수법과 수익률법**이 있으며 이 둘은 **상호 역수관계**이다.
④ 승수법은 자본의 **회수기간**을 구하는 방법으로, **승수가 작을수록 회수기간은 짧다.**
⑤ 수익률법은 **수익률**을 구하는 방법으로, 그 **값이 클수록 유리**하다.

승수법			수익률법	
			비율분석법	
조소득승수	$\dfrac{총투자액}{조소득}$	⇔	$총자산회전율 = \dfrac{조소득}{총투자액}$	
순소득승수 (자본회수기간)	$\dfrac{총투자액}{순영업소득}$	⇔	종합자본환원율 (환원이율) 총투자수익률	$\dfrac{순영업소득}{총투자액}$
세전 현금수지 승수	$\dfrac{지분투자액}{세전현금수지}$	⇔	지분배당(환원)률 (세전수익률)	$\dfrac{세전현금수지}{지분투자액}$
세후 현금수지 승수	$\dfrac{지분투자액}{세후현금수지}$	⇔	세후 수익률 세후지분투자수익률	$\dfrac{세후현금수지}{지분투자액}$

① **순소득승수**는 자본의 **회수기간**으로 총투자액을 순영업소득으로 나누어 산정한다.
② **세전현금흐름승수**는 **지분투자액**을 세전현금으로 나누어 산정한다.
③ **(종합)자본환원율**은 **총투자액**에 대한 순영업소득을 의미한다.
④ **지분환원율(지분배당률)**은 **지분투자액**에 대한 **세전현금흐름**을 의미한다.
➕암기법 **총 – 순**하게 **세 – 집** 들어간다: **총** 나오면 **순** / **세** 나오면 **지분**!

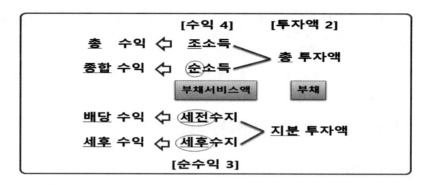

▶ 출제 포인트 어림셈법

1. 수익 4가지(조. 순. 세전, 세후), 순수익 3가지(순. 세전, 세후), 투자액 2가지(총, 지분)
2. 순수익 : ① 조소득 = 총수익, ② 순영업소득 = 종합수익, ③ 세전현금수지 = 배당수익,
   ④ 세후현금수지 = 세후수익
3. 역수관계 : 어림셈법: ① 총소득 ↔ 총자산 ② 순소득 ↔ 종합자본 ③ 세전 ↔ 배당
   ④ 세후 ↔ 세후
4. ① 조. 순은 총투자액과, ② 세전, 세후는 지분투자액과 같이 다닌다.
5. '조. 총', '순. 종합', '세전. 배당', '세후. 세후'로 셋팅 후 승수법 공식만 기억
6. 순수득승수 = 총투자액/순영업소득 = 자본회수기간은 작을수록 좋다(순.자.작을수록 좋다).
7. 승수법 크기 : 조소득승수 〈 순수득승수, 세전현금수지승수 〈 세후현금수지승수

2 비율분석법 ➕암기법 어승수는 대부부채총영 이다

(1) 대부비율과 부채비율

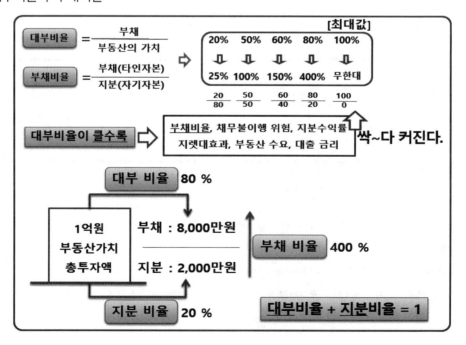

대부비율 지분비율	① 대부비율 = $\dfrac{융자(잔금)액}{총투자액}$		부동산 가치에 대한 **융자(잔금)액** (LTV)
	② 지분비율 = $\dfrac{지분투자액}{총투자액}$		부동산 가치에 대한 **지분투자액** 비율
	⇨ 대부비율 + 지분비율 = 1 = 100%		

부채비율	$부채비율 = \dfrac{융자액}{지분투자액} = \dfrac{타인자본(너)}{자기자본(나)} = \dfrac{부채총계}{자본(지분)총계}$	
	① **지분**에 대한 **부채**	① 나에 대한 너
	② 부채총계를 **자본총계**로 나눔	② 너를 나로 나누면
	③ **자본총계 + 부채총계 = 자산총계**	③ 나와 너가 합쳐 산이 된다.

대부비율 부채비율	대부비율을 통해 부채비율을 바로 산정할 수 있음			
	대부비율	20%	50%	60%	80%
	부채비율	$\dfrac{20}{80}=25\%$	$\dfrac{50}{50}=100\%$	$\dfrac{60}{40}=150\%$	$\dfrac{80}{20}=400\%$

⇨ **대부비율**이 50%면 **부채비율**은 $\dfrac{50}{50}=100\%$ 가 된다.

(2) 부채감당률

$$부채감당률 = \dfrac{순영업소득}{부채서비스액}$$

① 부채감당률이란 **부채서비스액(원리금)**에 대한 **순영업소득**의 비율을 의미한다.
② 부채감당률은 **순영업소득**이 **부채**서비스액의 **몇 배**인가를 측정하는 지표이다.
③ 부채감당률은 상가 영업소득을 기준으로 상업용 대출기준으로 활용하는 지표이다.
④ 판단지표: 부채감당률이 **1보다 크다** : 소득이 부채를 감당할 수 **있다.** [능력 ↑]
⑤ 판단지표: 부채감당률이 **1보다 작다** : 소득이 부채를 감당할 수 **없다.** [능력 ↓]
⑥ 금융기관은 대출위험을 낮추기 위해서
  ↳ 차입자의 감당률이 충분히 **높길** 원하며, 감당률을 **상향조정**하기도 한다.

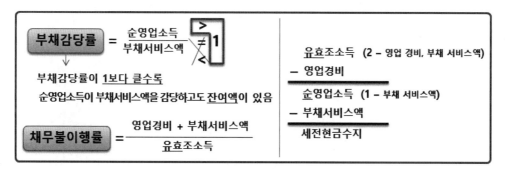

(3) 기타 비율 분석법

공실률	$\dfrac{공실액}{가능총소득}$	**가능총소득**	가능에서
		− 공실액	공실액
		= **유효총소득**	유효에서
영업경비비율	$\dfrac{영업경비}{(유효)총소득}$	− 영업**경비**	영업경비
		= 순영업소득	유효기준
		− **부채서비스액**	경비+부채
채무불이행률	$\dfrac{영업경비 + 부채서비스액}{유효총소득}$	= 세전현금흐름	: 손익분기율

① 공실률은 **가능총소득**에 대한 공실액의 비율을 의미한다. [낮을수록 유리함]

② 영업경비비율은 **(유효)총소득**에 대한 영업경비비율을 의미한다.

③ 채무불이행률은 **유효총소득**(수입)과 영업**경비**와 **부채**서비스액의 합계(지출)를 비교하는 비율로, 채무불이행률을 손익분기율이라고도 한다.

➕암기법 **유채**꽃은 **경부**선을 따라 핀다 : **채**무불이행률은 **유효**총소득을 기준으로 한다.

▶ **출제 포인트** | **비율분석법**

1. ① 대부비율$\left(\dfrac{부채}{부동산의\ 가치}\right)$ ② 부채비율$\left(\dfrac{부채}{지분}\right)$을 구분

2. 대부비율(20, 50, 60, 80, 100) ⇨ 부채비율(25, 100, 150, 400, 무한대)

3. 원칙적으로 대부비율은 100%를 초과할 수 없고, 부채비율은 100%를 초과할 수 있지만, 부동산의 가치가 하락하는 시기에는 대부비율도 100%을 초과할 수 있다.

4. **대부비율**이 커지면, '부채비율, 지렛대효과, 지분수익률, 위험, 금리, 수요'가 **싹~다 커진다.**

5. 부채감당률$\left(\dfrac{순영업소득}{부채서비스액}\right)$은 1에 가까워지거나 작을수록 위험하고 1보다 클수록 좋다.

6. 부채감당률은 순영업소득(1, 부채서비스액만 감당)을 사용

7. 채무불이행률은 유일하게 **유효조소득**(2, 영업경비와 부채서비스액을 감당)을 사용

8. 총자산회전율(**총. 총. 총**)은 총투자액에 대한 총(조)소득, 어림셈법의 조소득승수와 **역수**

9. 비율분석법의 한계로는 요소들에 대한 추계산정의 오류가 발생하는 경우에 비율 자체가 왜곡될 수 있다는 점을 들 수 있다.

10. 비율분석법에 의한 투자대안 판단시 사용지표에 따라 투자결정이 달라질 수 있다.

3 회수기간법과 회계적 이익률법

(1) 회수기간법

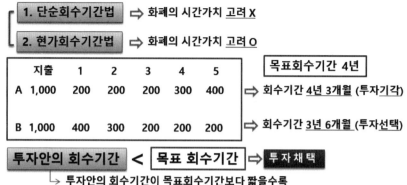

1) 투자채택 : 투자안의 회수기간 〈 목표회수기간
2) 단순회수기간법은 비할인법이지만 현가회수기간법은 할인법이다.

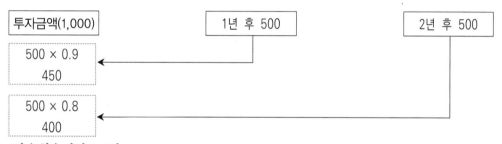

- 단순회수기간 : 2년
- 현가회수기간 : 2년보다 길다(현가회수기간이 단순회수기간보다 더 길다).

3) 2개 투자대안의 투자금액과 회계적 수익률이 각각 동일한 경우, 사업기간 초기에 현금유입이 많은 대안이, 후기에 현금유입이 많은 대안보다 내부수익률이 높다.

(2) 회계적 이익률법

① 회계적 이익률이란 연평균 순이익을 연평균 투자액으로 나눈 값을 말한다.
② 독립적인 투자안의 경우에는 회계적 이익률이 투자자의 목표이익률보다 큰 경우 투자가치가 있는 것으로 판단한다.
③ 복수의 투자안의 경우에는 회계적 이익률이 투자자의 목표이익률보다 높은 투자안 중에서 회계적 이익률이 하는 것이 합리적이다.

기출문제 •

다음 부동산 투자안에 관한 단순회수기간법의 회수기간은?

[제24회]

기 간	1기	2기	3기	4기	5기
초기 투자액 1억원(유출)					
순현금흐름	3,000만원	2,000만원	2,000만원	6,000만원	1,000만원

해설 ▶ 1기 3,000만원, 2기 5,000만원, 3기 7,000만원, 4기에는 3,000만원이 더 필요하므로 6개월
만 충족하면 된다. 따라서, 단순회수기간법의 회수기간은 3년 6개월이 된다.

정답 ▶ 3년 6개월

---

4 투자결정

1. 순현가(NPV) > 0
2. 기대(내부)수익률 > 요구수익률
3. 수익성지수(편익비용률, PI) > 1
4. 투자가치 > 시장가치
5. 부채감당률 > 1
6. 투자안의 회계이익률 > 목표 회계이익률
7. 투자안의 회수기간 < 목표 회수기간

▶ 출제 포인트 | 투자결정

1. **수익성지수와 부채감당률은 모두 1보다 클수록 좋다.**
2. **투자안의 회수기간은 목표회수기간보다 작을수록 좋다.** ⇨ **목표가 커야** 한다.
3. 회계적 이익률법 : 투자안의 이익률 > 목표이익률

| 02 | 비할인법(어림셈법, 비율분석법)(계산문제13) |

기출문제

1. 다음 자료를 활용하여 산정한 순소득승수, 채무불이행률, 세후현금흐름승수를 순서대로 나열한 것은? (단, 주어진 조건에 한함) [제29회, 제34회]

ㄱ 총투자액 : 15억원
ㄴ 지분투자액 : 4억원
ㄷ 유효총소득승수 : 6
ㄹ 영업경비비율(유효총소득 기준) : 40%
ㅁ 부채서비스액 : 6천만원/년
ㅂ 영업소득세 : 1천만원/년

해설▶ 순소득승수 $= \dfrac{\text{총투자액}(15억원)}{\text{순영업소득}(1억\ 5천만원)} = 10$

채무불이행률 $= \dfrac{\text{영업경비}(1억원) + \text{부채서비스액}(6천만원)}{\text{유효조소득}(2억\ 5천만원)} = 64\%$

세후현금흐름승수 $= \dfrac{\text{지분투자액}(4억원)}{\text{세후현금수지}(8천만원)} = 5$

	유효총소득	(250,000,000원), 조소득승수(6) $= \dfrac{\text{총투자액}(15억원)}{\text{유효조소득}(2억\ 5천만원)}$
-	영업경비	(100,000,000원), 2억 5천만원 × 영업경비비율(40%)
-	순영업소득	(150,000,000원)
	부채서비스액	(60,000,000원)
-	세전 현금수지	(90,000,000원)
	영업소득세	(10,000,000원)
=	세후 현금수지	(80,000,000원)

정답▶ 10, 64%, 5

2. 비율분석법을 이용하여 산출한 것으로 틀린 것은? (단, 주어진 조건에 한하며, 연간 기준임)

[제30회]

- 주택담보대출액 : 1억원
- 주택담보대출의 연간 원리금상환액 : 500만원
- 부동산가치 : 2억원
- 차입자의 연소득 : 1,250만원
- 가능총소득 : 2,000만원
- 공실손실상당액 및 대손충당금 : 가능총소득의 25%
- 영업경비 : 가능총소득의 50%

① 담보인정비율(LTV) = 0.5
② 부채감당률(DCR) = 1.0
③ 총부채상환비율(DTI) = 0.4
④ 채무불이행률(DR) = 1.0
⑤ 영업경비비율(OER, 유효총소득 기준) = 0.8

해설▶ 가능총소득 2,000만원 - 공실손실상당액 및 대손충당금 500만원(2,000만원 × 25%)

= 1,500만원(유효총소득) - 영업경비 1,000만원(2,000만원 × 50%) = 순영업소득 500만원

① 담보인정비율(LTV) = 주택담보대출액/부동산가치 = 1억원/2억원 = 0.5

② 부채감당률(DCR) = 순영업소득/부채서비스액(원리금상환액) = 500만원/500만원 = 1.0

③ 총부채상환비율(DTI) = 연간 원리금상환액/차입자의 연소득 = 500만원/1,250만원 = 0.4

④ 채무불이행률(DR) = 영업경비 + 부채서비스액/유효총소득

= 1,000만원 + 500만원/1,500만원 = 1.0

⑤ 영업경비비율(OER, 유효총소득 기준) = 영업경비 / 유효총소득

= 1,000만원 / 1,500만원 = 0.66

정답▶ ⑤

		36회 적중예상 핵심내용	기출						
테마 25	01	부동산금융 개요							
	02	대출자(금융기관)의 금융위험							
	03	대출이자율 결정							
	04	최대융자가능금액 산정(계산문제14)	28			31	32		35

01 부동산금융 개요

1 의 의

부동산을 대상으로 하여 필요한 **자금을 융통**하는 일련의 과정이다.

2 구분 - 사용목적에 따른 구분 : 주택소비금융(저당대부)과 주택개발금융(건축대부)

주택소비금융	주택소비금융은 소비자들이 주택을 담보로 주택을 구입하거나 주택개량을 하기 위한 자금을 융자해주는 데 그 목적이 있는 소비자금융이다.
주택개발금융	주택개발금융은 주택의 공급을 활성화시키기 위하여 주택건설업자 등에게 건축자금을 대출해주는 것을 목적으로 하는 공급자금융이다.

┤기출문제 ├

정부는 주택소비금융의 확대와 금리인하, 대출규제의 완화로 주택가격의 급격한 상승에 대처한다. (×)   [제33회]

해설▶ 주택가격의 급격한 상승 ⇨ 주택가격의 급격한 하락

02 대출자(금융기관)의 금융위험

1 조기상환위험 ➕암기법 조하(조기상환 : 시장금리 하락시)

인플레 위험
⇑
시장금리 상승
고정금리 대출시
시장금리 하락
⇩
조기상환위험

★ 조기상환
시장금리 하락시 차입자가 B은행에서 낮은 금리로 재융자를 받아서 기존 A은행의 높은 금리의 잔금을 다 갚아버리는 것을 말한다. 통상 A은행은 이러한 조기상환을 막기 위해서 조기상환 수수료를 부과한다.

기출문제

1. 시장이자율이 **높아지면** 차입자는 기존대출금을 **조**기상환하는 것이 유리하다. (×)
2. 고정금리대출을 실행한 대출기관은 금리**하**락시 **조**기상환위험이 커진다. (○)

2 채무불이행위험

① 차입자가 잔금을 상환하지 않는 위험이다. 변동금리 대출시 예상치 못한 인플레가 발생해서 이자부담이 상환능력 이상으로 커지면 채무불이행이 발생한다.
② 담보부동산의 가격 폭락으로 대부비율이 100% 초과시 채무불이행이 발생한다.
③ 채무불이행은 저당이 설정된 후에 차입자의 소득이 감소하여 채무상환능력이 감소하는 경우 및 담보부동산의 가치가 대출잔고보다도 낮은 수준으로 하락하는 경우에 발생한다.

3 유동성위험 ★ 유동성 = 현금화

주택저당채권은 대출기간이 장기간이고, 만기까지 회수할 수 없기 때문에 유동성이 매우 낮은 자산이다. 따라서 예금인출이 갑자기 증가할 경우 대출자는 유동성문제가 발생할 것이다.
① 자산의 구분
　　㉠ 유동성이 높은 자산 : 현금, 주식, 예금 등
　　㉡ 유동성이 낮은 자산 : 부동산, 장기채권(모기지)
② 유동성위험 : 현금을 빌려주고 장기채권을 받음
③ 자산유동화
　　㉠ 부동산증권화 : 부동산을 주식으로 전환시킴(부동산투자회사)
　　㉡ 채권유동화 : 장기채권(M)을 현금이나 MBS로 전환시킴

03 대출이자율 결정

1 대출위험↑ ⇨ 대출금리↑

장기대출인 경우, 융자비율이 높은 경우, 고정금리 대출인 경우가 더 위험하다.

2 대출이자율 = 기준금리 + 가산금리 − 우대금리

① 기준금리(예금이자율의 개념) : 코픽스금리(중요한 예금상품의 평균금리) 등으로 결정하며 인플레이션 등 시장상황 변화에 따라 변동한다.
② 가산금리 : 차입자의 신용도 등이 악화되면 가산금리가 커진다.

3 고정금리와 변동금리 ➕암기법 고정금리는 9%, 변동금리는 8% 암기

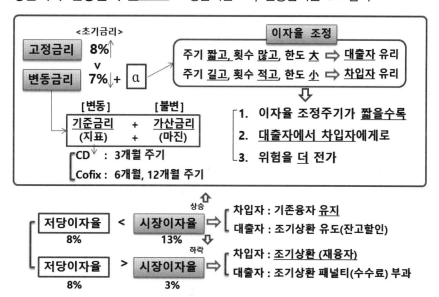

(1) 고정금리대출

① 고정금리대출은 약정이자율로 초기부터 만기까지 원리금을 상환하는 방식이다.
② 고정금리의 명목이자율에는 실질이자율 외에 **예상**인플레이션율이 반영된다.
③ 계약이자율보다 **시장이자율이 낮아지면** [금리하락기] ➕암기법 조하
  ㉠ 차입자는 기존대출을 **조기상환**하고 재융자를 고려할 수 있다.
  ㉡ 대출자는 차입자이 조기상환 시도에 따른 **조기상환위험**에 직면할 수 있다.
④ 계약이자율보다 **시장이자율이 높아지면** [금리상승기]
  ㉠ 차입자는 기존 대출을 **유지**할 것이다.
  ㉡ 대출자는 **수익률 악화** 위험(**인플레이션 위험**)에 직면할 수 있다.

⑤ 예상보다 실제인플레이션이 높을 경우

   ↳ **대출자가 일방적으로 불리**하고 **차입자가 유리**해진다.

⑥ 고정금리대출은 시장 위험을 일방적으로 **대출자(금융기관)**가 부담한다.

⑦ 고정금리는 금융기관이 위험을 부담하므로 **초기이자율이 높은** 편이다.

(2) 변동금리대출

변동금리는 일정 주기로 이자율을 변동시킴으로써 시장 위험을 **차입자에게 전가시키기 위**해 고안된 금리체계이다.

> 변동금리 = 기준금리(변동) + 가산금리(불변)

① **기준금리**는 변동의 기준이 되는 금리로,
   현재 우리나라에서는 COFIX(자금조달비용지수 : 원가비용)가 가장 많이 활용된다.

② 가산금리는 금융기관의 마진으로,
   차입자의 신용도, 취업상태 등의 영향을 받아 결정된다.

③ 시장상황이 변하면 COFIX가 변하면서 위험이 차입자에게 전가된다.

④ 변동금리는 위험의 전가를 통해 **대출자**를 인플레이션으로부터 **보호**한다.

⑤ 따라서, **대출자**는 위험을 회피하기 위하여 **변동금리를 선호**한다.

⑥ 변동금리는 위험을 차입자가 부담하므로, 고정금리보다 **초기금리가 낮은** 편이다.

⑦ 이자율의 조정주기가 **짧을수록 대출자**에서 **차입자로** 위험이 **더 많이 전가**된다.

▎**기출문제** ◂

1. 고정금리 주택저당대출의 금리는 변동금리 주택저당대출의 금리보다 높다. (○)
2. 변동금리 주택담보대출은 이자율 변동으로 인한 위험으로 차주에게 전가하는 방식으로 금융기관의 이자율 변동위험을 줄일 수 있다. (○)

▨ 4 ▨ 동일한 금액이면 먼저 받는 것이 유리하다.

연간 이자율이 같은 1년 만기 대출의 경우 대출자(은행)는 기말에 한번 이자를 받는 것이 기간 중 4회 나누어 받는 것보다 불리하다(나중에 받는 것이 불리하다).

▶ **출제 포인트** ┃ **고정이자율과 변동이자율**

1. **대출시점(초기) : 고정금리⬆, 변동금리⬇**
2. **시장이자율이 상승**(저당이자율 < 시장이자율) : 차입자 – **기존융자를 유지**하는 것이 유리
3. **시장이자율이 하락**(저당이자율 > 시장이자율) : 차입자 – 기존융자 **조기상환, 재융자**하는 것이 유리 ⇨ 저당이자율 > 시장이자율(시장이자율 하락) : 차입자 – 조기상환, 재융자 ⇨ **조, 하**
4. **변동금리 : 기준금리(지표, CD·Cofix) + 가산금리(마진)**
   ⇨ 기준금리가 변동해서 금리가 변동하며, 가산금리는 만기까지 고정된다.
5. 변동금리에서 이자율조정주기가 ① **짧을수록**, ② **대출자에서 차입자에게로**, 위험이 ③ **더 전가**된다.

04 **최대융자가능금액 산정(계산문제14)**

★ 은행이 요구하는 대출기준(둘 중 적은 금액 선택)

구 분	주 택	상업용 부동산(상가)
담보가치 기준	LTV (공통)	
상환능력 기준	DTI	부채감당률

1 LTV(Loan to Value Ratio, 융자비율, 대출비율, 대부비율)

$LTV = \dfrac{L : 부채잔금}{V : 부동산가격}$	담보가격(V)이 6억원 × 대부비율(LTV) 60% ⇨ 융자가능금액(L)은 3억 6천만원
LTV 하락 ⇨ 돈 안 빌려줌 ⇨ 주택수요감소	

2 DTI(Debt To Income, 총부채상환비율)

$DTI = \dfrac{D : 원리금상환액}{I : 차입자소득}$	차입자의 연봉(I) 5천만원 × DTI 비율 40% ⇨ 상환가능한 부채서비스액(D)은 2천만원 　부채서비스액(D)은 2천만원 ÷ 저당상수 0.1 ⇨ 융자가능금액(L)은 2억원(저당상수 0.1인 경우)
DTI 하락 ⇨ 돈 안 빌려줌 ⇨ 주택수요 감소	

3 부채감당률(DSCR : debt service coverage ratio)

$부채감당률 = \dfrac{순영업소득}{부채S}$	순영업소득 1억원 ÷ 부채감당률이 2 ⇨ 상환가능한 부채서비스액(D)은 0.5억원 　부채서비스액(D)은 0.5억원 ÷ 저당상수 0.2 ⇨ 융자가능금액(L)은 2.5억원(저당상수 0.2인 경우)부채감 　당률 : "순/당/당" "순/부/저" 활용 **계산기▶** 순영업소득(1억원) ÷ 부채감당률(2) ÷ 저당상수(0.2)

〔기출문제〕

1. 담보인정비율(LTV)은 주택담보대출 취급시 담보가치에 대한 대출취급가능금액의 비율을 말한다. (○)
2. 총부채상환비율(DTI)은 차주의 소득을 중심으로 대출규모를 결정하는 기준이다. (○)
3. 총부채원리금상환비율(DSR)은 차주의 총 금융부채 상환부담을 판단하기 위하여 산정하는 차주의 연간소득 대비 연간 금융부채 원리금상환액 비율을 말한다. (○)
4. 담보인정비율이나 총부채상환비율에 대한 구체적인 기준은 금융위원회를 통해 결정된다. (○)

www.pmg.co.kr

기출문제 •

1. A는 연소득이 5,000만원이고 시장가치가 3억원인 주택을 소유하고 있다. 현재 A가 이 주택을 담보로 5,000만원을 대출받고 있을 때, 추가로 대출 가능한 최대금액은? (단, 주어진 조건에 한함)

[제31회, 제35회]

- 연간 저당상수 0.1
- 대출승인기준
  - 담보인정비율(LTV) : 시장가치기준 50% 이하
  - 총부채상환비율(DTI) : 40% 이하

LTV 기준	DTI 기준
$\dfrac{L}{V}=50\%$	$\dfrac{D}{I}=40\%$
$\dfrac{L}{3억}=50\%$, $L=1.5$억	$\dfrac{D}{0.5억}=40\%$, $D=0.2$억 (부채는 $0.2억 \div 0.1 = 2억$)

- 1.5억과 2억 중에서 적은 금액이 최대 융자가능금액이므로 1.5억으로 결정
- 1.5억에서 기존융자액 0.5억을 뺀 1억이 최대융자가능금액이 된다.

2. [심화] 서울에 거주하는 A가 다음과 같이 시중은행에서 주택을 담보로 대출을 받고자 할 때 A가 받을 수 있는 최대 대출가능금액은?

- 대출승인 기준 : 담보인정비율(LTV) 60%, 소득대비 부채비율(DTI) 40%
- A의 서울 소재 주택의 담보평가가격 : 500,000,000원
- A의 연간 소득 : 60,000,000원
- 사업자금대출 : 연간 12,000,000원 부채상환
- 연간 저당상수 : 0.12

LTV 기준	DTI 기준
$\dfrac{L(x)}{V(5억)}=60\%$ 융자가능금액은 3억	$\dfrac{D}{I(0.6억)}=40\%$, $D=0.24$억 최대상환가능액 $=0.24억-0.12억$ (기존상환액) $=0.12$억 융자가능액 $=0.12억 \div 0.12$ (저당상수) $=1$억 (적은 금액)

★ 심 화
- 다른 부채가 있는 경우 : 최종 계산금액 0.24억에서 0.12억 차감한다.
- 다른 원리금상환액이 있는 경우 : DTI의 D를 계산할 때 차감한다.

36회 적중예상 핵심내용		기출					
테마 26	01 원리금상환방법 비교	28	29		32		35
	02 원리금상환방법 계산(계산문제15)	28	29	31	32		

01 원리금상환방법 비교

1 상환방법 개요

완전상환저당	비상환저당

• 상환기간 중
원금 전액상환
   - 원금균등상환
   - 원리금균등상환
   - 점증식상환
	• 상환기간 중 이자만 상환
	• 원금은 만기일시상환
	
	기출지문▶
	1. **만기일시상환방식**은 만기 이전에는 이자만 상환하다가 만기에 일시로 원금을 상환하는 방식이다.
	2. **만기일시상환방식**의 경우, 원금균등상환방식에 비해 대출 금융기관의 이자수입이 늘어난다.
	3. 가중평균상환기간 즉 회수기간이 짧은 순서 : 원금균등상환 ⇨ 원리금균등상환 ⇨ 점증(체증)식 상환 ⇨ 만기일시상환 순이다.

★ 이자는 잔금(남은 원금)에 금리를 곱하여 결정된다. [**이자 = 잔금 × 금리**]

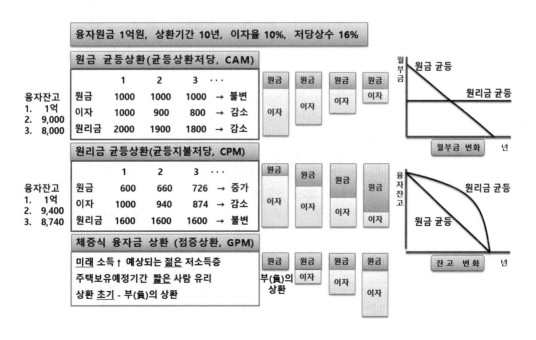

2 원금균등상환(CAM : Constant Amortization Mortgage)

① 원금	융자금액 / 융자기간	• 매기간 원금상환액이 일정(균등)하다. • 전체기간의 반이 지나면 원금의 반이 상환된다.
② 이자	• 잔금이 감소하므로 이자도 감소한다.	
③ 원리금	• 원금과 이자를 합산하여 구한다. • 매기간 이자가 감소하므로 매기간 원리금도 감소한다. • 전체기간의 1/2 정도가 지나야 원금의 반이 상환된다.	

3 원리금균등상환(CPM : Constant Payment Mortgage)

① 원리금	부채 × 저당상수	매기간 원리금상환액이 일정하다.
② 이자	• 잔금이 감소하므로 이자도 감소한다.	
③ 원금	• 원리금에서 이자를 빼서 구한다. • 매기간 이자가 감소하므로 후반으로 갈수록 원금은 증가한다. • 전체기간의 2/3 정도가 지나야 원금의 반이 상환된다.	

4 점증(체증)식상환(GPM : Graduated Payment Mortgage)

① 초기상환액은 적게 하고 차입자의 소득이 증가함에 따라 상환액을 증가시킨다.
② 초기에 부(−)의 상환이 발생해서 잔금이 부채금액을 초과할 수 있다.
③ 차입자의 지불능력 증가와 자산가치의 상승에 적합한 이상적인 방식이다.
④ 저소득층, 미래에 소득이 보장되는 신혼부부, 젊은 직장인에게 유리하다.

▶ 출제 포인트 | 자금의 상환방법

1. 대출 초기의 상환액이 많은 순서(초기의 **총부채상환비율(DTI)**이 큰 순서)
   ① 원금균등분할상환방법 〉 ② 원리금균등분할상환방법 〉 ③ 체증식분할상환방법
2. 대출기간 중 중도상환할 때 융자잔금(**총이자납부액, 누적원리금상환액**)이 많은 순서
   ① 체증식분할상환방법 〉 ② 원리금균등분할상환방법 > ③ 원금균등분할상환방법
3. **원금균등** : 현재 소득이 많고 미래 소득이 감소할 것으로 예측되는 **중장년층**에게 유리
4. **체증식상환** : 미래 소득이 증가될 것으로 예측되는 **젊은층**, 주택보유예정기간은 **짧은** 사람에 유리
5. 융자잔액은 원금균등이 가장 적고, 체증식이 가장 많다.
6. ① **원금균등** : 기간 ½ 경과, 원금 ½ 상환 ② **원리금균등** : 기간 ⅔ 경과, 원금 ½ 상환
7. 원금균등과 원리금균등은 둘 다 만기로 갈수록 **이자가 감소**한다(공통점).

☑ 용어정리

① **초기** 상환액 = 초기 DTI(총부채상환비율) : 대출초기의 **원리금**액을 의미한다.

② **중도** 상환액 = 조기상환액 : 중도상환시의 **잔금액**을 의미한다.

③ **누적** 상환액 = 전체 누적 이자액 : 만기기준의 총 누적 **이자액**을 의미한다.

④ 듀레이션(duration) = 가중평균**상환기간** = **원금회수기간**을 의미한다.

┌ 기출문제 ◆

대출상환방식에 관한 설명으로 옳은 것은?(단, 고정금리 기준이고, 다른 조건은 동일함)

[제32회]

① 원리금균등상환방식의 경우, 매기 상환하는 원금이 점차 감소한다.
② 원금균등상환방식의 경우, 매기 상환하는 원리금이 동일하다.
③ 원금균등상환방식의 경우, 원리금균등상환방식보다 대출금의 가중평균상환기간(duration)
이 더 짧다.
④ 점증(체증)상환방식의 경우, 장래 소득이 줄어들 것으로 예상되는 차입자에게 적합하다.
⑤ 만기일시상환방식의 경우, 원금균등상환방식에 비해 대출 금융기관의 이자수입이 줄어
든다.

정답▶ ③

┌ 기출문제 ◆

가중평균상환기간 즉, 회수기간이 짧은 것은 **원금**균등분할상환 ⇨ **원리금**균등분할상환 ⇨
점증(**체증)식** 상환 ⇨ **만기일시**상환 순이다. (○)

[제33회]

---

02 | 원리금상환방법 계산(계산문제15)

1 원금균등분할상환조건인 경우

① 원금균등인지 원리금균등인지 제일 먼저 확인한다.

② 원금균등분할상환조건인 경우 계산순서를 적어놓는다.
   원금 ⇨ 이자 ⇨ 원리금

③ 첫 회차를 구할 필요 없이 바로 원하는 회차의 금액을 계산한다.

─ 기출문제 ─

A씨는 은행으로부터 5억원을 대출받았다. 은행의 대출조건이 다음과 같을 때, 9회차에 상환할 원리금상환액과 13회차에 납부하는 이자납부액을 나열한 것은?   [제28회]

- 대출금리 : 고정금리, 연 5%
- 대출기간 : 20년
- 원리금 상환조건 : 원금균등상환이고, 연 단위 매 기말 상환

구 분	1회차	9회차	13회차
원 금	5억 ÷ 20 = 2,500만원	2,500만원	2,500만원
이 자		남원이(12년 × 2,500만원 × 5%) = 1,500만원	남원이(8년 × 2,500만원 × 5%) = 1,000만원
원리금		4,000만원	3,500만원

➕ 암기법 남원이 : 남은 기간(전체 기간 − 전년도 회차) × 원금 × 이자율

2 원리금균등분할상환조건인 경우

① 원금균등인지 원리금균등인지 제일 먼저 확인한다.

② 원리금균등분할상환조건인 경우 계산순서를 적어놓는다.
   원리금 ⇨ 이자 ⇨ 원금

③ 반드시 첫 회차의 금액으로부터 구해야 한다.

기출문제

A씨는 은행으로부터 4억원을 대출받았다. 은행의 대출조건이 다음과 같을 때, A씨가 2회차에 상환할 원금과 3회차에 납부할 이자액을 순서대로 나열한 것은? [제29회]

- 대출금리 : 고정금리, 연 6%
- 대출기간 : 20년
- 저당상수 : 0.087
- 상환조건 : 원리금균등상환방식, 연 단위 매기간 말 상환

구 분	1기	2기	3기
원리금	400(부채) × 0.087(저당상수) = 34.8	34.8(균등)	34.8(균등)
이 자	400(잔금) × 6%(이자율) = 24		22.66512 22,665,120원
원 금	34.8(원리금) − 24(이자) = 10.8	10.8 × 1.06 = 11.448 11,448,000원	11.448 × 1.06 = 12.13488

☑ **참고** 400,000,00 = 400으로 표시

➕ **암기법** 2기 원금(1기 원금 × (1 + r)), 3기 원금(2기 원금 × (1 + r))

정답▶ 2회차에 상환할 원금(11,448,000원)과 3회차에 납부할 이자액(22,665,120원)

		36회 적중예상 핵심내용	기출					
테마 27	01	저당유동화 개요		30			33	34	
	02	주택저당증권(MBS)의 종류	28			32		34	35
	03	한국주택금융공사	28		31		33		35

01 저당유동화 개요

1 1차 저당시장(주택자금 대출시장) : 주택저당채권(M)이 형성(설정)

① 금융기관이 주택수요자(차입자)의 주택을 담보로 잡고 주택자금을 대출해주는 시장이다.
② 저당대출을 원하는 수요자(차입자)와 저당대출을 제공하는 금융기관으로 형성된다.
③ 유동화는 임의적(필수적 ×)

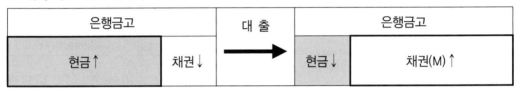

2 2차 저당시장(주택자금 공급시장) : 저당권 유동화(매매)

① 한국주택금융공사가 투자자에게 주택저당증권(MBS)을 팔아서 현금을 확보하고 이를 은행에게 공급해주는 시장이다.
② 특별목적회사(SPC)를 통해 투자자로부터 자금을 조달해서 1차 저당시장에 대출자금을 공급한다.
③ 대출기관(은행), 유동화중개기구(한국주택금융공사, SPC), 투자자로 구성된다.
④ 주택저당채권(M) : 비현금자산이 MBS(주택저당증권)로 전환(현금화)되어 매각된다.
⑤ 1차와 직접 관련 없음 ⇨ 저당의 유동화에 결정적 역할

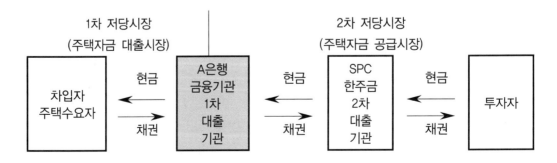

3 자산유동화와 저당유동화 : ABS > MBS

(1) **자산유동화** : 유동성이 낮은 자산(장기채권, 부동산) ⇨ 유동성이 높은 증권(ABS)

자산유동화증권(ABS)은 금융기관 및 기업이 보유하고 있는 매출채권, 부동산저당채권 등 현금흐름이 보장되는 자산을 담보로 발행하는 증권을 의미한다.

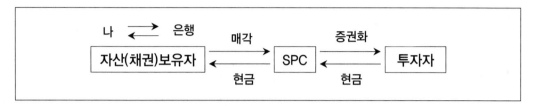

① **자산(Asset)(채권)** : 금융기관이 보유한 각종 **장기채권**

② **증권화(Securities)** : 장기채권 등을 증권으로 **상품화**하는 과정

③ **유동화** : 채권을 증권으로 만들어 **현금화**하는 일련의 과정

④ **SPC** : (자산유동화에 관한 법률상) 유동화를 담당하는 **특수목적회사**

⑤ **자산유동화증권** : **채권**을 **현금화**하기 위해 발행되는 (증권)**상품**

    ↳ ABS = Asset Backed Securites : 자산(채권)을 담보로 발행되는 증권상품

⑥ PF채권이 유동화 될 때는 PF ABS와 PF ABCP 형태로 유동화가 이루어진다.

    ↳ ABS : 자산유동화에 관한 법률에 의해 발행 ‖ ABCP : 상법의 적용을 받음

☑ **심화학습**

> 자산유동화에 관한 법령에 규정된 내용   [제30회, 제33회, 제34회]
> ① 유동화자산이라 함은 자산유동화의 대상이 되는 채권·부동산 기타의 재산권을 말한다.
> ② 양도인은 유동화자산에 대한 반환청구권을 가지지 아니한다.
> ③ 유동화자산의 양도는 매매 또는 교환에 의한다.
> ④ 유동화전문회사는 **유**한회사로 한다.
> ⑤ PF ABS의 반복적인 유동화는 **금융위원회**에 등록한 자산유동화계획의 기재내용대로 수행하여야 한다.
> ⑥ PF ABCP는 주로 「**상법**」 근거하여 설립된 회사 형태로 SPC를 설립하고, PF ABS는 「**자산유동화에 관한 법률**」에 근거하여 설립된 SPC를 통해 발행된다.

(2) 저당유동화 : 유동성이 낮은 주택저당채권(M) ⇨ 유동성이 높은 증권(MBS)

주택저당증권(MBS)은 금융기관 등이 주택자금을 대출하고 취득한 주택저당채권을 유동화 전문회사 등이 양수하여 이를 기초로 발행하는 증권을 의미한다.

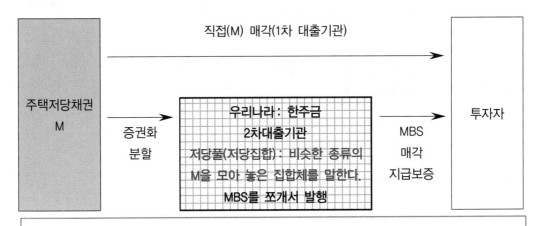

1. 돈을 빌리고 빌린 금액만큼 차용증을 써 준다.
2. 미리 일정금액의 차용증을 많이 만들어 놓고 이걸 판매한다(국채, 회사채).

★ 한국주택금융공사는 주택저당채권(M)을 기초로 하여 주택저당증권(MBS)을 발행하고 있다.

4 저당유동화의 효과 - MBS증권의 발행효과

① 대출기관
  ㉠ 유동성 증가(유동성위험 감소, 유동성문제 해결) ⇨ 대출여력 확대
  ㉡ 주택수요자에게 안정적인 장기대출이 가능해진다.
  ㉢ 한정된 재원으로 많은 수요자에게 필요한 자금을 공급할 수 있다.
  ㉣ BIS(자기자본비율 = 현금보유비율) 상승 : $\dfrac{\text{안전한 자산 : 현금} \uparrow}{\text{위험한 자산 : 채권} \downarrow}$

② 기 타
  ㉠ 주택에 대한 수요가 증가하고 주택가격은 상승하게 된다.
  ㉡ 정부는 MBS 발행량을 조정해서 주택금융자금의 수급불균형을 해소하고 주택시장을 안정시킬 수 있다.
  ㉢ 증권투자자는 안정적인 장기투자(MBS)를 할 수 있다.
  ㉣ 고정이자를 지급하는 저당담보부증권은 채권시장 수익률이 상승하면 그 가격이 하락한다.

▶ **출제 포인트** | **저당의 유동화**

1. **1차** : 수요자 - 금융기관, 저당권 **형성(설정)**, 대출자의 유동화는 **임의적**(필수적 ×)
2. **2차** : 대출기관 - 투자자, 저당권 **유동화(매매)**, 1차와 직접 **관련 없음** ⇨ 저당의 유동화에
   결정적 역할
3. 유동화의 전제조건 ⇨ **1차(7%)** > 2차 = 저당(6%) > 요구(5%)
4. 저당유동화의 효과
   자가소유 자가비중 **증가**, 주택건설 촉진, 주거 안정, 금융기관(대출여력 확대, BIS 제고,
   유동성증가, 유동성위험 **감소** ⇨ **GOOD, 좋다**

02 | 주택저당증권(MBS)의 종류

1 MPTS(Mortgage Pass Through Securities) - 지분형 MBS

① MPTS란 차입자가 지불하는 원리금상환액(저당지불액)이 증권발행자를 통하여 바로 투
   자자에게 전달되는 증권이다.
② MPTS는 원리금수취권(현금흐름)과 최초의 주택저당채권 집합물에 대한 소유권을 모두
   투자자에게 매각하는 방식이다. (매월 이체)
③ MPTS의 투자자는 모든 위험(채무불이행위험, 조기상환위험, 이자율위험)을 부담하게 된다.
④ MPTS는 콜방어(증권발행자가 투자자에게 조기상환하는 것을 억제하는 것) 기능이 없다.
⑤ 주택저당채권의 총액과 MPTS발행액이 같아진다.

2 MBB(Mortgage Backed Bonds) - 채권형 MBS

① MBB는 주택저당채권을 담보로 하여 발행기관 자신이 발행한 새로운 채권(MBB)을 투자
   자에게 매각하는 방식이다.
② MBB는 원리금수취권, 최초의 주택저당채권 집합물에 대한 소유권을 모두 발행기관이
   보유한다.
   ★ 유일 : MBB(조기상환위험 − 발행자, 콜방어 ○, 6개월 단위로 이체), 현금흐름이 연결 ×
③ MBB는 발행기관이 모든 위험(이자율위험, 조기상환위험, 채무불이행위험)을 부담한다.
④ MBB는 콜방어 기능이 있다.
⑤ 주택저당채권 총액보다 MBB의 발행액이 적어진다. 이를 위해 발행기관은 자산가치가
   하락할 경우 초과담보를 확보하여야 한다.

3 MPTB(Mortgage Pay Through Bonds) - 혼합형 MBS

① MPTB는 원리금수취권(현금흐름)만을 투자자에게 매각하는 방식이다.

② MPTB는 원리금수취권을 투자자에게 이체하지만, 주택저당채권의 소유권은 발행기관이 보유한다(3개월 단위로 이체).

③ MPTB의 투자자는 조기상환위험을 부담하게 된다.

4 CMO(Collateralized Mortgage Obligation : 다계층채권) - 혼합형 MBS

☑ 참고 우리나라에서는 대부분 CMO이다.

① CMO는 주택저당채권 집합물을 만기별로 몇 개의 그룹(단기, 중기, 장기)으로 나눈 후, 각 그룹마다 서로 상이한 이자율(장기일수록 위험이 높기 때문에 이자율이 높다)을 적용하고 원금이 지급되는 순서를 다르게 정할 수 있는데, 이때 나누어진 각 그룹을 트렌치라 한다.

② CMO의 경우 주택저당채권에 대한 소유권은 발행자가 보유하고, 원리금수취권은 투자자가 보유한다.

③ CMO의 경우 조기상환위험은 투자자가 부담한다.

④ CMO는 이전 트렌치의 원금 지급이 끝나기 전에는 원금 지급을 하지 않도록 함으로써 장기투자자들이 원하는 콜방어 기능을 어느 정도 갖는다.

⑤ 발행자는 위험 – 수익 구조가 다양한 트렌치를 발행함으로써, 투자자의 수요를 충족시켜준다.

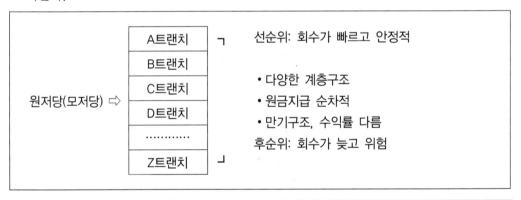

한국주택금융공사는 장기 모기지론(보금자리론)에 소요되는 자금을 주로 주택저당채권담보부채권(MBB)과 주택저당증권(MBS : 학문상 CMO에 해당)의 발행을 통해서 조달하고 있다.

구 분		저당 채권 소유권	원리금 수취권	조기 상환 위험	콜방어	초과 담보	주택 저당 총액	발행액	초과 담보	위험, 수익
지분형	MPTS 이체증권	투자자	투자자	투자자	×	×	1,000억	1,000억	zero	↑, ↑
채권형	MBB 담보부채권	발행자	발행자	발행자	○	○	1,000억	700억	300억	↓, ↓
혼합형	MPTB 이체(직불) 채권	발행자	투자자	투자자	×	△	1,000억	800억	200억	중간
	CMO 다계층채권	발행자	투자자	투자자	장기 가능	△	1,000억	800억	200억	중간

M 주택저당채권	• 저당채권소유권 ⇨ 채무불이행위험 • 원리금수취권 ⇨ 조기상환위험

➕ **암기법** T − 투, B − 발, MPTB, CMO, 원 − 투 저(소) − 발 (채소밭) − 채소발

★ MBB(조기상환위험 − 발행자) 유일

───

| 기출문제 •

1. MPTB의 경우, 조기상환위험은 증권발행자가 부담하고, 채무불이행 위험은 투자자가 부담한다. (×)
2. MBB의 경우, 신용보강을 위한 초과담보가 필요하다. (○)
3. 우리나라의 모기지 유동화중개기관으로는 한국주택금융공사가 있다. (○)

───

03 한국주택금융공사

1 한국주택금융공사의 주요업무

(1) 장기 모기지론(**보금자리론**) 및 디딤돌대출의 **공급** 및 지급보증 업무

(2) **주택저당채권의 유동화**(저당채권보유, MBS발행 및 지급보증) 업무

(3) **주택담보노후연금에 대한 보증업무**

(4) 주택금융신용보증(전세자금대출 보증) 업무

★ **주택도시기금의 운용·관리는 국토교통부장관이 운용·관리**하며, 국토교통부장관은 기금의 운용·관리에 관한 사무의 전부 또는 일부를 **주택도시보증공사에 위탁**할 수 있다.

2 주택연금제도

(1) 의 의

만 55세 이상(부부기준)이 소유주택을 담보로 맡기로 평생 혹은 일정한 기간 동안 매월 연금방식으로 노후생활자금을 지급받는 국가보증의 금융상품이다.

(2) 가입요건

가입연령	주택소유자 **또는** 배우자가 만 55세 이상 (**부부 모두** ×)
주택보유수	1주택자 **또는** 다주택자(합산가격 12억원 이하)
대상주택	**공시가격 12억원 이하의 주택 및 신고된 노인복지주택(○)** ★ 상가 등 복합용도주택은 전체 면적 중 주택이 차지하는 면적이 1/2 이상인 경우 가입가능 주거용 오피스텔(○), 업무용 오피스텔(×)
거주요건	가입자 또는 배우자가 실제 거주해야 한다.

(3) 적용금리

변동금리(기준금리 + 가산금리), 이자는 매월 대출잔액에 가산(**조기상환 수수료** 無)

(4) 지급방식

① 종신지급방식 : 인출한도 설정 없이 월지급금을 종신토록 지급

② 종신혼합방식 : 인출한도(50% 이내) 설정 후 나머지 부분을 월지급금으로 종신토록 지급

☑ **주택연금(확정기간방식)**

> 고객이 선택한 일정 기간(10년, 15년, 20년, 25년, 30년) 동안만 월지급금을 지급받는 방식 (확정기간방식은 노인복지주택 제외)

(5) 장 점

① 부부 중 한 명이 사망해도 감액 없이 100% 동일 금액을 지급한다.

② 국가가 연금지급을 보증하므로 연금지급 중단 위험이 없다.

③ 연금수령액 등이 집값을 초과하여도 상속인에게 청구하지 않으며, 반대로 집값이 남으면 상속인에게 돌아간다.

(6) 절 차

공사는 연금 가입자를 위해 은행에 보증서를 발급하고, 은행은 공사의 보증서에 의해 가입자에게 주택연금을 지급한다.

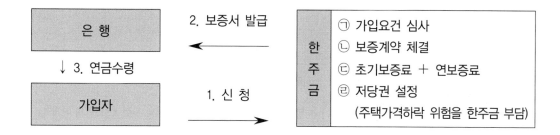

기출문제

1. 주택연금은 수령기간이 경과할수록 대출잔액이 누적된다. (○)
2. 주택소유자(또는 배우자)가 생존하는 동안 매월 지급 받을 수 있다. (○)
3. 담보주택의 대상으로 업무시설인 오피스텔도 포함된다. (×)
4. 한국주택금융공사는 담보주택의 가격하락에 대한 위험을 부담한다. (○)
5. 주택연금은 연금개시 시점에 주택소유권이 연금지급기관으로 이전된다. (×)
6. 주택연금(주택담보노후연금) 관련 법령상 주택연금의 보증기관은 한국주택금융공사이다.
   (○) [제33회]
7. 주택소유자와 그 배우자의 연령이 보증을 위한 등기시점 현재 55세 이상인 자로서 소유하는 주택의 기준가격이 15억원 이하인 경우 가입할 수 있다. (×) [제35회]
8. 주택소유자가 담보를 제공하는 방식에는 저당권 설정 등기 방식과 신탁등기 방식이 있다.
   (○) [제35회]
9. 주택소유자가 생존해 있는 동안에만 노후생활자금을 매월 연금 방식으로 받을 수 있고, 배우자에게는 승계되지 않는다. (×) [제35회]
10. 『주택법』에 따른 준주택 중 주거목적으로 사용되는 오피스텔의 소유자는 가입할 수 없다.
    (×) [제35회]
11. 주택담보노후연금(주택연금)을 받을 권리는 양도·압류할 수 있다. (×) [제35회]

		36회 적중예상 핵심내용						기출		
테마 28	01	부동산투자회사 개요								
	02	부동산투자회사법 핵심내용	29	30			33	34	35	

01 부동산투자회사 개요

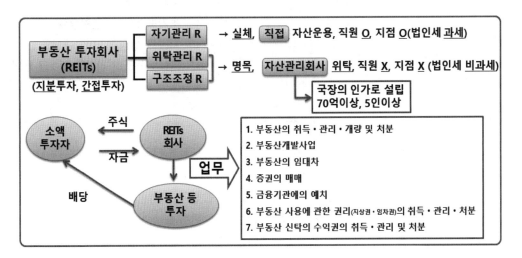

(1) 부동산투자회사(신탁)이란 불특정 다수의 투자자들로부터 투자자금을 모집하여 그 자금을 부동산 소유지분이나 주택저당증권(MBS)에 투자하여 얻어진 수익을 투자자에게 배분하여 주는 간접투자 상품이다.

(2) 부동산투자신탁은 지분금융방식이므로 배당과 시세차익을 얻을 수 있는 반면에, 손실을 볼 수도 있다.

02 부동산투자회사법 핵심내용

1 종 류

자 기	자기운용 전문인력 + 임직원 상근 + 자산 직접 투자·운용 자기관리 부동산투자회사는 영업인가시에는 3명 이상, 영업인가를 받은 후 6개월 경과시에는 5명 이상의 자산운용 전문인력을 확보하여야 한다.	인가
위 탁	자산을 자산관리회사에 위탁	등록
기 업	구조조정 목적의 부동산에 투자 + 자산을 자산관리회사에 위탁	등록

2 설 립

부동산투자회사법, 상법 적용 + 주식회사 + 명칭은 부동산투자회사 + 현물출자 설립(×)
① 설립등기일부터 10일 이내에 설립보고서를 작성하여 국토교통부장관에게 제출하여야 한다.
② 설립보고서를 제출한 날부터 3개월 후 설립 이후의 회사 현황에 관한 보고서를 작성하여 국토교통부장관에게 제출하여야 한다.

3 주식공모

2년 이내 + 주식의 30% 이상

4 주식소유한도

주주 1인과 그 특별관계자 + 100분의 50을 초과소유(×)

5 최저자본금 전 현물출자(×)

최저자본금 후 현물출자(○), 현물 : 부동산 등

6 자산의 투자 및 운용방법

부동산의 취득 · 관리 · 개량 및 처분, 개발사업, 임대차 등

7 자산관리회사(자산의 투자 · 운용업무)

① 자산관리회사 : 최소자본금 70억원 + 인가 ➕암기법 (70인이 관리)
   부동산투자자문회사(자산의 투자 · 운용에 관한 자문 및 평가 등의 업무)
② 투자자문회사 : 최소자본금 10억원 + 등록(10등 자문)

8 부동산의 처분에 대한 제한

보유기간 제한[비주택(1년), 주택(1년)]

9 자산의 구성

자기, 위탁 : 부동산이 70% 이상, (부동산 + 부동산관련 증권 + 현금)은 80% 이상
기업구조조정 : 기업구조조정 목적의 부동산이 70% 이상

10 배 당

이익배당한도의 90% 이상을 배당해야 한다(이익준비금 적립 ×).
자기관리 : 50% 이상을 배당(이익준비금 적립 ○)
위탁관리, 기업구조조정 : 초과배당 가능

11 차입 및 사채발행

자기자본의 2배까지 + 주주총회의 특별결의 ⇨ 10배까지

12 합 병

흡수합병의 방법 + 같은 종류의 부동산투자회사와 합병

13 기업의 구조조정 부동산투자회사에 관한 특례 - 적용배제

주식공모(30%) + 주식분산(50%) + 처분제한(기간) + 자산구성(80%)

➕ 암기법 부동산투자회사 TEL : 533 - 7557 (자본금)

부동산 투자회사	부동산투자회사			4 자산관리회사
	1 자기관리	2 위탁관리	3 기업구조조정	
실체여부	• 상근임직원 ○ • 지사 ○ • 전문인력 ○ • 법인세 감면×	• 상근임직원 ×, 지사 × • 자산관리회사에 위탁 • 일정요건 충족시 법인세 감면		• 상근임직원 ○ • 지사 ○ • 전문인력 ○
설립자본금	5억원	3억원	3억원	-
최저자본금 국장 영업인가, 등록 후 (6개월 내)	70억원	50억원	50억원	70억원
주식공모	영업인가 후 2년 내 100분의 30을 일반인에게 청약	등록 후 2년 내 100분의 30을 일반인에게 청약	의무사항 아님 (규제완화)	

자산관리회사	자산운용 전문인력 + 최저자본금 70억원
자산운용 전문인력	**감정평가사** 또는 **공인중개사**로서 해당 분야에 5년 이상 종사한 사람은 자기관리 부동산투자회사의 상근 자산운용 전문인력이 될 수 있다. 석사 3년 이상 ➕**암기법** 서억사
자산의 구성	− 자기와 위탁 : 70%(부동산)와 80%(부 + 증 + 현)의 규정 − 기업구조조정 : 70%(구조조정부동산)의 규정만 있음
차 입	차입이 가능하며, 2배 또는 10배의 규정이 있음

[부동산투자회사법 제47조 제1항] 자기관리 부동산투자회사 및 **자산관리**회사는 법령을 준수하고 자산운용을 건전하게 하며 주주를 보호하기 위하여 임직원이 따라야 할 기본적인 절차와 기준(**내부통제기준**)을 제정하여 시행하여야 한다. ➕**암기법** 자자 버스내부에서

[감평문제] 부동산투자회사는 부동산 등 자산의 운용에 관하여 회계처리를 할 때에는 금융위원회가 정하는 회계처리기준에 따라야 한다. 국토교통부 ✕

✅ **참고** 부동산투자회사법(2023년 8월 16일 시행)

제5조의2 【자기관리 부동산투자회사의 위탁관리 부동산투자회사로의 전환에 관한 특례】
자기관리 부동산투자회사는 주주총회의 결의와 국토교통부장관의 영업인가를 받아 위탁관리 부동산투자회사로 전환할 수 있다.

제28조 【배당】
② 제1항에도 불구하고 자기관리 부동산투자회사의 경우 해당 연도 이익배당한도의 100분의 50 이상을 주주에게 배당하여야 하며 이익준비금을 적립할 수 있다.

➕**암기법** (**자기관리**, **위탁관리**, **기업구조조정**)
1. 배당(50, 90, 90) 2. 자산구성(80, 70) 3. 주식공모(30, 30, ✕) 4. 1인 소유한도(50, 50, ✕)

┌ 기출문제 ┐

1. 자기관리 부동산투자회사의 설립 자본금은 5억원 이상이다. (○)
2. 위탁관리 부동산투자회사 및 기업구조조정 부동산투자회사의 설립 자본금은 3억원 이상으로 한다. (○)
3. 공인중개사로서 해당 분야에 5년 이상 종사한 사람은 자기관리 부동산투자회사의 자산운용 전문인력이 될 수 있다. (○)
4. 위탁관리 부동산투자회사는 본점 이외 지점을 설치할 수 없다. (○)
5. 부동산투자회사는 현물출자에 의한 설립이 가능하다. (✕)
6. 자기관리 부동산투자회사는 그 자산을 투자·운용할 때에는 전문성을 높이고 주주를 보호하기 위하여 자산관리회사에 위탁하여야 한다. (✕)

		36회 적중예상 핵심내용	기출				
테마 29	01	프로젝트 금융		29			
	02	부채금융과 지분금융, 메자닌 금융 – 자금조달방법	28	29		31	32

01 프로젝트 금융(Project financing)

1 개 요

① 특정 프로젝트로부터 향후 일정한 현금흐름이 예상되는 경우, 사전 계약에 따라 미래에 발생할 현금흐름과 사업 자체 자산을 담보로 자금을 조달하는 금융기법이다. 일반적으로 기업대출보다 금리 등이 높아 사업이 성공할 경우 해당 금융기관은 높은 수익을 올릴 수 있다.

② 담보 : 개발사업의 수익성(○) + 사업 자체 자산(○) + 사업주의 자산과 신용(×)

③ 원리금상환 : 해당사업에서 발생하는 현금흐름(○)

2 특 징

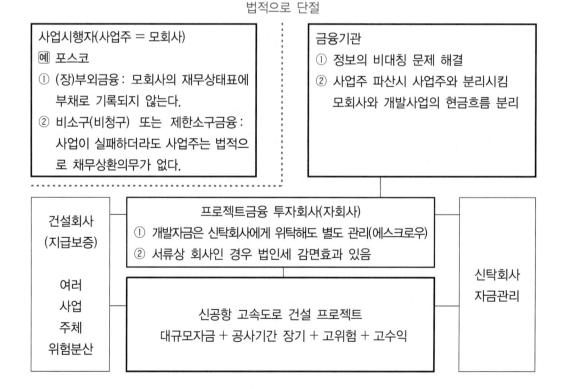

3 금융기관 입장에서 프로젝트 파이낸싱 관리

대출금융기관은 원사업시행자 및 시공자를 대상으로 다양한 신용보강을 요구한다.
① 시공사에게 : 책임준공각서, 사업권·시공권 포기각서 등을 요구
② 시행사에게 : APT 개발사업시 토지(부지)담보를 요구 : 저당권×, **담보신탁** ○**(질권)**
③ 자금관리 : **에스크로우**를 통한 자금관리, 자금인출시 **시행사 이익**을 가장 **후지급**

4 투자자 입장에서의 PF 투자분석 (심화)

① PF의 현금흐름은 미래수입이므로 투자분석시 할인율(수익률)을 적용하여 분석하는데, 이때 적용되는 할인율(수익률)을 **자본환원율**이라고 한다.
② 투자 대상 프로젝트는 자본시장 내 다른 투자수단들과 경쟁하므로, 동일 위험 수준의 투자수익률에 수렴하는 경향이 있다.
③ 자본환원율에는 자본의 **기회비용**과 프로젝트의 위험이 반영된다.
④ 위험이 증대되어 **자본환원율이 상승**하면 프로젝트에 대한 투자**가치는 하락**한다.
　　↳ 위험↑ ⇨ 환원율(할인율)↑ ⇨ 투자가치 ↓

▶ **출제 포인트**　　프로젝트 금융

1. **사업성(사전 계약에 따라 미래에 발생할 현금흐름과 사업 자체 자산)**에 근거하여 자금 조달 (부동산담보×, 신용×)
2. **비소구금융 또는 제한소구 금융**(소구금융×, 모기업에 상환청구할 수 있다×)
3. 프로젝트 금융 부실 : 채권회수×, 해당금융기관의 부실
4. 프로젝트 금융의 자금은 건설회사로부터 별도 **독립된 계정**으로 관리(시공회사 자체계좌 직접 관리×)
5. **부외금융효과** : 재무상태표에 해당 부채 표시×, 사업주의 **채무수용능력↑**(금융기관 장점 ×, 대출자 장점×)
6. 정보의 대칭성 : 정보의 **비대칭성문제 감소**(정보의 비대칭성×, 정보의 비대칭성 문제 증가×)
7. 복잡한 계약에 따른 사업의 지연과 이해당사자 간의 조정의 어려움은 사업주와 금융 기관 모두의 입장에서 단점으로 작용한다. [감평문제]
8. 금융기관은 위험을 줄이기 위해서 개발사업의 자금지출 우선순위를 정할 때, 공사비가 시행 사의 개발이익보다 먼저 인출되도록 한다. [기출지문]

〔기출문제〕

1. 프로젝트 금융의 상환재원은 사업주의 모든 자산을 기반으로 한다. (×)
2. 사업주의 재무상태표에 해당 부채가 표시된다. (×)
3. 해당 프로젝트가 부실화되더라도 대출기관의 채권회수에는 영향이 없다. (×)
4. 일정한 요건을 갖춘 프로젝트 회사는 법인세 감면을 받을 수 있다. (○)
5. 프로젝트 사업의 자금은 차주가 임의로 관리한다. (×)

02 부채금융과 지분금융, 메자닌 금융 – 자금조달방법

총투자 100억원		
부채금융 80억원 **(빌린 돈 – 이자지급)** 저당설정 및 **채권**을 발행하여 **타인자본**을 조달 (예) 채권	**메자닌 금융** **(부채와 지분 사이)** 지분금융과 부채금융을 결합한 혼합형 금융방식	**지분금융 20억원** **(투자유치 – 배당지급)** **지분권**을 판매하여 **자기자본**을 조달하는 방식 (예) 주식
① 저당금융, 프로젝트 금융 ② 신탁증서금융(담보신탁) ③ 회사채 발행, 주택상환사채 ④ 주택저당증권(MBS) 　주택저당채권담보부채권 　(MBB) ⑤ 자산유동화증권(ABS) **➕ 암기법** 저당.채. 담보. 　　　　M. A, 프로젝트 금융	① 전환사채 : 주식으로 바꿀 수 　있는 채권 ② 신주인수권부사채 : 신주를 　먼저 받을 권리가 있는 채권 ③ 우선주 ④ 후순위대출 **➕ 암기법** 전·신주 메달린~ 　　　　**우후**	① 신디케이트(Syndicate) ② 공모에 의한 증자 ③ 조인트벤처(Joint Venture) ④ 부동산투자회사(리츠, REITs) ⑤ 부동산 간접투자펀드 ⑥ 보통주 **➕ 암기법** 신공조리편

▮1 신탁증서금융 = 담보신탁

부동산을 담보로 빌리느냐, 수익증권(동산)을 담보로 빌리느냐~

VS	토지신탁	vs	신탁(증서)금융 : 담보신탁
	이전, 수익증권, 개발, 수익교부		이전, 수익증권, 담보, 대출

2 부동산 신디케이트 = 조합결성 = 공동투자

부동산 신디케이트란 여러 명의 투자자가 부동산 전문가의 경험을 이용하여 공동으로 부동산개발사업 등을 수행하는 것을 말한다.

3 메자닌 금융(mezzanine financing) : 전·신주 : 메달린~ 우후

조달한 자금의 성격이 지분(주식)과 부채·차입(채권)의 중간적 성격을 갖고 있다.

⑴ 채권 + 주식의 결합형
⑵ 전환사채 : 채권형 ⇨ 주식전환
⑶ 신주인수권부사채 : 채권매입 + 주식인수권
⑷ 후순위대출 : 채무상환시 변제의 우선순위가 다른 모든 대출이나 특정 대출보다 하위에 놓이는 조건으로 행해지는 대출이다. 선순위대출을 제공한 채권자의 입장에서는 후순위 대출이 사실상 지분과 같은 역할을 하기 때문에 투자에 대한 신뢰도가 향상된다.

▶ **출제 포인트** | **지분투자방식**

1. **신디케이트** : **지분투자, 직접투자, 개발업자 + 다수의 소액투자자(일반투자자)**
2. **조인트벤처** : **지분투자, 직접투자, 개발업자 + 소수의 고액투자자(기관투자자)**
3. **리츠(REITs)** : **지분투자, 간접투자, 다수의 소액투자자**

기출문제 ▸

1. 메자닌 금융(mezzanine financing)에 해당하는 것을 모두 고른 것은? [제32회]

㉠ 후순위대출	㉡ 전환사채
㉢ 주택상환사채	㉣ 신주인수권부사채
㉤ 보통주	

① ㉠, ㉡, ㉢   ② ㉠, ㉡, ㉣   ③ ㉠, ㉢, ㉣
④ ㉡, ㉢, ㉤   ⑤ ㉡, ㉣, ㉤

정답▶ ②

	36회 적중예상 핵심내용		기출						
테마 30	01 부동산 이용활동	26							
	02 직주분리와 직주접근								

01 부동산 이용활동

1 토지이용의 집약도

① 집약적 토지이용과 조방적 토지이용

　㉠ 토지이용의 집약도 $= \dfrac{(\text{노동투입량} + \text{자본투입량})}{\text{토지의 단위면적}}$

　㉡ 지가수준 ⬆ ⇨ 건물 층수가 높은 토지이용 = 집약적 토지이용(부증성, 지가고현상)

2 도시스프롤 현상(스프롤 : 제멋대로 퍼져나가다)(난개발)

① 도시가 무질서, 무계획적, 불규칙적으로 외곽으로 확산되는 현상
② 주거지, 상업지, 공업지 모두에서 발생 가능, 대도시의 중심지보다는 외곽부에서 발달

기출문제

도시스프롤은 주로 도시 중심부의 오래된 상업지역과 주거지역에서 집중적으로 발생한다.

(×)

02   직주분리와 직주접근

1 직주분리

도시인들이 직장은 도심에 두고 주거지는 외곽에 두는 현상, 즉 직장과 주거지가 분리되어 멀어지는 현상을 말한다,

2 직주접근

직장과 주거지가 가까워지는 현상을 말한다. 이를 회귀현상이라고도 한다.

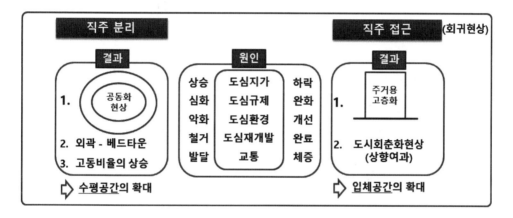

✔참고 도시회춘화현상 ⇨ 오래된 건물이 재건축됨에 따라 도심에 거주하는 소득계층이 저소득층에서 중·고소득층으로 유입, 대체되는 현상

☑ 직주분리, 접근

구 분	직주분리	직주접근
원 인	지가⬆, 환경⬇, 규제⬆, 재개발철거, 교통발달	지가⬇, 환경⬆, 규제⬇, 재개발완료, 교통체증
결 과	공동화현상, 외곽은 침상도시 현상	도심주거용 건물고층화현상, 도시회춘화현상

36회 적중예상 핵심내용			기출					
테마 31	01	부동산개발 개요	28	29			32		
	02	부동산개발의 위험							
	03	부동산분석(타당성분석의 과정)	28	29		31	32		

01 부동산개발 개요

1 의 의

법적 정의 : 부동산 개발은 토지를 **조성**(토지 자체)하거나, 건축물을 **건축**하거나 공작물을 설치하는 사업으로서 시공을 담당하는 행위는 제외된다. **➕암기법** 개시제외

2 주 체

① 공적주체 : 1섹터, 국가·지자체·공사
② 사적주체 : 2섹터, 개인·기업·조합
③ 제3섹터 : 공적주체 + 사적주체, 공동주체 예 민관합동개발사업

3 부동산개발의 과정

(구상)**아이디어** ⇨ **예비적 타당성** ⇨ **부지확보** ⇨ **타당성** ⇨ **금융** ⇨ **건설** ⇨ **마케팅**

➕암기법 아예! 불타는 금요일은 건마와 함께
  ↳ **예비적** : 수입과 비용을 **개략적**으로 ‖ 타당성 : 법률, 경제, 기술적 분석
심화 : 예비적 타당성분석은 개발방향을 설정하기 위해 사업시행 이전에 개발여건 및 개발잠재력을 분석
    [감정평가사 시험문제]

─ 기출문제 ─

부동산개발의 일반적인 진행 순서로 적절한 것은? [제26회]

㉠ 사업부지 확보　　　　　　㉡ 예비적 타당성 분석
㉢ 사업구상(아이디어)　　　　㉣ 사업타당성 분석
㉤ 건설

정답▶ ㉢ ⇨ ㉡ ⇨ ㉠ ⇨ ㉣ ⇨ ㉤

02 부동산개발의 위험

1 시행사 또는 시공사 **스스로 관리할 수: 있는 위험 vs 없는 위험**

① 관리할 수 있는 위험(내적 요인) : 부실공사 하자에 따른 책임
② 관리할 수 없는 위험 : 매장문화재 출토, 거시적 시장환경변화, 사회간접자본시설 확충지연, 행정의 변화에 의한 사업인·허가 지연 위험(부동산정책의 변화)

2 워포드의 개발위험과 대책 : ➕ 암기법 법시비(3) − 워(전쟁)

법(률)적위험 (미성숙지 매입시 발생)	공(토지이용규제)·사(소유권 관계)법상 위험 ⇨ 이용계획이 확정된 토지 매입
시장위험 (분양시 발생)	수요감소 가능성 ⇨ 사전에 확실한 시장성검토 선분양은 개발업자의 시장위험을 감소시키지만, 후분양은 개발업자의 시장위험을 증가시킨다.
(추가)비용위험 (건축공사시 발생)	개발비용증가 가능성 ⇨ 비용위험이란 인플레이션이 심할수록, 개발기간이 연장될수록 더 커진다. ⇨ 건설사와 최대가격보증계약 체결

3 아파트 재건축사업조합의 사업성(개발사업)의 긍정요소(좋다)와 부정요소(안 좋다) 구분하기

유일 : 용적률, 분양가 상승 (용분 상승)

긍정적 영향 : 앗싸!	부정적 영향 : 에이씨!
① 건설자재 가격 하락	① 건설자재 가격 상승
② 일반분양분분양가 상승	② 일반분양분분양가 하락
③ 조합원부담금 인하	③ 조합원부담금 인상
④ 용적률의 할증	④ 용적률의 축소
⑤ 이주비 대출금리 하락	⑤ 이주비 대출금리 상승
⑥ 공사기간 단축	⑥ 공사기간 연장
⑦ 기부채납의 감소	⑦ 기부채납의 증가

1. 워포드는 부동산개발위험을 **법률위험**, **시장위험**, **비용위험**으로 구분하고 있다. (○)
2. 개발사업부지에 군사시설보호구역이 일부 포함되어 사업이 지연되었다면 이는 시장위험 분석을 소홀히 한 결과이다. (×)
3. 사업 인허가 지연위험은 스스로 관리할 수 있는 위험에 해당한다. (×)

03 부동산분석(타당성분석의 과정)

1 2단계 과정과 5단계 과정 ➕암기법 지시성타투

시장분석 (선행) 시장에서의 채택가능성	지역경제성 분석	고소인(고용, 소득, 인구) 분석 = 거시분석, 모든 부동산
	시장분석	수요와 공급 분석
	시장성분석 (흡수율분석)	① 흡수율분석 ⇨ **매매(임대)**, **분양**가능성 판단 흡수율분석의 목적은 미래 예측(과거, 현재추세파악 ×) ② 가장 '**경쟁력**' 있는 상품결정
경제성분석 수익성 평가 (후행)	타당성분석	수익성분석, 순현가법(DCF), 민감도분석
	투자분석	가장 적합한 개발안 최종결정

★ 타당성분석 : 개발사업은 개발업자에 따라 채택될 수도 있고 그렇지 않을 수도 있다.

2 흡수율(시장성)분석

흡수율분석이란 시장에 공급된 부동산이 시장에서 일정기간 동안 **소비되는 비율**을 조사하여 해당 부동산시장의 추세를 파악하는 것이다.
★ **민감도(타당성) 분석** : **타당성분석에 활용**된 **투입요소의 변화**가 그 **결과치**에 어떠한 영향을 주는가를 분석하는 기법
➕암기법 민변(민감도분석 변화)으로 흡수(흡수율분석)되는 추세

1. 특정 부동산이 가진 **경쟁력**을 중심으로 해당 부동산이 **분양**될 수 있는 가능성을 분석하는 것을 경제성분석이라고 한다. (×)
2. 타당성분석에 활용된 투입요소의 변화가 그 결과치에 어떠한 영향을 주는가를 분석하는 기법을 흡수율분석이라고 한다. (×)

		36회 적중예상 핵심내용	기출						
테마 32	01	민간에 의한 부동산개발방식		29	30				
	02	민간자본유치사업(BTO와 BTL)	28			31	32	34	35
	03	공적개발방식 : 신개발과 재개발			30	31			35

01 │ 민간에 의한 부동산개발방식

갑   갑+을   을   갑갑갑갑

민간개발방식은 자체사업, 지주공동사업, 신탁개발, 컨소시엄 방식으로 구분된다.

자체개발	지주공동사업	토지신탁	컨소시엄
고위험, 고수익 빠른 진행 토지소유자가 모든 과정 담당 위험배분 ×	• 공사비**대물변제**방식(지분공유) • 공사비**분양금정산**(지분공유) • **투자자모집**방식(조합결성) • **사업수탁**방식(수수료)	소유권이전 (수수료)	공동투자 대규모 법인 간

▌1 ▌ 자체사업방식

① 사업의 전 과정을 토지소유자(갑)가 담당하고, 개발이익도 토지소유자에게 귀속된다.
② 자체사업방식은 개발이익이 높은 편이나, **위험 배분이 되지 않는다**는 단점이 있다.

▌2 ▌ 지주공동사업(토지소유자의 토지 + 개발업자의 개발노하우) 장점 : 위험분산

① **등가교환 : 대물변제** : 토지소유자가 토지를 제공하고 개발업자가 개발한 후에
    ↳ 공사비의 변제를 건축물의 **면적, 지분, 부동산** 자체로 정산하는 방식
② **분양금정산 : 분양수익금** : 분양금의 정산을 분양수익금으로 정산하는 방식
③ **투자자 모집 : 지분배당** : 조합(신디케이트)을 결정하여 개발
④ 사업위탁 : 사업수탁방식은 **토지소유자가 토지의 소유권은 그대로 보유**한 채 **개발업자에게 사업시행을 의뢰**하고, 개발업자는 사업시행에 따른 **수수료**를 취하는 형태이다.

▌3 ▌ 사업위탁방식 vs 토지신탁방식

① 기본용어의 정리
    ㉠ 위탁자(委託者) : 맡기는 자 : 부동산의 소유자
    ㉡ 수탁자(受託者) : 맡김을 받는 회사 : 신탁회사
    ㉢ **수익자**(受益者) : 신탁재산의 수익권을 배당받는 자

사업위탁방식	토지신탁방식	
갑(위탁) ⟶ 을(수탁) 사업제안	갑(위탁자) ⟶ 을(수탁자) 형식적 소유권이전	
지주공동사업 ○	지주공동사업 ×	
소유권 유지	★ 소유권이전	
갑	개발명의 : 토지소유자	개발명의 : 신탁회사	을
갑	자금조달 : 토지소유자	자금조달 : 신탁회사	을
갑	개발이익 : 토지소유자	개발이익 : **신탁수익자**	신탁자
수수료 지급	수수료 지급	

신탁 **수익자** = 신탁 **수익증권의 소유자** = **신탁자**라고도 한다.

4 부동산과 관련된 신탁의 종류 : 모두 소유권 이전이 발생함!

➕ 암기법 **신탁업무는 관개처에 분담**, 지문 안에 힌트

- 관리신탁 : 소유권 관리, 건물수선 및 유지, 임대차관리 등의 업무 수행
- 개발신탁 : 토지를 개발하고 공급하는 업무를 수행
- 처분신탁 : 처분업무 및 처분완료시까지의 관리업무를 수행
- 분양관리신탁 : 상가분양의 투명성과 안정성 확보 ⇨ '부지 + 자금' 신탁
- 담보신탁 : 신탁회사에게 받은 수익증권을 담보로 대출을 받는 상품

> - 부동산을 담보로 제공하고(저당권) 자금융통 : 저당금융
> - 수익증권(증서)을 담보로 제공하고(질권) 자금융통 : 담보신탁

5 컨소시엄구성(consortium : 라틴어 - 동지, 동반자) 개발방식

컨소시엄구성방식은 대규모 개발사업에 있어서 사업자금의 조달 혹은 상호 기술보완 등의 필요에 의해 법인 간에 컨소시엄을 구성하여 사업을 수행하는 방식이다.

VS			VS		
	대물변제	토지소유자 + 개발자(공유) 수수료 ×		토지신탁	토지소유자(공유 ×), 수수료 ○ 이전○, 신탁회사 명의·자금조달
	분양금 정산	토지소유자 + 개발자(공유) 수수료 ×		사업수탁	토지소유자(공유 ×), 수수료 ○ 이전×, 토지소유자 명의·자금조달
	토지신탁		VS	신탁(증서)금융	
	이전, 수익증권, 개발, 수익교부			이전, 수익증권, 담보, 대출	

➕ 암기법 사업수탁·토지신탁(개발자 − 수수료), 대물변제(수수료 ×) ⇨ **탁 수수료, 안탁 안수수료**

02 민간자본유치사업(BTO와 BTL)

1 개요

| 정부 | 인천신공항고속도로 건설사업
BOT 계약 : 2030년에 정부로 소유권이전 → | 민간기업(사업시행자) |

☑ 민간자본유치방식 기본용어 정리

B (Build)	준공	민간이 건설(준공·완공), 착공×
T (Transfer)	이전	정부·지자체(국가)로 소유권 이전·귀속·양도
O (Operate)	운영	해당 시설물을 직접 운영 : 민간이 운영수익
L (Lease)	임대	해당 시설물을 임대 : 임대수익 (국가에 빌려주고 임대료를 받다)
O (Own)	직접보유	해당 시설물을 민간이 직접 소유

2 사업방식의 종류

방식	의의
1. BTL 방식	민간이 공공시설을 건설 완공시점에서 소유권을 정부에 이전하며, 민간인 사업시행자는 일정기간의 시설 관리 운영권을 받아서 정부에 임차하여 투자비를 회수
2. BTO 방식	민간이 공공시설을 건설 완공시점에서 소유권을 정부에 이전하며, 민간인 사업시행자는 일정기간의 시설 관리 운영권을 받아서 투자비를 회수
3. BOT 방식	민간이 공공시설을 준공 일정기간 동안 사업시행자에게 당해 시설의 소유권(운영권)이 인정되며, 그 기간의 만료시 시설의 소유권(운영권)이 정부에게 귀속
4. BLT 방식	민간이 공공시설을 준공 일정기간 동안 운영권을 정부에 임대하여 투자비를 회수하며, 약정 임대기간 종료 후 시설물을 정부에게 이전
5. BOO 방식	민간이 공공시설을 준공 시설 완공시점에서 사업시행자에게 시설의 소유권 및 운영권을 인정

BTO 방식(수익형)	BTL 방식(임대형)
① 사용자에게 직접회수(민간운영)	① 정부의 임대료로 회수(정부운영)
② 고속도로, 터널공사	② 고속도로, 터널공사 학교건물, 기숙사

① 도로와 터널처럼 민간이 직접 **요금**을 받을 수 있는 시설 ⇨ 주로 BTO를 활용
② 공공도서관, 학교, 문화센터처럼 **직접 요금을 받기 어려우면** ⇨ 주로 BTL 활용

VS	BTO	짓고, 이전, 운영권	시설	vs	BTL	짓고, 이전, 운영권·임차	건물

➕ 암기법 B(버스) T(택시) 타고 터널(O) 돈을 낸다.

▶ 출제 포인트 | 민간투자사업

1. **BTO방식(수익형)**과 **BTL방식(임대형)**의 **구분** ⇨ 끝날 때까지 끝난게 아니다.
2. **BTL방식**은 민간이 개발한 시설의 소유권을 **준공**과 동시에 공공에 **귀속**시키고 민간은 시설관리의 운영권을 가지며, 공공은 그 시설을 **임차**하여 사용하는 민간투자 사업방식이다(BTO방식 아님). 지문이 더 길면 **BTL**

기출문제 ▸

사회기반시설에 대한 민간투자법령상 BOT(build−operate−transfer) 방식에 대한 내용이다. (   )에 들어갈 내용을 〈보기〉에서 옳게 고른 것은? [제34회]

사회기반시설의 (ㄱ)에 일정기간 동안 (ㄴ)에게 해당 시설의 소유권이 인정되며 그 기간이 만료되면 (ㄷ)이 (ㄹ)에 귀속되는 방식이다.

─── 보기 ───

a. 착공 후   b. 준공 후
c. 사업시행자   d. 국가 또는 지방자치단체
e. 시설소유권   f. 시설관리운영권

① ㄱ−a ㄴ−c ㄷ−e ㄹ−d
② ㄱ−a ㄴ−c ㄷ−e ㄹ−c
③ ㄱ−a ㄴ−d ㄷ−f ㄹ−c
④ ㄱ−b ㄴ−c ㄷ−e ㄹ−d
⑤ ㄱ−b ㄴ−d ㄷ−f ㄹ−c

정답▶ ④

03 공적개발방식 : 신개발과 재개발

1 신개발 ⇨ 개발법 ⇨ 개발사업

구 분	환지방식 사업주체 : 토지 소유자 및 조합	매수방식(공영개발) 사업주체 : 국가, 지자체, 공사
의 의	택지개발 전 토지의 위치 · 지목 · 면적 · 등급 · 이용도를 고려하여, 택지가 개발된 후 개발된 토지를 **보류지(체비지 + 공공시설 용지)**를 제외하고 토지소유자에게 재분배 (매입×, 매각×)	공공개발주체에 의한 '전면매수 − 전면개발 − 전면분양'으로 시행자가 직접 재원 조달 후 개발사업을 진행하여 실수요자에게 매각 (강제성 : 갈등소지)
장 점	초기자금부담↓, 재산권 침해↓	속도↑, 개발이익환수 용이
단 점	절차 복잡, 개발이익의 사유화 우려	초기자금부담↑, 피수용자와 갈등(민원)

✓ **참고** 혼용방식(혼합방식) : 일부지역 환지방식 + 일부지역 수용방식을 혼합해서 사용

☑ **도시개발법**

제2조【정의】 "도시개발사업"이란 **도시개발구역**에서 **주거, 상업, 산업, 유통, 정보통신, 생태, 문화, 보건 및 복지 등의 기능이 있는 단지 또는 시가지를 조성하기 위하여 시행하는 사업**을 말한다.
제21조【도시개발사업의 시행방식】 ① 도시개발사업은 시행자가 도시개발구역의 토지 등을 수용 또는 사용하는 방식이나 환지 방식 또는 이를 혼용하는 방식으로 시행할 수 있다.

VS	환지방식		VS	매수방식	
	매입×, 택지개발 후 재분배			매입 ○, 택지개발 후 매각	
	자금부담↓, 복잡, 개발이익사유화			자금부담↑, 신속, 개발이익환수	

2 재개발 ⇨ 정비법 ⇨ 정비사업

(1) 재개발(시행방법에 따른 구분)

보전재개발	노후 · 불량화 우려가 있을 때 사전에 방지하기 위하여 채택하는 가장 소극적인 재개발
수복재개발	현재 시설을 대부분 그대로 유지하면서 노후 · 불량화의 요인만을 제거시키는 재개발

VS	보전	사전 방지	제거대상×	VS	수복	노후요인제거	제거대상 ○

(2) 도시 및 주거환경정비법

> 제2조【정의】 "정비사업"이라 함은 도시기능을 회복하기 위하여 정비구역 또는 가로구역
> 에서 정비기반시설을 정비하거나 주택 등 건축물을 개량하거나 건설하는 사업을 말한다.
> 가. 주거환경개선사업 : 도시저소득 주민이 집단거주하는 지역으로서 정비기반시설이 극히
> 　　 열악하고 노후·불량건축물이 과도하게 밀집한 지역의 주거환경을 개선하거나 단독
> 　　 주택 및 다세대주택이 밀집한 지역에서 정비기반시설과 공동이용시설 확충을 통하여
> 　　 주거환경을 보전·정비·개량하기 위한 사업
> 나. 재개발사업 : 정비기반시설이 열악하고 노후·불량건축물이 밀집한 지역에서 주거환경
> 　　 을 개선하거나 상업지역·공업지역 등에서 도시기능의 회복 및 상권활성화 등을 위
> 　　 하여 도시환경을 개선하기 위한 사업
> 다. 재건축사업 : 정비기반시설은 양호하나 노후·불량건축물에 해당하는 공동주택이 밀집
> 　　 한 지역에서 주거환경을 개선하기 위한 사업

	➕암기법 극단 주거		➕암기법 상열 개발		➕암기법 공양 건축
VS	주거환경개선사업 (관리, 정비×)	**VS**	재개발사업	**VS**	재건축사업
	극히열악, 과도밀집, 단독주택, 다세대주택		**열악**, 밀집 **상업·공업지역**		**양호** **공동주택밀집**

36회 적중예상 핵심내용		기출					
테마 33	01 부동산관리의 구분		30				34	35
	02 부동산관리자의 업무내용(계산문제)		30	31		33	34	35
	03 건물의 내용연수와 생애주기							

01 부동산관리의 구분

1 복합적 관리(광의의 관리)

구 분	기술적 관리 ⇨ 시설관리자 (물리·기능) (유지관리, 협의)	경제적 관리(경영관리)	법률적 관리(보존관리) (제도)
토 지	• 경계 확정	• 순수익, 나지활용방안 • 주차공간, 자재하치장	• 권리관계 조정 • 토지도난방지대책
건 물	• 위생관리 • 설비관리 • 보안관리 - 보험가입 • 보전관리	• 손익분기점 평가 • 회계관리 • 인력관리	• 계약관리 • 권리의 보존관리 • 공법상 규제

▶ 출제 포인트 복합적 관리

1. **기술적 관리(보안관리)**, **경제적 관리(인력관리)**, **법률적 관리(도난방지, 계약관리)**
2. 기술적 관리 : 물리적·기능적 하자 유무 판단 필요한 조치, 건물과 부지의 부적응 개선

2 부동산관리의 세 가지 영역

(FM)시설관리 (유지관리)	(PM)건물 및 임대차관리 (재산관리)	(AM)자산관리 (투자관리)
시설을 운영·유지 소극적 관리	재산관리(부동산관리) 임대 및 수지관리	부동산가치 증가 적극적 관리
설비의 운전·보수 에너지관리(전력, 냉방) 청소관리 방범·방재(보안관리) 외주관리(외부에 떼어주는)	수입목표수립 지출계획 비용통제 임대차 유치 및 유지	부동산의 매입·매각 재개발·재투자, 리모델링 결정 투자 리스크 관리 포트폴리오 프로젝트 파이낸싱

VS	시설	설비, 에너지, 청소, 방범, 외주	vs	자산	매입(각), 재투자(개발), 리스크, P, P·F

☑ **부동산관리의 영역**

> 1. 자산관리와 시설관리의 예시를 구분하여 정리할 것
> 2. 자산관리 : 부의 극대화, 적극적 관리
>   예 매입·매각, 재개발·재투자, 포트폴리오, 투자리스크, P·F(프로젝트 파이낸싱)
>   ➕ **암기법** 매재 프로폴리스
> 3. 시설관리 : 시설 사용자의 요구, 소극적 관리
>   예 설비운전·보수, 에너지, 청소, 방범, 방재, 외주관리

`기출문제`

부동산관리에 관하여 다음 설명과 모두 관련 있는 것은?   [제30회]

> • 포트폴리오 관리 및 분석   • 부동산투자의 위험 관리
> • 재투자   • 재개발 과정분석
> • 임대마케팅 시장분석

① 재산관리(property management)   ② 시설관리(facility management)
③ 자산관리(asset management)   ④ 건설사업관리(construction management)
⑤ 임대차관리(leasing management)

정답▶ ③

---

3 부동산관리방식의 구분 및 장단점

(1) 부동산관리방식의 구분

① 직접관리(자가, 자치) : 소유자단독 또는 약간 명의 관리요원을 고용(인건비 지출), 지휘통제력 강화
② 간접관리(위탁) : 대규모빌딩의 관리를 전문가집단에게 관리위탁(관리비 지출), 소유와 경영의 분리
③ 혼합관리 : 자가관리(경영) + 위탁관리(시설)의 혼합

(2) 부동산관리방식의 장단점

구 분	장 점	단 점
자가관리 **(직접관리)** **(전통방식)**	① 기밀유지, 보안관리 유리 ② 친절서비스, 애호정신 높음 ③ 종합적 관리 용이, 신속, 신뢰도 높음	① 소유자 본업에 전념하기 곤란 ② 업무의 타성화(매너리즘화) ③ 전문성 결여, 관리비 상승
위탁관리 **(외주관리)** **(현대방식)**	① 소유자 본업에 전념 가능 ② 업무의 타성화(매너리즘) 방지 ③ 전문성 높음, 효율적 관리	① 기밀유지 곤란, 보안관리 불리 ② 서비스, 애호정신 낮음 ③ 종합적 관리 곤란, 신속×, 신뢰도 문제
혼합관리 **(과도기)**	① 일부 자기가 관리하고 필요부분만 위탁관리 ② 자가관리와 위탁관리의 장점 채택	① 책임감 한계가 애매, 책임 소재가 불명확 ② 잘못 운영되면 두 방식 단점만 노출

VS	자가	기밀 ○, 친절↑, 종합 ○, 신속 ○, 신뢰↑	VS	위탁	본업 ○, 타성화방지, 전문성↑
		본업 ×, 타성화, 전문성↓			기밀 ×, 친절↓, 종합 ×, 신속 ×, 신뢰↓

▶ **출제 포인트** | **부동산관리의 방식**

1. 자가관리와 위탁관리의 장단점 구분할 것
2. 혼합관리방식은 관리의 **책임소재가 불분명**해지는 단점이 있다(책임소재 분명 ×).
3. 건물의 관리에 있어서 재무·회계관리, 시설이용·임대차 계약, 인력관리는 위탁하고, 청소를 포함한 그 외 나머지는 소유자가 직접관리할 경우, 이는 혼합관리방식에 해당한다(위탁관리 ×).
4. 주택임대관리업의 업무 범위 임차인의 대출알선(×)

╾ **기출문제** ╼

1. 법률적 측면의 부동산 관리는 부동산의 유용성을 보호하기 위하여 법률상의 제반 조치를 취함으로써 법적인 보장을 확보하려는 것이다. (○)
2. 시설관리는 부동산 시설을 운영하고 유지하는 것으로 시설사용자나 기업의 요구에 따르는 소극적 관리에 해당한다. (○)
3. 전문(위탁)관리방식은 자기(직접)관리방식에 비해 기밀유지에 유리하고 의사결정이 신속한 경향이 있다. (×)
4. 경제적 측면의 부동산 관리를 대상 부동산의 물리적·기능적 하자의 유무를 판단하여 필요한 조치를 취하는 것이다. (×)

☑ 유지와 개량

유 지	부동산의 외형·형태를 변화시키지 않으면서 부동산의 양호한 상태를 유지시키는 행위
개 량	외부적 관리행위로 부동산의 외형·형태를 변화시키면서 양호한 상태를 유지시키는 행위

02 | 부동산관리자의 업무내용

1 부동산관리자의 업무내용

임대차	부동산유지			보 험		
	일상적 (정기적)	예방적 (사전) 제일중요	대응적 (사후적)	손해보험 (화재)	책임보험 (인명)	임대료손실보험 (수리기간 손실)

2 임대차활동

구 분	임차자 선정기준	임대차계약 유형
주거용	연대성(유대성) : 사람과 사람의 어울림	조(총)임대차 : 임차인이 80만원을 임대료로 지불 • 부동산유지비 30만원은 임대인이 부담 　모든 임대료 + 추가 없음
매장용 (상업용)	가능매상고	비율임대차 : 기본임대료 + 추가임대료 　　　　　　기본임대료 + 수익일정비율 • 임차자 총수입의 일정비율을 임대료로 지불
사무용 (공업용)	적합성 : 건물과 용도의 어울림	순임대차 : 임차인이 50만원만 임대료로 지불 • 부동산유지비 30만원은 임차자가 직접 부담 　순수임대료 + 협상

VS | 주거용　유대성　조 | vs | 매장용　매상고　비율 | vs | 공업용　적합성　순(협상) |

▶ 출제 포인트 | **임차인 선정과 임대차 유형**

1. 임차자 선정과 임대차 유형
   ① 주거용 - 연대성(유대성) - 조임대차 ⇨ 처음부터 모든 임대료를 지불
   ② 매장용 - 가능매상고 - 비율임대차 ⇨ 기본임대료 + 수익의 일정비율의 임대료
   ③ 공업용 - 적합성 - 순임대차(협상) ⇨ 순수임대료 + 협상에 따른 임대료
2. 임차 부동산에서 발생하는 총수입(매상고)의 일정 비율을 임대료로 지불한다면, 이는 임대차의 유형 중 **비율임대차**에 해당한다(순임대차 ×).

기출문제 ▸

1. 대응적 유지활동은 시설 등이 본래의 기능을 발휘하는데 장애가 없도록 유지계획에 따라 시설을 교환하고 수리하는 사전적 유지활동을 의미한다. (×)
2. 임대료 손실보험은 건물 화재 등으로 피해가 발생하여 건물을 수리 및 복원하는 기간 동안 초래되는 임대료 손실을 보상해 주는 보험이다. (○)

기출문제 ▸

A회사는 분양면적 500m²의 매장을 손익분기점 매출액 이하이면 기본임대료만 부담하고, 손익분기점 매출액을 초과하는 매출액에 대하여 일정 임대료율을 적용한 추가임대료를 가산하는 비율임대차방식으로 임차하고자 한다. 향후 1년 동안 A회사가 지급할 것으로 예상되는 연임대료는?

[제30회, 제31회, 제34회, 제35회(감정평가문제 적중)]

- 예상매출액 : 분양면적 m²당 20만원
- 기본임대료 : 분양면적 m²당 6만원
- 손익분기점 매출액 : 5,000만원
- 손익분기점 매출액 초과 매출액에 대한 임대료율 : 10%

정답▶ 비율임대차 임대료 = 기본임대료   +   추가임대료 = 35,000,000원
   • 기본임대료 : 500m² × 60,000원   = 30,000,000원
   • 추가임대료 : (500m² × 200,000원) − 50,000,000원 × 10% = 5,000,000원
                    예상임대료   손익분기점   임대료율

1억 20만원 × 500 (예상매출액)	초과 : 5,000만원	500만원 : 5,000만원 × 10%	추가
	손익 : 5,000만원	3,000만원 : 6만원 × 500	기본

03 건물의 내용연수와 생애주기

1 의 의

빌딩은 일정한 수명(내용연수)을 가진다.
① **물리적 내용연수** : 마멸, 파손, 노후화, 우발적 사고 등으로 사용이 불가능할 때까지의 버팀 시간
② **기능적 내용연수** : 설계·설비의 불량, 형식의 구식화, 디자인의 불량 등으로 기능적으로 유효한 기간
③ **경제적 내용연수** : 인근지역·인근환경과 건물의 부적합, 시장성 감퇴로 인해 경제적으로 유효한 기간

2 건물의 생애주기(수명단계)

전개발	• 신축 전 단계, 용지단계
신축	• 빌딩완공단계, 계획과 일치하지 않을 가능성 높음 • 건물의 물리적 유용성이 가장 높게 나타나는 단계(물유신)
안정	• 양호한 관리 ⇨ 수명연장, 가장 장기 • 개조하고 수선하기에 가장 효과적인 단계
노후	• 빌딩의 물리적 상태와 기능적 상태가 급격히 악화되는 단계 • 새로운 개량비(자본적 지출)억제, 빌딩의 교체계획 수립
완전폐물	• 전개발단계로 진행되는 단계

기출문제

건물의 내용연수와 생애주기 및 관리방식에 관한 설명으로 틀린 것은? [제32회]

① 건물과 부지의 부적응, 설계 불량, 설비 불량, 건물의 외관과 디자인 낙후는 기능적 내용연수에 영향을 미치는 요인이다.
② 인근지역의 변화, 인근환경과 건물의 부적합, 당해 지역 건축물의 시장성 감퇴는 경제적 내용연수에 영향을 미치는 요인이다.
③ 건물의 생애주기 단계 중 안정단계에서 건물의 양호한 관리가 이루어진다면 안정단계의 국면이 연장될 수 있다.
④ 건물의 생애주기 단계 중 노후단계는 일반적으로 건물의 구조, 설비, 외관 등이 악화되는 단계이다.
⑤ 건물의 관리에 있어서 재무·회계관리, 시설이용·임대차계약, 인력관리는 위탁하고, 청소를 포함한 그 외 나머지는 소유자가 직접관리할 경우, 이는 전문(위탁)관리방식에 해당한다.

정답▶ ⑤

36회 적중예상 핵심내용		기출							
테마 34	01	부동산 마케팅의 개요					32	33	34	
	02	STP 전략의 구분 : 세표차의 구분	28				32		34	
	03	마케팅믹스(4P믹스) : 제판가유의 구분	28			31	32		34	35

01 부동산 마케팅의 개요

1 부동산 마케팅의 의의

① 부동산 마케팅은 부동산 상품을 **수요자의 욕구**에 맞게 상품을 개발하고 **가격**을 결정한 후 시장에서 **유통, 촉진, 판매**를 관리하는 일련의 과정이다.

② 부동산 마케팅은 공급자 주도의 시장에서 **구매자 주도의 시장**으로 전환됨에 따라 그 필요성이 점점 강화되고 있다.

2 부동산 마케팅의 세 가지 차원(공급자가 수요자와 관계 유지) ➕**암기법** 공시 수고

공급자	시장점유 ➕**암기법** 포피 스톱	• STP 전략 : 시장세분화 + 표적시장 + 시장차별화 ➕**암기법** 세표차 • 4P Mix 전략 : 제품 + 판촉 + 가격 + 유통 ➕**암기법** 제판가유
수요자	고객점유 ➕**암기법** 고객은 아이다.	• 구매의사 결정과정 속 소비자와의 심리적 접점을 연구 • AIDA의 원리 　주의(Attention)−관심(Interest)−욕망(desire)−행동(Action) 　　　　　　　　　　셀링포인트(selling point) 강조 • 셀링포인트는 고객의 욕망을 만족시켜 주는 상품의 특징을 말한다. 　결정(Decision)× ⇨ 욕망(desire)
관계 (수요· 공급자)	관계유지	• 장기, 지속성(○) + 일회성(×) + 브랜드마케팅 • 관계마케팅 전략 : CRM = 고객관계관리 전략 　↳ 고객관계관리 등을 통해 고객 충성도 재고 및 재구매 유도

★ 부동산 시장환경이 공급자중심에서 수요자중심으로 바뀌고 있음

VS	시장점유(공급자)		고객점유(수요자)		관계(수요·공급자)
	표적시장선점· 틈새시장점유 STP전략, 4P Mix전략	vs	소비자 구매의사결정 과정 단계 AIDA전략	vs	장기 · 지속 관계 유지 브랜드(brand)

▶ 출제 포인트 │ 부동산 마케팅의 세 가지 차원

1. **시장점유 마케팅** : 공급자, 표적시장선점, 틈새시장점유, STP전략, 4P MIX전략
2. **고객점유 마케팅** : 수요자, 소비자의 구매의사결정 과정의 각 단계에서 소비자와의 심리적인 접점을 마련하고 전달하려는 메시지의 취지와 강약을 조절하는 전략, AIDA전략
3. **관계 마케팅** : 수요자와 공급자, 관계유지 브랜드(Brand)

─ 기출문제 ·

1. 고객점유 마케팅 전략이란 공급자 중심의 마케팅 전략이다. (×)
2. 시장점유 전략은 수요자 측면의 접근으로 목표시장을 선점하거나 점유율을 높이는 것을 말한다. (×)   [제33회]

▨ 3 부동산광고

① 부동산광고의 특성 : 지역한정 + 시간한정 + 양면성
② 광고매체에 따른 분류

신문광고	안내(약어)광고와 전시광고(사진, 상세한 설명문 포함)로 구분된다.
DM(우편)광고	우편물광고는 표적 고객을 대상으로 부동산을 광고한다.
점두광고	점포간판
노벨티광고	작고 실용적인 장식물에 광고(볼펜, 재떨이, 라이터 등)

02 │ STP 전략의 구분 : 세표차의 구분

▨ 1 의 의

STP 전략은 시장을 세분화(Segmentation) 한 후 표적시장(Target)을 정하고 어떻게 **차별화(Positioning)**시켜 나갈 것인지를 연구하는 전략이다.

▨ 2 STP 전략의 내용

① **시장세분화(Segmentation)** : **수요자** 집단을 인구, 경제학적 특성상 세분하여 상품의 판매지향점을 분명히 하는 전략, 수요자층별로 시장을 분할
② **표적시장선점(Target)** : 세분화된 수요자 집단에서 경쟁상황과 자신의 능력을 고려하여 가장 자신 있는 수요자 집단을 찾아내는 것(**확인**)을 말한다.
③ **차별화전략(Positioning)** : 동일한 **표적시장**을 갖는 다양한 **공급경쟁자** 사이에서 자신의 상품을 어디에 **위치**시킬 것인가 하는 전략

VS	세(S)	수요자, 세분	vs	표(T)	세분, 확인	vs	차(P)	표적, 공급, 위치

시장세분화 (Segmentation)	㉠ 전체수요자를 구매패턴 등이 유사한 하부집단으로 세분 ㉡ 구분, 분할(단독주택시장, APT시장, 오피스텔시장 등)		
	단독주택 수요자	아파트 수요자	오피스텔 수요자
표적시장선정 (Target)	㉠ 세분화된 시장에서 가장 매력적인 시장을 (또는 틈새시장을) ㉡ 선정(확인), 선택하는 작업		
	아파트 수요자를 표적으로 선택		
시장차별화 (Positioning) ➕암기법 포차위치	㉠ 자사제품을 경쟁사와 차별화시키는 방법을 연구 ㉡ 분양성공을 위해 아파트 브랜드를 고급스러운 이미지로 고객의 인식에 각인시키도록 하는 노력 ㉡ 자사제품의 이미지를 고객마음에 어떻게 위치시킬지 연구		

기출문제

부동산 마케팅 전략에 관한 설명으로 틀린 것은? [제24회, 제26회, 제28회]

① 시장세분화란 마케팅활동을 수행하기 위하여 구매자의 집단을 세분하는 것이다.
② 표적시장이란 세분된 시장 중에서 표적이 되는 시장을 말한다.
③ STP 전략은 시장세분화, 표적시장, 포지셔닝으로 구성된다.
④ 포지셔닝은 목표시장에서 고객의 욕구를 파악하여 경쟁 제품과 차별성을 가지도록 제품 개념을 정하고 소비자의 지각 속에 적절히 위치시키는 것이다.
⑤ 표적시장설정이란 마케팅 활동을 수행할 만한 가치가 있는 명확하고 유의미한 구매자집단으로 시장을 분할하는 활동을 말한다.

정답▶ ⑤

03 마케팅믹스(4P믹스)

1 의 의

마케팅믹스란 기업의 부동산 상품이 **표적시장에 도달**하기 위해 이용하는 마케팅에 관련된 **여러 요소들의 조합**을 말한다.

2 마케팅믹스(4P믹스)의 내용 ➕암기법 '제판가유'

제 품 Product	지상 주차장의 지하화, 자연친화적 설비의 설치, 라이프 스타일 반영한 평면설계, 보안설비 디지털화, 녹지공간의 조성, 방음벽설치 등
판 촉 Promotion	• 시장의 수요자들을 강하게 자극하고 유인하는 전략 • 판매유인(경품) + 직접적인 인적판매 + 광고, 홍보
가 격 Price	• 분양가책정 : 고가정책 + 저가정책(빠른 자금회수를 원하고 지역 구매자의 구매력이 낮은 경우) + 시가정책(다른 경쟁업자의 가격과 동일) + 신축가격정책 층, 방위, 위치에 따라 다른 가격 적용
유통(판매장소) Place	• 제품이 소비자에게 원활하게 전달될 수 있도록 하는 작업 • 중개업소, 분양대행사 등 활용 간접유통전략 현입주자, 직접분양, 분양대행사, 금융기관, 중개업자(중개업소)

VS	유통경로	현입, 직접, 분양, 금융, 중개	VS	가 격	분양가책정
	제 품	주차장, 설치, 설계, 설비, 공간		판 촉	추첨 통한 경품 제공

기출문제

1. 바이럴 마케팅(viral marketing) 전략은 SNS, 블로그 등 다양한 매체를 통해 해당 브랜드나 제품에 대해 입소문을 내게 하여 마케팅효과를 극대화시키는 것이다. (○) [제32회]
2. 적응가격 전략이란 동일하거나 유사한 제품으로 다양한 수요자들의 구매를 유입하고, 구매량을 늘리도록 유도하기 위하여 가격을 다르게 하여 판매하는 것을 말한다. (○) [제33회]
   야매 : 안 배운건 거의 옳은 지문

부동산 마케팅에서 4P 마케팅믹스(Marketing Mix) 전략의 구성요소를 모두 고른 것은?

[제31회]

㉠ Product(제품)	㉡ Place(유통경로)
㉢ Pride(긍지)	㉣ Price(가격)
㉤ Public Relations(홍보)	㉥ Promotion(판매촉진)

① ㉠, ㉡, ㉢, ㉥
② ㉠, ㉡, ㉣, ㉤
③ ㉠, ㉡, ㉣, ㉥
④ ㉡, ㉢, ㉣, ㉤
⑤ ㉢, ㉣, ㉤, ㉥

정답▶ ③

부동산 마케팅에 관한 설명으로 틀린 것은?

[제34회]

① 부동산마케팅은 부동산상품을 수요자의 욕구에 맞게 상품을 개발하고 가격을 결정한 후 시장에서 유통, 촉진, 판매를 관리하는 일련의 과정이다.

② STP전략은 대상 집단의 시장세분화(segmentation), 표적시장 선정(targeting), 포지셔 닝(positioning)으로 구성된다.

③ 시장세분화 전략은 부동산시장에서 마케팅활동을 수행하기 위하여 수요자의 집단을 세 분하는 것이다.

④ 표적시장 전략은 세분화된 시장을 통해 선정된 표적 집단을 대산으로 적합한 마케팅활 동을 수행하는 것이다.

⑤ AIDA원리는 주의(attention), 관심(interest), 욕망(desire), 행동(action)의 단계를 통 해 공급자의 욕구를 파악하여 마케팅 효과를 극대화하는 시장점유마케팅 전략의 하나이다.

정답▶ ⑤

	36회 적중예상 핵심내용		기출					
테마 35	01	감정평가 개요						
	02	감칙 제5조~제7조 : 원칙			30		33	35

01 감정평가 개요

1 의 의

감정평가 : ① 대상물건의 경제적 가치 판정(가격, 임대료) ② 그 결과를 가액으로 표시

2 감정평가의 분류

(1) 공적평가와 공인평가

① 공적평가 : **공기관이 평가**주체가 되는 경우를 평가

② 공인평가 : 국가로부터 자격을 부여받은 **개인이 평가**주체가 되는 경우

(2) 필수적 평가와 임의적 평가

① 필수적 평가 : **법원경매개시결정, 토지수용, 조세부과, 공시지가의 공시**

② 임의적 평가 : 일반 매매나 상속재산 등의 평가

(3) 평가 결과에 따른 분류

① 공익평가 : 법원경매개시결정, 표준지공시지가, 보상평가, 과세평가 등 필수적 평가

② 사익평가 : 담보평가, 일반적 거래 위한 평가

③ 법정평가 : 법규에서 정한대로 행하는 평가, 수용·과세·표준지공시지가 평가

(4) **참모평가** : 고용주나 고용기관의 업무를 위하여 행하는 평가(소속 ○) [감정평가문제]

3 부동산 가격이론

(1) 가격과 가치의 구분

가치(value)	가격(price)
① 장래 기대되는 편익을 현재가치로 환원한 값	① 교환의 대가로서 실제 지불된 금액
② 대상부동산의 **현재값**	② 시장에서 실제 지불된 금액으로 **과거값**
③ **평가사가** 전문가	③ **중개사가** 전문가
④ 가치는 무수히 **많다**(주관적, 추상적 개념)	④ 주어진 시점에서 **하나**(객관적, 구체적 개념)

VS	가치	장래이익 현재값, 주관·추상, 多	vs	가격	지불된 과거값, 객관, 구체, 하나

➕ **암기법** '가치있던 여자? 추연주다'
- 가격(P) : 실제 거래된 금액 − 오늘 10억원에 거래됨 ⇨ 가격은 10억원
- 가치(V) : 장래 예상편익(금전 + 비금전)의 현재가치 ⇨ 가치는 12억원

구 분	개 념	시 점	성 향	종 류	
가 격	구체적	과거값	객관적	하나	• 단기 : 가격 ≠ 가치
가 치	추상적	현재값	주관적	다양	• 장기 : 가격은 가치로 회귀한다.

▶ **출제 포인트** │ **가치와 가격**

1. ① 가치 : 현재값, 주관적, 추상적, 무수히 많음 ② 가격 : 과거값, 객관적, 구체적, 하나
2. 가치와 가격은 비례관계, 화폐가치와 가격은 반비례관계
3. 가치와 가격은 단기적으로는 괴리될 수 있으나 장기적으로는 일치한다.
4. ① 단기 : 괴리, 불일치, 왜곡 ② 장기 : 일치

(2) 부동산가치의 특징

부동산의 가격은 물리적 실체의 가격이 아니라 소유권·권리·이익의 가격이며, 하나의 부동산에는 여러 개의 권리가 존재할 수 있으며, 각각의 권리에 각각의 가격이 형성될 수 있다. 부동산소유권은 여러 권리의 묶음(지상권 + 지역권 + 임차권…)

(3) 부동산의 가치변화 과정 ➕ **암기법** 형발이 크다. 형경이 일지개

1) 부동산가치의 **형성요인** - 가치**발**생요인에 영향을 주는 요인

가치형성요인이란 대상물건의 경제적 가치에 영향을 미치는 일반요인, 지역요인 및 개별요인을 말한다(감정평가에 관한 규칙 제2조 제4호).

부동산가치 형성요인 ⇨	**부동산가치 발생요인** ⇨ **부동산 가치**
(일반적 요인, 지역요인, 개별요인)	(유용성, 유효수요, 상대적희소성, 이전성)
부동산 전반 대상지역 대상부동산	(효용) <동시충족>

사회적 요인(人)	경제적 요인(수익)	행정적 요인(정책)
① 인구상태, 가족구성	① 소비, 저축, 투자	① 토지이용계획, 규제
② 도시형성, 공공시설	② 재정, 금융, 물가	② 택지, 주택 시책
③ 교육, 건축양식	③ 기술혁신, 산업구조	③ 건축구조, 방재시책
④ 거래, 사용수익 관행	④ 교통체계의 상태	④ 가격, 임료에 대한 통제
	⑤ 세부담의 상태	⑤ 세제의 상태

2) 부동산가치의 발생요인(상관결합, 동시충족 하나만 ×)

효용(유용성) 경제적인 측면	① 효용이란 인간의 욕구를 만족시켜 줄 수 있는 재화의 능력이다. ② 주거지는 쾌적성, 상업지는 수익성, 공업지는 생산성 등으로 표현된다.
상대적 희소성 경제적인 측면	희소성이란 부동산의 공급이 수요에 비해 상대적으로 충분하지 못한 상태를 의미한다.
유효수요 경제적인 측면	유효수요란 '구매의사(욕구)'와 '구매능력'을 갖춘 수요를 의미한다.
이전성 법률적인 측면	이전성은 부동산의 소유권을 구성하고 있는 모든 권리에 대한 통제의 정도가 이전하는 것을 의미하는 것으로써 법적 개념이다. 법적인 이전가능성

02 감정평가규칙상 감정평가의 원칙

1 현황기준의 원칙

☑ 감정평가에 관한 규칙

> 제6조【현황기준 원칙】① 감정평가는 기준시점에서의 대상물건의 이용상황(불법적이거나 일시적인 이용은 제외) 및 공법상 제한을 받는 상태를 기준으로 한다.
> ② 감정평가법인등은 다음에 해당하는 경우에는 기준시점의 가치형성요인 등을 실제와 다르게 가정하거나 특수한 경우로 한정하는 감정평가 조건을 붙여 감정평가할 수 있다.
> 1. 법령에 다른 규정이 있는 경우
> 2. 의뢰인이 요청하는 경우
> 3. 사회통념상 필요하다고 인정되는 경우
> 4. 감정평가법인등은 감정평가조건을 붙일 때에는 감정평가조건의 합리성, 적법성 및 실현가능성을 검토하여야 한다. 단, 법령에 다른 규정이 있는 경우에는 그러하지 아니하다. 감정평가법인등은 감정평가조건의 합리성, 적법성이 결여되거나 사실상 실현 불가능하다고 판단할 때에는 의뢰를 거부하거나 수임을 철회할 수 있다.

VS	현황	기준시점, 받는 상태	원칙	vs	조건	다른 규정, 요청, 사회통념	예외

2 개별물건기준 원칙

☑ 감정평가에 관한 규칙

일괄평가	구분(해서)평가	(일)부분평가
건물 / 토지	1필지 / 상업지역 / 주거지역	도로 / 수용

제7조【개별물건기준 원칙 등】① 감정평가는 대상물건마다 개별로 하여야 한다(원칙).
② 둘 이상의 대상물건이 일체로 거래되거나 대상물건 상호간에 용도상 불가분의 관계가 있는 경우에는 일괄하여 감정평가할 수 있다.
③ 하나의 대상물건이라도 가치를 달리하는 부분은 이를 구분하여 감정평가할 수 있다.
④ 일체로 이용되고 있는 대상물건의 일부분에 대하여 감정평가하여야 할 특수한 목적이나 합리적인 이유가 있는 경우에는 그 부분에 대하여 감정평가할 수 있다.

VS | 일괄 | 일체, 불가분 | vs | 구분 | 가치 달리하는 부분 | vs | 부분 | 일부분

3 기준시점 : 감정평가액을 결정하는 기준이 되는 시점

☑ 감정평가에 관한 규칙 ➕암기법 가조완날

제2조【정의】
2. 기준시점이란 대상물건의 감정평가액을 결정하는 기준이 되는 날짜를 말한다.
제9조【기본적 사항의 확정】기준시점은 대상물건의 가격조사를 완료한 날짜로 한다. 다만, 기준시점을 미리 정하였을 때에는 그 날짜에 가격조사가 가능한 경우에만 기준시점으로 할 수 있다.

VS | 원칙 | 가격조사완료 일자 | vs | 예외 | 미리 정한 날짜, 가격조사 가능한 경우에만

★ 기준가치란 감정평가의 기준이 되는 가치를 말한다(감칙).

감정평가의 기준
• 기준이 되는 가치 ⇨ 기준가치 : 시장가치
• 기준이 되는 시점 ⇨ 기준시점 : 가격조사를 완료할 날짜

4 시장가치기준 원칙

☑ 감정평가에 관한 규칙 ➕암기법 시장 − 통 − 가능 − 높

> 제5조【시장가치기준 원칙】① 대상물건에 대한 감정평가액은 시장가치를 기준으로 결정한다. **시장**가치란 대상물건이 **통**상적인 시장에서 충분한 기간 거래를 위하여 공개된 후 그 대상물건의 내용에 정통한 당사자 사이에 신중하고 자발적인 거래가 있을 경우 성립될 **가능**성이 가장 **높**다고 인정되는 대상물건의 가액(價額)을 말한다.
> ② 다만, 다음에 해당하는 경우에는 시장가치 외의 가치를 기준으로 결정할 수 있다.
> 1. 법령에 다른 규정이 있는 경우
> 2. 의뢰인이 요청하는 경우
> 3. 사회통념상 필요하다고 인정되는 경우
> ③ 감정평가법인등은 제2항에 따라 시장가치 외의 가치를 기준으로 감정평가할 때에는 다음 각 호의 사항을 검토해야 한다. 다만, 법령에 다른 규정이 있는 경우에는 그러하지 아니하다.
> 1. 해당 시장가치 외의 가치의 성격과 특징 [제33회 기출]

VS	시장가치	통상, 성립 可	VS	외의 가치	다른 규정, 요청, 사회통념

		36회 적중예상 핵심내용	기출						
테마 36	01	가격제원칙	28						
	02	지역분석과 개별분석	28	29	30		32		34

01 가격제원칙(감정평가활동의 매뉴얼 – 감칙에는 규정이 없음)

부동산가치 형성의 법칙성을 발견하여 이를 감정평가활동의 지침으로 삼은 것

1 적합의 원칙 vs 균형의 원칙

	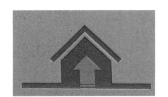
적합의 원칙 ➕ **암기법** 외적	균형의 원칙
외부와의 조화	내부적 조화
환경, 지역, 시장, 주변과 조화	**구성요소, 투입요소 간의 조화**
지역분석을 통해 판단	개별분석을 통해 판단
예 서민 거주지역에 고급주택 건축	예 화장실이 적고, 냉난방비가 많이 나옴
경제적 감가가 발생함	기능적 감가가 발생함
ㅈ, ㅈ, ㅈ (**지**역, 경**제**, **적**합)	ㄱ, ㄱ, ㄱ(**균**형, **개**별, **기**능)

2 변동, 예측, 경쟁, 대체의 원칙

① **변동**의 원칙 : 가격은 끊임없이 **변동**하므로 기준**시점**, **시점**수정이 **중시**된다.
② **예측**의 원칙 : 부동산의 가격도 장래 **예측**의 영향을 받는다는 원칙이다.
    ㉠ **수익환원법** : **장래** 수익으로 감정평가하는 수익환원법과 관련
    ㉡ **가치(value)** : **장래** 이익의 현가화로 정의되는 가치의 정의와 관련
    ㉢ **영속성** : 부동산의 **장래**성을 담보하는 영속성과 관련
③ **경쟁**의 원칙 : 가격도 **경쟁**에 의해 형성되고, **경쟁**으로 인해 **초과이윤**도 **소멸**된다.
④ **대체**의 원칙 : **대체**성이 있는 2개의 재화의 가격은 서로 연관된다는 원칙이다.
    ㉠ 수요자들은 효용이 동일할 경우 가급적 가격이 낮은 것을 선택함
    ㉡ **거래사례비교법** : 대체의 원칙은 A와 B를 비교하는 비교방식과 관련이 있음
⑤ **기여**의 원칙 : **기여**도의 합(생산비의 합×), **추가투자**의 적부판정
⑥ **수익체증체감**의 원칙 : **추가투자 판단** + **수익은 체증**하다가 **체감**
⑦ **기회비용**의 원칙 : 차선책(기회비용)의 가격반영 + 도심공업지가 외곽보다 비쌈
  도심지역의 공업용지가 동일한 효용을 가지고 있는 **외곽지역의 공업용지보다 시장가격**
  이 더 높은 현상은 **기회비용의 원칙**에 의해서 설명 가능하다.
⑧ **수요공급**의 원칙 : 부동산가격은 시장에서 **수요와 공급**에 의해 결정
⑨ **수익배분**의 원칙 : 토지**잔여**법
⑩ **최유효이용**의 원칙 : 합리성 + 합법성 + 물리적 채택가능성 + 최대의 수익성

[기출문제]

1. 대체의 원칙은 부동산의 가격이 대체관계의 유사부동산으로부터 영향을 받는다는 점에서, 거래사례비교법의 토대가 될 수 있다. (○)
2. 균형의 원칙은 구성요소의 결합에 대한 내용으로 균형을 이루지 못하는 과잉부분은 원가법을 적용할 때 경제적 감가로 처리한다. (×)
3. 적합의 원칙은 부동산의 입지와 인근환경의 영향을 고려한다. (○)

02 | 지역분석과 개별분석

1 의 의

① **지역분석** : 지역분석이란 **대상부동산이 어떤 지역에 속하고, 그 지역특성은 무엇이며,** 전반적으로 그 특성이 지역 내 부동산의 가치형성에 어떤 영향을 미치는가를 분석하는 것이다.

② **개별분석** : 개별분석이란 **대상부동산의 최유효이용을 판정**하고 **대상부동산의 가격을 구체화(표준화 ✕)·개별화(일반화 ✕)**시키는 작업을 말한다.

2 지역분석과 개별분석의 비교 - 선 지 표 | 후 개 최

선행 : 지역분석 : 표준적 이용 ｜ 후행 : 개별분석 : 최유효이용

➕ **암기법** 지역분석(표적수 경부선), 거지, 미개

(거시분석)지역분석	(미시분석)개별분석
표준적이용 판정	최유효이용 판정
적합의 원칙	균형의 원칙
가격수준 판정	구체적 가격 판정
경제적 감가	기능적 감가
부동성	개별성
선행분석	후행분석

3 지역분석의 대상지역(감칙)

① **인근지역** : 감정평가의 대상부동산이 속한 지역으로서 부동산의 이용이 동질적이고 가치형성요인 중 지역요인을 공유하는 지역을 말한다.

② **유사지역** : 대상부동산이 속하지 아니하는 지역으로서 인근지역과 유사한 특성을 갖는 지역을 말한다.

③ **동일수급권** : 대상부동산과 대체·경쟁 관계가 성립하고 가치 형성에 서로 영향을 미치는 관계에 있는 대상부동산이 존재하는 권역을 말하며, 인근지역과 유사지역을 포함한다.

36회 적중예상 핵심내용			기출					
테마 37	01	감정평가의 3방식과 7방법						
	02	감칙 제8조~제13조 : 절차 외 감칙 제14조~제25조 : 물건별 감정평가	28	30			33	34	35

01 감정평가의 3방식과 7방법

1 감정평가의 3방식과 7방법

☑ 감정평가에 관한 규칙

제11조 【감정평가방식】
1. 원가방식 : 원가법 및 적산법 등 비용성의 원리에 기초
2. 비교방식 : 거래사례비교법, 임대사례비교법, 공시지가기준법 등 시장성의 원리에 기초
3. 수익방식 : 수익환원법 및 수익분석법 등 수익성의 원리에 기초

3방식 (가격 3면성)	조 건	7방법	시산가액 (임대료)	장·단점
원가방식 (비용성)	가액	원가법	적산가액	① 비시장성, 비수익성 물건 적용
	임대료	적산법	적산임료	② 시장성 또는 수익성 반영 안 됨
비교방식 (시장성)	가액	거래사례비교법	비준가액	① 가장 널리 이용, 이해 쉽고, 설득력 높음
	임대료	임대사례비교법	비준임료	② 주관적, 과거가격, 신뢰도문제(호황, 불황)
	가액	공시지가기준법	토지가액	
수익방식 (수익성)	가액	수익환원법	수익가액	① 가장 이론적, 논리적, 합리적
	임대료	수익분석법	수익임료	② 신축부동산과 오래된 부동산 구분 안 됨

➕ 암기법 가액 - 원수거공, 임대료 - 적분임

2 시산가액

(1) 시산가액의 의의

① 시산가액은 원가법, 거래사례비교법, 수익환원법에 의해 산출된 적산가액, 비준가액, 수익가액을 의미한다.

② 시산가액은 최종평가액이 아니라 최종평가액이 되기 전(前) 중간과정으로서의 가격이다.

(2) 시산가액의 조정

① 부동산시장은 불완전경쟁시장이므로 평가 3방식에 의한 부동산의 시산가액은 각각 다르게 된다.

② 대상부동산의 최종평가액을 결정하기 위해서는 시산가액의 조정이 필요하다.

③ 시산가액의 조정은 주된 방식과 부수방식의 가중평균치로 계산한다.

④ 시산가액의 조정에 사용되는 자료에는 확인자료, 요인자료, 사례자료 등이 있다.

VS	시산가액	적산·비준·수익가액, 전, 중간과정	vs	최종평가액	시산가액조정, 가중평균

▶ 출제 포인트   **시산가액의 조정**

1. 시산가액 : **적산가액**, **비준가액**, **수익가액**(최종평가액이 되기 **전의 중간과정**의 가액)
2. 시산가액을 **조정**하여 최종평가액 산정, 시산가액 조정시 **가중평균**(산술평균 ×)

☑ 감정평가에 관한 규칙

제12조 【감정평가방법의 적용 및 시산가액 조정】① 감정평가법인등은 대상물건별로 정한 감정평가방법의 **주된 방법을 적용하여 감정평가하여야 한다.** 다만, **주된 방법을 적용하는 것이 곤란**하거나 부적절한 경우에는 **다른 감정평가방법을 적용**할 수 있다. [제33회]
② 감정평가법인등은 대상물건의 감정평가액을 결정하기 위하여 **시산가액**(試算價額)을 다른 감정평가방식에 속하는 하나 이상의 감정평가방법으로 산출한 시산가액과 **비교하여 합리성을 검토**해야 한다. 다만, 대상물건의 특성 등으로 인하여 다른 감정평가방법을 적용하는 것이 곤란하거나 불필요한 경우에는 그러하지 아니하다(이 경우 공시지가기준법과 그 밖의 비교방식에 속한 감정평가방법은 서로 다른 감정평가방식에 속한 것으로 본다).
제13조 【감정평가서 작성】① 감정평가법인등은 감정평가서를 의뢰인과 이해관계자가 이해할 수 있도록 명확하고 일관성 있게 **작성해야 한다.** [제33회]

기출문제 ◆

다음 자료를 활용하여 시산가액 조정을 통해 구한 감정평가액은?   [제31회]

ⓐ 거래사례를 통해 구한 시산가액(가치) : 1.2억원
ⓑ 조성비용을 통해 구한 시산가액(가치) : 1.1억원
ⓒ 임대료를 통해 구한 시산가액(가치) : 1.0억원
ⓓ 가중치 : 원가방식 20%, 비교방식 50%, 수익방식 30%를 적용함

조성비용은 원가방식, 거래사례비교법은 비교방식, 임대료는 수익방식의 가중치를 적용한다.
해설▶ 비교(1.2억원 × 50%) + 원가(1.1억원 × 20%) + 수익(1.0억원 × 30%) = 112,000,000원
계산기▶ 1.2 × 50 = 1.1 × 20 = 1.0 × 30 = GT 112 ÷ 100 = 1.12억원
정답▶ 112,000,000원

02 감칙 제8조~제13조 : 절차 외, 감칙 제14조~제25조 : 물건별 감정평가

1 감정평가의 절차 및 기본사항의 확정

☑ 감정평가에 관한 규칙

제8조 【감정평가의 절차】

➕ **암기법** 기계학자형방가 (감정평가의 의뢰 ✕)

감정평가법인등은 다음 각 호의 순서에 따라 감정평가를 하여야 한다. 다만, 합리적이고 능률적인 감정평가를 위하여 필요할 때에는 순서를 조정할 수 있다.

01	기본사항 확정	대상물건, 기준시점, 기준가치를 확정한다.
02	처리계획 수립	① 실지조사를 하여 대상물건을 확인하여야 한다.
03	대상물건 확인	객관적이고 신뢰할 수 있는 자료가 있으면 생략가능
04	자료수집, 정리	자료는 확인자료, 요인자료, 사례자료, 참고자료로 구분한다.
05	형성요인분석	일반적 요인, 지역요인, 개별요인의 분석
06	감정평가방법 선정과 적용	① 가액 : 원가법, 수익환원법, 거래사례비교법, 공시지가기준법
		② 임료 : 적산법, 수익분석법, 임대사례비교법
07	감정평가액의 결정 및 표시	시산가액 조정 ⇨ 가중평균해서 최종가액 결정

제9조 【기본사항의 확정】

➕ **암기법** 의대생 감기감기자수 [감정평가문제]

1. 기본사항의 확정(의뢰인과 협의하여 확정하여야 할 사항)

    감정평가법인등은 감정평가를 의뢰받았을 때에는 의뢰인과 협의하여 다음 각 호의 사항을 확정하여야 한다. (공시지가, 실지조사 여부 ✕)

    (1) 의뢰인

    (2) 대상물건(예 토지, 건물, 복합부동산)

    (3) 감정평가 목적(예 과세목적, 보상목적)

    (4) 기준시점

    (5) 감정평가조건(예 소유권 전체, 일부권리)

    (6) 기준가치(예 비교방식, 원가방식)

    (7) 관련 전문가에 대한 자문 또는 용역(이하 "자문 등"이라 한다)에 관한 사항

    (8) 수수료 및 실비에 관한 사항

2. 감정평가법인등은 필요한 경우 관련 전문가에 대한 자문 등을 거쳐 감정평가할 수 있다.

---

2 감정평가에 관한 규칙(물건별 감정평가)

대 상	원 칙	예 외
토 지	공시지가기준법	적정한 실거래가 : 거래사례비교법 임대료, 조성비용고려
건 물	원가법	
토지와 건물, 집합건물 일괄평가	거래사례비교법	토지와 건물가액 구분표시 가능
건설기계, 항공기, 선박	원가법	해체처분가액(효용가치 ×)
자동차, 동산	거래사례비교법	해체처분가액(효용가치 ×)
산 림	산지, 입목을 구분평가 입목 : 거래사례비교법	소경목림 : 원가법 일괄평가 : 거래사례비교법
영업권(무형자산), 광업재단 · 공장재단	수익환원법	
임대료	임대사례비교법	
상장주식, 상장채권	거래사례비교법	비상장채권은 수익환원법

공장재단	개별평가(원칙) ⇨ 공장재단을 구성하는 개별 물건의 감정평가액을 합산 *토지평가액 + 건물평가액 + 기계평가액 + …
	일괄평가(예외) ⇨ 수익환원법을 적용(계속적인 수익이 예상되는 경우)
광업재단	수익환원법을 적용
유가증권	상장주식, 상장채권 / 거래사례비교법을 적용 비상장채권, 기업가치 / 수익환원법을 적용

☑ 물건별 감정평가방법

원가법	거래사례비교법	수익환원법
㉠ 건물 ㉡ 소경목림 ㉢ 항공기 ㉣ 선박 ㉤ 건설기계 **+암기법** 건물사서 성공 하는게 소원 건건항선, 소원	㉠ 토지와 건물의 일괄평가 ㉡ 산지와 입목을 일괄평가 ㉢ 입목 ㉣ 과수원 : 토지+과수원 ㉤ 자동차 ㉥ 동산 ㉦ 상장주식 ㉧ 상장채권 **+암기법** 맛동산 과자 일괄 입목(사례) 상장	㉠ 무형자산 : 영업권, ~권 ㉡ 광업재단 : 광업권+광물채굴 설비 등 ㉢ 공장재단(합산, 계속수익예상 일괄) ㉣ 비상장채권 ㉤ 기업가치 **+암기법** ~권, ~재단, 기업가치

제10조 【대상물건의 확인】 ① 감정평가법인등이 감정평가를 할 때에는 실지조사를 하여 대상물건을 **확인해야 한다.**

② 감정평가법인등은 실지조사를 하지 않고도 객관적이고 신뢰할 수 있는 자료를 충분히 확보할 수 있는 경우에는 실지조사를 **하지 않을 수 있다.**

제25조 【소음 등으로 인한 대상물건의 가치하락분에 대한 감정평가】 감정평가법인등은 소음·진동·일조침해 또는 환경오염 등(이하 "소음등"이라 한다)으로 대상물건에 직접적 또는 간접적인 피해가 발생하여 대상물건의 가치가 하락한 경우 그 가치하락분을 감정평가할 때에 소음등이 발생하기 전의 대상물건의 가액 및 원상회복비용 등을 **고려해야 한다.**

☑ 감정평가에 관한 규칙(2023년 9월 14일 시행)

제21조 【동산의 감정평가】 ① 감정평가법인등은 **동산**을 감정평가할 때에는 **거래사례비교법**을 적용해야 한다. 다만, **본래 용도의 효용가치가 없는 물건**은 **해체처분가액**으로 감정평가할 수 있다.

② 제1항 본문에도 불구하고 **기계·기구류를 감정평가할 때에는 원가법을 적용**해야 한다.

┌ 기출문제 •┄┄┄┄┄┄┄┄┄┄┄┄┄┄┄┄┄┄┄┄┄┄┄┄┄┄┄┄┄┄┄┄┄┄┄┄┄┄

감정평가에 관한 규칙상 대상물건별로 정한 감정평가방법(주된 방법)이 수익환원법인 대상물건은 모두 몇 개인가? [제34회]

• 상표권	• 임대료
• 저작권	• 특허권
• 과수원	• 기업가치
• 광업재단	• 실용신안권

① 2개   ② 3개   ③ 4개

④ 5개   ⑤ 6개

정답▶ ⑤

		36회 적중예상 핵심내용	기출							
테마 38	01	원가방식, 원가법(이론문제)(계산문제16)	28	29		31	32	33	34	35
	02	수익방식, 수익환원법(이론문제)(계산문제17)	28		30		32	33		35

01 원가방식, 원가법 계산문제(이론문제)(계산문제16)

1 원가법 ➕암기법 원재감

원가법이란 대상물건의 **재조달원가**에 **감가수정**을 하여 대상물건의 **가액**을 산정하는 감정평가방법을 말한다.

감가수정

적산가액 = 재조달원가 - 감가누계액

(1) 재조달원가 : 기준시점에서의 신축공사원가[공사비]

① 의의 : 기준시점(건축시점 ×, 신축시점 ×, 취득시점 ×)에서 대상물건을 재생산하거나 재취득하는 데 소요되는 적정원가의 총액을 말한다.

② 종 류
- 복제원가 : 물리적 동일성
- 대체원가 : 동일한 효용 ⇨ 기능적 감가는 하지 않는다(대기 없다).

③ 산정기준 : 재조달원가는 항상 도급건설한 경우에 준하여 처리한다.

재조달원가 = 표준적인 건설비(공사비 + 수급인적정이윤) + 통상의 부대비용
공사비 + 적정이윤   제세공과금 등 [제35회]

┌ 기출문제 ┐

다음 건물의 m²당 재조달원가는?   [제25회]

㉠ 20년 전 준공된 5층 건물(대지면적 500m², 연면적 1,450m²)
㉡ 준공당시의 공사비내역
   ① 직접공사비 : 300,000,000원
   ② 간접공사비 : 30,000,000원
   ③ 개발업자의 이윤 : 70,000,000원
㉢ 20년 전 건축비지수 : 100, 기준시점 건축비지수 : 145

해설 ▶ 1. 재조달원가(개발업자의 이윤 포함) : 400,000,000원(준공당시) $\times \dfrac{145}{100}$ = 580,000,000원

2. m²당 재조달원가 = $\dfrac{580,000,000원(건물 전체의 재조달원가)}{1,450m²(건물연면적)}$ = 400,000원/m²

계산기 ▶ 400,000,000 × 1.45 ÷ 1,450 =

정답 ▶ 400,000원

---

(2) 감가요인

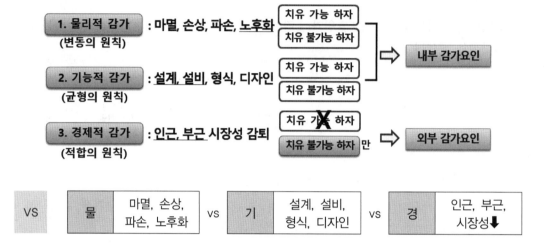

(3) 감가수정의 방법

감가수정이란 대상물건에 대한 재조달원가를 감액하여야 할 요인이 있는 경우에 물리적 감가, 기능적 감가 또는 경제적 감가 등을 고려하여 그에 해당하는 금액을 재조달원가에서 공제하여 기준시점에 있어서의 대상물건의 가액을 적정화하는 작업을 말한다.

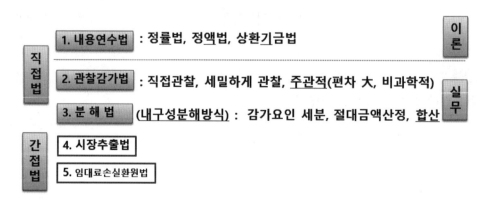

(4) (경제적) 내용연수법

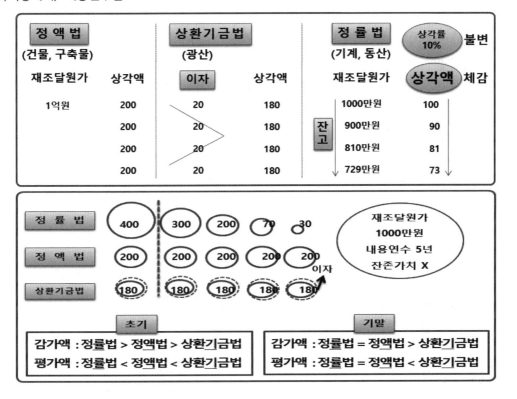

VS	**률** 상각액 감소	400	vs	**액** 상각액 불변	200	vs	**기** 이자	180

① 감가액을 계산하는 감가수정방법에는 **내용연수법**, **관찰감가법**, **분해법** 등이 있다.
② **(경제적)** 내용연수법은 정률법, 정액법, 상환기금법으로 구분된다.
③ **정액법**은 매년 감가액이 **일정**하다고 가정하는 방법으로(주로 **건물**에 **활용**)
　 감가액이 경과연수에 **정비례**하며 증가한다. 　　　　　(**직선법**이라고도 한다)
④ **정률법**은 매년 감가율이 **일정**하다고 가정하는 방법으로 (주로 **동산(기계)**에 **활용**)
　 매년 감가율은 **일정**하나 ‖ 감가**액**이 **감소**하며 ‖ **초기**감가액이 매우 **크다**.
⑤ **상환기금법**은 감가계산시 **복리이자**를 고려하여 감가액을 산정하는 방법이다. (**광산**)

(5) 감가수정과 감가상각 비교

• **감가수정**(부동산**평가**) : 실제 가치감소분 반영
• **감가상각**(기업회계) : 발생비용의 형식적 기간 배분

기출문제

[제32회, 제33회]

1. 정률법에서는 매년 감가율이 감소함에 따라 감가액이 감소한다. (×)
2. 정액법에서는 감가누계액이 경과연수에 정비례하여 증가한다. (○)
3. 상환기금법은 건물 등의 내용연수가 만료될 때 감가누계상당액과 그에 대한 복리계산의 이자상당액분을 포함하여 당해 내용연수로 상환하는 방법이다. (○)
4. 감가수정과 관련된 내용연수는 경제적 내용연수가 아닌 물리적 내용연수를 의미한다. (×)
5. 정률법은 매년 일정한 감가율을 곱하여 감가액을 구하는 방법으로 매년 감가액이 일정하다. (×)

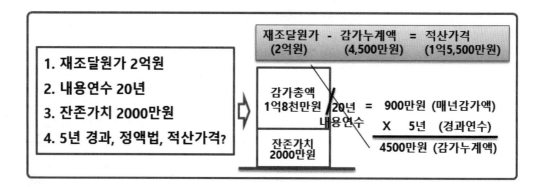

기출문제

1. 정액법에 의한 적산가액은? 【   】원

[제25회, 제29회, 제31회 수정, 제34회]

• 사용승인시점 : 2016.9.20 • 기준시점 : 2018.9.20 • 사용승인시점 공사비 : 3억원 • 공사비 상승률 : 매년 5% 상승 • 경제적 내용연수 : 50년 • 감가수정방법 : 정액법 • 내용연수 만료시 잔존가치율 : 10%	⇨ 재조달원가 산정 $300,000,000 \times 1.05 \times 1.05$ $= 330,750,000$

★ 주의 : 공사비 상승률과 건축비지수의 구분

• 매년 공사비 상승률 5%(2년 적용)	⇨	재조달원가 = 3억 × 1.05 × 1.05
• 사용승인시점 : 건축비지수 100 기준시점 : 건축비지수 110	⇨	재조달원가 = 3억 × $\dfrac{110(\text{기준시점})}{100(\text{사용승인시점})}$

적산가액 = 재조달원가 − 감가누계(수정)액

★ 주의 : 연면적과 신축공사비의 재조달원가 산정

연면적(250m²) × 신축공사비(1,200,000원/m²) = 재조달원가(300,000,000원)

해설▶ ① 재조달원가 = 3억원 × (1 + 0.05)² = 330,750,000원

② 매년감가액 = 330,750,000원 − 10% ÷ 50년 = 5,953,500원

③ 감가누계액 = 5,953,500원 × 2년 = 11,907,000원

④ 적산가액 = 330,750,000원 − 11,907,000원 = 318,843,000원

• 정액법 = 재조달원가 − 잔존가치 ÷ 내용연수 × 경과연수 − 재조달원가

⇨ 빼   나   곱   빼

계산기▶ 300,000,000 × 1.05 × 1.05 = (메모) − 10% ÷ 50 × 2 − 330,750,000 =

➕ 암기법   빼   나   곱   빼

정답▶ 318,843,000원

2. 정률법에 의한 적산가액은? 【   】 원

> ㉠ 신축공사비 : 8,000만원
> ㉡ 준공시점 : 2015년 10월 31일, 건축비지수 : 100
> ㉢ 기준시점 : 2020년 10월 31일, 건축비지수 : 125
> ㉣ 전년대비 잔가율 : 70%

적산가액 = 재조달원가 × 전년대비잔가율ⁿ   재잔n

정률법 = 재조달원가 × (전년대비잔가율)ⁿ ⇨ ➕ 암기법 재 잔 n

해설▶ 적산가액 = 8,000만원 × $1.25(\frac{125}{100})$ × $(0.7)^5$ = 16,807,000원

계산기▶ 0.7 × 0.7 = × 80,000,000 × 1.25 =

정답▶ 16,807,000원

---

2 **적산법** ➕ 암기법 적산기기필임

> **적산임료** = **기초가액** × **기대이율** + **필요제경비**
>
> **적산**법이란 대상물건의 **기**초가액에 **기**대이율을 곱하여 산정된 기대수익에 대상물건을 계속하여 임대하는 데에 **필**요한 경비를 더하여 대상물건의 **임**대료를 산정하는 감정평가방법을 말한다.

02 수익방식, 수익환원법(이론문제)(계산문제17)

1 수익환원법

(1) 개 요

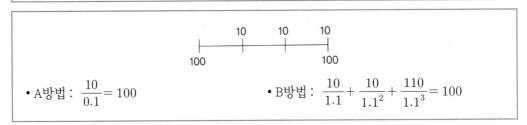

• 수익가액 $= \dfrac{순수익}{환원이율}$

• 환원이율 = 자본수익률(할인율) + 자본회수율(상각률)

• A방법: $\dfrac{10}{0.1} = 100$　　　　　• B방법: $\dfrac{10}{1.1} + \dfrac{10}{1.1^2} + \dfrac{110}{1.1^3} = 100$

① 의의: **수익환원**법이랑 대상물건이 장래 산출한 것으로 기대되는 순수익이나 미래의 현금흐름을 환원하거나 할인하여 대상물건의 가액을 산정하는 감정평가방법을 말한다.

② 방 법
  • A방법: 순수익을 환원(나누기 0.1), 한 해 소득
  • B방법: 미래의 현금흐름을 할인(나누기 1.1), 매기간 소득

③ 가치의 정의에 가장 부합하여 이론상 가장 우수한 방법이다.

(2) 순영업소득

① 산정기준: 장래 기대되는 1년간 순영업소득으로 산정

② 산정과정: 가공기유영순

(3) 환원이율 ＋암기법 수익을 가격으로 환원

① 개념: '전환율' ⇨ 순영업소득을 가격으로 전환시키는 비율

② 적용: 순영업소득이 100이고 환원이율이 5%인 경우 가격은 $\dfrac{100}{0.05} = 2,000$

▶ 출제 포인트) **환원이율의 구성**

1. **환원이율 = 자본수익률(할인율, 순수이율) + 자본회수율(상각률, 위험률)**

   ⇨ 상각률 = $\dfrac{1}{n}$ (20년 = 5%, 50년 = 2%)

   ① **토지의 개별 환원이율 = 자본수익률(할인율)**
   ② **건물의 개별 환원이율 = 자본수익률(할인율) + 자본회수율(상각률)**

2. 환원이율 = $\dfrac{순수익(순영업소득)}{가격}$ [제35회 계산문제]

3. 환원이율 = 저당상수 × 부채감당률$\left(\dfrac{순영업소득}{부채서비스액}\right)$ × 대부비율 ⇨ 부채감당법

4. 환원이율 = (지분비율 × 지분배당률) + (저당비율 × 저당상수)

③ 자본환원율(환원이율) : 총투자액에 대한 순영업소득의 비율이다. 이론문제로 나올 때에는 자본환원율은 요구수익률로 해석한다.

기출문제 ◂

1. 자본의 기회비용을 반영하므로, 자본시장에서 시장금리가 상승하면 함께 상승한다. (○)
2. 부동산자산이 창출하는 순영업소득에 해당자산의 가격을 곱한 값이다. (×)
3. 자산가격 상승에 대한 투자자들의 기대를 반영한다. (○)
4. 자본환원율이 상승하면 자산가격이 상승한다. (×)
5. 프로젝트의 위험이 높아지면 자본환원율도 상승한다. (○)
6. 자본환원율은 자본의 기회비용을 반영하며, 금리의 상승은 자본환원율을 높이는 요인이 된다. (○) [제33회]
7. 순영업소득(NOI)이 일정할 때 투자수요의 증가로 인한 자산가격 상승은 자본환원율을 높이는 요인이 된다. (×) [제33회]
8. 투자위험의 감소는 자본환원율을 낮추는 요인이 된다. (○) [제33회]
9. 부동산시장이 균형을 이루더라도 자산의 유형, 위치 등 특성에 따라 자본환원율이 서로 다른 부동산들이 존재할 수 있다. (○) [제33회]

④ 산정방법 : 환원이율의 산정방법 : 조. 시. 투. 엘. 부   ➕ 암기법 조씨가 12명

1. 시장추출법	최근에 거래된 유사부동산에서 도출
2. 조성법 (요소구성법)	환원이율 = 순수이율 + 위험률, 요구수익률 산정과 유사, **주관**개입
3. 투자결합법	① 물리적 투자결합법 : 순수익을 발생하는 능력은 토지와 건물이 서로 다르며, **분리될 수** 있다는 가정하에 근거하여 성립 개별환원이율을 가중평균해서 종합환원이율 도출한다. －토지환원율×토지가격구성비 + 건물환원율×건물가격구성비 ② 금융적 투자결합법 : 저당투자자의 요구수익률과 지분투자자의 요구수익률이 서로 다르며, **분리할 수** 있다는 가정하에 근거하여 성립 －저당환원율×대부비율 + 지분환원율×지분비율
4. 엘우드법 (저당지분환원법)	지분투자자(차입자) 입장, 매기간의 현금수지, 가치변화분, 지분형성분 세전현금수지 기준(저당 고려, 세금 불고려)
5. 부채감당법	㉠ 저당투자자의 입장에서 환원이율을 구하는 방법이다. ㉡ 환원이율 = 저당상수×부채감당률×대부비율 ➕ 암기법 저당·감당·대? 저부대

★ '영속성은 토지의 수익가격 산정시 직접환원법의 근거가 된다.'의 해설
  －건물의 환원이율 = 자본수익률 + 자본회수율(감가상각률) : 직선환원법
  －토지의 환원이율 = 자본수익률(∵영속성 때문에 감가되지 않음) : 직접환원법

▶ 출제 포인트   **환원이율의 산정방법**

1. 환원이율 산정방법(시.조.투.엘.부)과 감가수정방법을 구분(내.관.분.시.임)
2. 감가수정 방법 : 내용연수법(률.액.기), 관찰감가법, 분해법, 시장추출법, 임대료손실환원법
3. 시장추출법은 거래사례(매매사례)로부터 환원이율을 산정(대상부동산×)
4. 조성법(요소구성법)은 요구수익률의 산정방법과 유사하게 환원이율 산정, 주관적(객관적×)
5. 투자결합법은 다르며, 분리될 수 있다(동일하며×, 분리될 수 없다×).
6. 엘우드법은 지분투자자(차입자)입장, 부채감당법은 저당투자자(대출자)입장 ⇨ 엘.지 | 부.저
7. 엘우드법(3 - 매기간, 지분형성분, 가치변화분), 부채감당법(3 - 저당상수, 부채감당률, 대부비율)

2 수익분석법

수익임료 = 순수익 + 필요제경비
수익분석법이란 일반기업 경영에 의하여 산출된 총수익을 분석하여 대상물건이 일정한 기간에 산출할 것으로 기대되는 순수익에 대상물건을 계속하여 임대하는 데에 **필요한 경비**를 더하여 대상물건의 임대료를 산정하는 감정평가방법을 말한다.

3 수익가격, 환원이율 기출 계산문제 [제28회, 제30회, 제32회, 제33회, 제35회]

> 기출문제 •

1. 다음 자료를 활용하여 직접환원법으로 산정한 대상부동산의 수익가액은?(단, 연간 기준이며, 주어진 조건에 한함) [제32회]

- 가능총소득(PGI) : 70,000,000원
- 공실상당액 및 대손충당금 : 가능총소득의 5%
- 영업경비(OE) : 유효총소득(EGI)의 40%
- 환원율 : 10%

① 245,000,000원   ② 266,000,000원   ③ 385,000,000원
④ 399,000,000원   ⑤ 420,000,000원

해설▶ 직접환원법 ⇨ 수익가격 = 순영업소득 / 환원율 = 3,990만원/0.1
= 3억 9,900만원

• 가능조소득(7,000만원) − 공실상당액 및 대손충당금(350만원) = 유효조소득(6,650만원)
− 영업경비(2,260만원) = 순영업소득(3,990만원)

수익가액 = 가능총소득 − 공실·불량부채 − 영업경비 ÷ 환원이율

⇨ 빼   빼   나

계산기▶ 70,000,000 − 5% − 40% ÷ 10% = 399,000,000
➕암기법 빼 빼 나
정답▶ ④

2. 다음 자료에서 수익방식에 의한 대상부동산의 시산가액 산정시 적용된 환원율은? (단, 연간 기준이며, 주어진 조건에 한함) [제35회]

- 가능총수익(PGI) : 50,000,000원
- 공실손실상당액 및 대손충당금 : 가능총수익(PGI)의 10%
- 운영경비(OE) : 가능총수익(PGI)의 20%
- 환원방법 : 직접환원법
- 수익방식에 의한 대상부동산의 시산가액 : 500,000,000원

---

① 7.0%　　　　　　　② 7.2%　　　　　　　③ 8.0%
④ 8.1%　　　　　　　⑤ 9.0%

해설▶ 환원율 (7.0%) = 순영업소득 / 수익가격 = 3,500만원 / 50,000만원

　　　• 가능총수익(5,000만원) − 공실상당액 및 대손충당금(500만원) = 유효조소득(4,500만원)
　　　−영업경비(1,000만원) = 순영업소득(3,500만원)

정답▶ ①

구 분	환원이율 계산
1. 투자결합법	• 토지가액 : 건물가액 = 40% : 60% • 토지환원이율 : 5% • 건물환원이율 : 10% 　계산기▶ 환원이율 = 40 × 5%　60 × 10% GT = 8%(0.08) 　야매 : 40 × 5 = 60 × 10 = GT　800 ÷ 100 (8%)
2. 부채감당법	• 순영업소득 : 연 30,000,000원 • 부채서비스액 : 연 15,000,000원 • 지분비율 : 대부비율 = 60% : 40% • 대출조건 : 이자율 연 12% • 저당상수 : 0.177 　계산기▶ 환원이율 = 저당상수(0.177) × 부채감당률(2) × 대부비율(0.4) = 0.1416

	36회 적중예상 핵심내용		기출							
테마 39	01	비교방식 이론								
	02	비교방식(계산문제18)	28	29	30	31	32	33	34	35
	03	감정평가에 관한 규칙	28	29	30	31	32	33	34	35

01 　비교방식 이론

1　의 의

① **공시지가기준(비교×)법** : 비교표준지의 공시지가를 기준으로 ~~ 시점수정, 지역요인 및 개별요인 비교, 그 밖의 요인의 보정을 거쳐 대상토지의 가액을 산정
　암기법 비시지개그
② **거래사례비교법** : 거래사례와 비교하여 ~~ 사정보정, 시점수정, 가치형성요인 비교 등의 과정을 거쳐 대상물건의 가액을 산정하는 감정평가방법이다. **암기법** 사시형
③ **임대사례비교법** : 임대사례와 비교하여 ~~ 사정보정, 시점수정, 가치형성요인 비교 등의 과정을 거쳐 대상물건의 임대료를 산정하는 감정평가방법이다. **암기법** 사시형

2　장단점

① 장점 : 거래사례비교법은 실증적이고 설득력이 높은 방법이다.
② 단점 : 과도한 호황 · 불황기에는 사례가격에 대한 신뢰성이 떨어진다.

3　사례의 선택　　**위물시사** 4가지를 **모두** 갖춘 사례이어야 한다.

① 위치의 유사성 : 인근지역 또는 동일수급권 내 유사지역의 사례
② 물적 유사성 : 규모나 형태 등의 개별요인이 대상부동산과 유사한 사례
③ 시점수정가능성 : 거래시점이 명확하고 시점수정이 가능한 사례
　 거래시점을 알 수 없는 사례 : 사례자료로 채택 불가능
④ 사정보정가능성 : 사정이 없거나 사정보정이 가능한 사례이어야 한다. 저당이 설정된 매매사례는 사례로 선택할 수 있다. 특수한 사정이 개입된 사례 : 사례자료로 채택 가능 (사정보정 가능시)

4 사례의 정상화(사례부동산의 상황을 대상부동산의 상황으로 바꾸는 작업이다)

① 정상화의 내용 : 사정보정, 시점수정, 지역요인비교, 개별요인비교, 면적비교 등
② 방법(상승식 - 수정치를 곱해나가는 방법) : 대상이 사례보다 5% 우세면(100% + 5%)
105%(1.05)를 곱하고, 대상이 사례보다 15% 열세(100% - 15%)이면 85%(0.85)를 곱한다.

분자	대상부동산	기준시점	1. ~은, ~는, ~이, ~가 ⇨ 조정
분모	사례부동산	거래시점	2.　　　~보다　　　 ⇨ 100

단, 사정보정치의 경우에는 사례가 정상가격보다 10% 싸게 거래되었다면

⇨ $\dfrac{100}{90}$ (방법 : ×100 ÷ 90)을 곱한다. [제33회]

③ 사례를 인근지역에서 구한 경우에는 '지역요인비교'를 하지 않는다.
④ 공시지가기준법에서는 '사정보정'은 하지 않는다.

5 공시지가기준법 : 토지가격의 산정(감칙)

> 토지를 감정평가할 때에는 공시지가기준법을 적용하여야 한다. 즉, 감정평가법인등은 토지를 감정평가하는 경우에는 그 토지와 이용가치가 비슷하다고 인정되는 표준지공시지가를 기준으로 하여야 한다. 다만, 적정한 실거래가가 있는 경우에는 이를 기준으로 할 수 있다. 감정평가법인등은 적정한 실거래가를 기준으로 토지를 감정평가할 때에는 거래사례비교법을 적용하여야 한다. 단, 해당 토지의 임대료, 조성비용 등을 고려하여 감정평가할 수 있다.

적정한 실거래가란 부동산 거래신고에 관한 법률에 따라 신고된 실제 거래가격으로서 거래시점이 도시지역은 3년 이내, 그 밖의 지역은 5년 이내인 거래가격 중에서 감정평가법인등은 인근지역의 지가수준 등을 고려하여 감정평가의 기준으로 적용하기에 적정하다고 판단하는 거래가격을 말한다.

(1) 토지가격산정의 과정

> ① **비교표준지** 선정 ⇨ ② **시점수정** ⇨ ③ **지역요인** 비교 ⇨ ④ **개별요인** 비교 ⇨ ⑤ **그 밖의 요인 보정**

① 공시지가기준법 적용 : 표준지공시지가 기준
② 거래사례비교법 적용 : 적정한 실거래가 기준
③ 임대료, 조성비용 기준

(2) 토지가격의 산정

① 비교표준지 선정

⊙ 인근지역에 있는 표준지 선정(예외적으로 유사지역에 있는 표준지를 선정 가능)

ⓒ 표준지공시지가를 기준으로 토지가격 산정시 사정보정을 하지 않는다.

② 시점수정 : 국토교통부장관이 조사·발표하는 비교표준지가 있는 시·군·구의 같은 용도지역 지가변동률을 적용할 것

⊙ 공법상 제한이 같거나 비슷한 용도지역의 지가변동률, 이용상황별 지가변동률 또는 해당 시·군·구의 평균지가변동률을 적용할 것

ⓒ 지가변동률을 적용하는 것이 불가능하거나 적절하지 아니한 경우에는 한국은행이 조사·발표하는 생산자물가지수에 따라 산정된 생산자물가상승률을 적용할 것

---

02 비교방식(계산문제18)

기출문제

1. 다음 자료를 활용하여 공시지가기준법으로 산정한 대상토지의 단위면적당 시산가액은? (단, 주어진 조건에 한함) [제30회, 제32회, 제34회]

【   】원

• 대상토지 • 기준시점	: A시 B구 C동 120번지, 일반**상업지역**, 상업용 : 2023.10.28				

• 비교표준지	기호	소재지	용도지역	이용상황	공시지가(원/m²)
	1	C동 110	준주거지역	상업용	6,000,000
	2	C동 130	일반**상업지역**	상업용	8,000,000

• 지가변동률 (2023.01.01.~2023.10.28.) • 지역요인 • 개별요인 • 그 밖의 요인 보정치 • 상승식으로 계산할 것	•지가변동률 - 주거지역 : 3% 상승 - **상업지역 : 5% 상승** •지역요인 : 표준지와 대상토지는 인근지역에 위치하여 지역요인 동일함 •개별요인 : 대상토지는 표준지 기호 1에 비해 개별요인 10% 우세하고, 표준지 기호 2에 비해 개별요인 3% 열세함 • 그 밖의 요인 보정 : 대상토지 인근지역의 가치형성요인이 유사한 정상적인 거래사례 및 평가사례 등을 고려하여 그 밖의 요인으로 50% 증액 보정함

계산기▶ (공표지) 토지가액 = 8,000,000원/m² × 1.05(상업지역) × 0.97(개별) × 1.5(그밖)

= 12,222,000원/m²

정답▶ 12,222,000원/m²

2. 거래사례비교법으로 산정한 토지의 비준가액은? (상승식으로 계산)

【　　　　　】원

[제28회, 제29회, 제31회, 제33회]

• 대상토지 • 기준시점	: A시 B구 C동 350번지, 150m² (면적), 대(지목), 주상용(이용 상황), 제2종일반주거지역(용도지역) : 2022.10.29.
• 거래사례의 내역	• 소재지 : A시 B구 C동 340번지 • 200m² (면적), 대(지목), 주상용(이용상황) • 제2종 일반주거지역(용도지역) • 거래가격 : 800,000,000원 • 거래시점 : 2022.06.01. • 사정보정치 : 0.9
• 지가변동률 　(A시 B구, 2022.06.01~ 　2022.10.29.) • 지역요인 • 개별요인	: 주거지역 5% 상승, 상업지역 4% 상승 : 거래사례와 동일 : 거래사례에 비해 5% 열세

계산기▶ $800,000,000 \times 150 \div 200(\frac{150}{200}) \times 0.9(\text{사정보정치}) \times 1.05(\text{주거지역}) \times 0.95(\text{개별})$

$\quad\quad = 538,650,000$원

정답▶ 538,650,000원

3. 거래사례비교법으로 산정한 대상토지의 시산가액은? (상승식으로 계산) [제35회]

【　　　　　】원

• 대상토지 • 기준시점	• 대상토지 　- 소재지 : A시 B구 C동 150번지 　- 용도지역 : 제3종일반주거지역 　- 이용상황, 지목, 면적 : 상업용, 대, 100m^2 • 기준시점 : 2024.10.26
• 거래사례의 내역	• 거래사례 　- 소재지 : A시 B구 C동 120번지 　- 용도지역 : 제3종일반주거지역 　- 이용상황, 지목, 면적 : 상업용, 대, 200m^2 　- 거래가격 : 625,000,000원 　　(가격 구성 비율은 토지 80%, 건물 20%임) 　- 사정개입이 없는 정상적인 거래사례임 　- 거래시점 : 2024.05.01
• 지가변동률 • 지역요인 • 개별요인	• 지가변동률(A시 B구, 2024.05.01.~2024.10.26.) 　: 주거지역 4% 상승, 상업지역 5% 상승 • 지역요인 : 대상토지와 거래사례 토지는 인근지역에 위치함 • 개별요인 : 대상토지는 거래사례 토지에 비해 10% 우세함

계산기▶ $625,000,000 \times 100 \div 200(\frac{100}{200}) \times 0.8$ (토지가격구성비) $\times 1.04$(주거지역) $\times 1.1$(개별)

　　　　$= 286,000,000$원

정답▶ 286,000,000원

03   감정평가에 관한 규칙

1 감정평가에 관한 규칙: 제2조 용어

1. 시장가치   ➕암기법 시장 – 통 – 가능 – 높

평가의 **기준이 되는 가치**로서,
① **통**상적 시장 ② 성립될 **가능**성이 가장 **높**다고 인정되는 대상물건의 가액

2. 기준시점

① 감정평가액을 결정하는 **기준이 되는 시점**

3. 가치형성요인   ➕암기법 형경이 일지개

대상 물건의 **경**제적 가치에 영향을 미치는 **일**반적, **지**역적, **개**별적 요인

4. 감가수정

대상 물건을 감액할 요인이 있을 때, ① **물**리적 감가 ② **기능**적 감가 ③ **경**제적 감가 등
을 고려하여 **재조달원가**에서 **공제**하여 **대상물건의 가액**을 적정화하는 작업

5. 적정한 실거래가

신고된 실제거래가격으로 **도시지역**은 **3년** 이내, **그 밖의 지역**은 **5년** 이내의 거래가격 중
평가기준으로 적정한 가격

6. 인근지역, 유사지역, 동일수급권

지역분석의 대상 지역 : **인근지역, 유사지역, 동일수급권**
① **인근지역** : 대상부동산이 **속한** 지역 ‖ **지역요인**을 공유함
② **유사지역** : 대상부동산이 **속하지 않은** 지역 ‖ **인근지역과 유사**
③ **동일수급권** : 대상 부동산과 **대체 경쟁관계**성립 ‖ **인근+유사 포함**
   가치 형성에 서로 영향을 미치는 [감정평가 문제]

2 감정평가에 관한 규칙 : 제2조 3방식 관련

1. 원가법(비용성) ➕ 암기법 원재감

① **재**조달원가에 **감**가수정하여 **가**액을 산정하는 방법
② 적산가역 = **재조달원가 − 감**가누계액(감가수정)

2. 적산법 ➕ 암기법 적산기기필임

① **기**초가액에 **기**대수익을 곱하고 **필**요제경비를 더하여 **임**료산정
② **적산임료** = **기**초가액 × **기**대이율 + **필**요제경비

3. 거래사례비교법(시장성) ➕ 암기법 사시형

① **거래사례**를 **사**정보정, **시**점수정, 가치**형**성요인을 비교하여 **가**액을 산정
② 비준**가액** = 사례**가액** × **사**정보정 × **시**점수정 × 가치**형**성요인 비교

4. 임대사례비교법 ➕ 암기법 사시형

① **임대사례**를 **사**정보정, **시**점수정, 가치**형**성요인 비교하여 **임료**를 산정하는 방법
② 비준**임료** = 사례**임료** × **사**정보정 × **시**점수정 × 가치**형**성요인비교

5. 공시지가기준법 ➕ 암기법 비시지개그

① **비**교 표준지를 기준으로 **시**점수정, **지**역요인, **개**별요인, **그** 밖의 요인 보정을 비교하여
   가액산정
② **토지가액** = **비**교 표준지공시지가 × **시**점수정 × **지**역요인 × **개**별요인 × **그** 밖의 요인 보정

6. 수익환원법

① 장래 순수익, **미래의 현금흐름**을 **환원**하거나 **할인**하여 **가액** 산정
② 수익가액 $= \dfrac{순영업소득}{환원이율}$

7. 수익분석법

① 총수익을 분석, 장래 예상되는 **순수익**에 **필요경비**를 더하여 **임료** 산정
② 수익임료 = 순수익 + 필요제경비

3 감정평가에 관한 규칙 : 제5조 - 제10조

제5조 : 시장가치 기준

① **원칙** : 감정평가는 **시장가치를 기준**으로 하는 것을 **원칙**으로 함
② **예외** : **시장가치 외의 가치를** 기준으로 평가할 수 **있음**

제6조 : 현황기준 원칙

① **원칙** : 대상 물건의 이용상황 및 **공법상 제한을 받는** 상태를 기준으로 함**(현황)**
② **예외** : 실제와 다르게 가정하거나 한정하는 **조건부** 평가도 **가능(조건부)**

제7조 : 개별평가절차

① 감정평가의 **원칙** : **개별평가**를 원칙으로 함
② 둘 이상의 물건이 일체거래, 용도상 **불가분**의 관계 : **일괄**평가
③ 하나의 물건이라도 **가치를 달리**하면 : **구분평가**
④ 일체로 이용되는 물건의 **일부만** 평가 : **부분** 평가

제8조 : 감정평가절차 **➕ 암기법** 기계학자형방가

기본적 사항확정 ➩ 처리**계획** ➩ 대상물건**확**인 ➩ **자료** 수집 및 정리 ➩ 자료검토 및 가치**형**성요인의 분석 ➩ 감정평가**방**법의 선정 및 적용 ➩ 감정 평**가**액의 결정 및 표시

제9조 : 기본적 사항 확정

① **기준시점 원칙** : **가격조사를 완료한 날짜**를 기준으로 함   **➕ 암기법** 가조완날
② 기준시점을 **미리 정하였을 때**에는 그 날짜에 **가격조사가 가능한 경우**에 한하여 그 일자를 기준시점으로 할 수 있음 [제35회]

제10조 : 대상물건 확인

① **원칙** : 실지조사를 통하여 물건을 확인하는 것이 **원칙**
② **예외** : 객관적이고 신뢰할 수 있는 자료를 확보한다면 **실지조사를 생략**할 수 **있음**

4 감정평가에 관한 규칙 : 물건별 평가원칙

① 토지 : 공시지가기준법 원칙 ‖ **실거래가** 기준 : **거래사례비교법**
② 산림 : 산지와 입목 **구분** 원칙 ‖ **입목** : 거래**사례**비교법
   ↳ 산지와 입목을 **일괄**평가시 : **거래**사례비교법
③ 임대료 : **임대사례비교법**

원가법	건물, 건설기계, **항공기**, 선박, 소경목림 ➕ 암기법 건건항선, 소원
거래사례비교법	**동산**, **과수원**, **자동차**, 건물 · 토지 **일괄**, **입목**, **상장**주식 ➕ 암기법 맛동산 과자 일괄 입목(사례) 상장
수익환원법	어업**권**, 영업**권**, 특허**권**, 저작**권**, 실용신안**권**, 공장**재단**, 광업**재단**, 기업가치, 비상장채권 ➕ 암기법 ~권, ~재단. 기업가치, 비상장채권

36회 적중예상 핵심내용		기출							
테마 40 01 부동산가격공시제도		28	29	30	31	32	33	34	35

01 부동산가격공시제도 ➕암기법 표준적인 토인은 주원이

구 분			공시주체	공시일자 (공시 기준일 1월 1일)
토지 (감정평가법인등) 공시해야 한다.		1.**표준지**공시지가 (심의기구)	국토교통부**장**관 (**중앙**부동산가격공시위원회)	2월 말일까지
		2.**개별**공시지가 (심의기구)	**시·군·구청장** (**시·군·구**부동산가격공시위원회)	5월 31일까지
주택 (한국부동산**원**) 공시해야 한다.	단독	3.**표준주택**가격 (심의기구)	국토교통부**장**관 (중앙부동산가격공시위원회)	1월 31일까지
		4.**개별주택**가격 (심의기구)	**시·군·구청장** (**시·군·구**부동산가격공시위원회)	4월 30일까지
	공동	5.**공동주택**가격 (심의기구)	국토교통부**장**관 (**중앙**부동산가격공시위원회)	4월 30일까지

가격공시제도 : 부동산에 대한 **적정가격**을 공시하는 제도
└ **적정가격: 통상적** 시장 + 정상적 거래시 성립될 가능성이 높은 가격
① **토지**가격은 **표준지**공시지가, **개별**공시지가로 구분하여 공시한다.
② **주택**은 **단독**주택과 **공동**주택으로 구분하여 공시한다.
③ **단독**주택에 한하여 **표준**주택과 **개별**주택으로 **구분**하여 공시한다.
④ **공동**주택은 표준주택과 개별주택을 **구분하지 않고** 공시한다.
⑤ **시장·군수·구청장**은 개다 ➡ 개가 나오면 **시장군수구청장**!

★ 표준과 개별의 구분

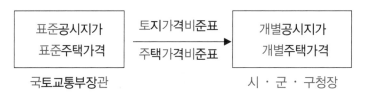

1 표준지공시지가

(1) 표준지공시지가의 조사·평가 및 공시

① **국토교통부장관**이 조사·평가, **중앙부동산가격공시위원회의 심의**
② **둘 이상의 감정평가법인등에게 의뢰**(다만, 지가 변동이 작은 경우에는 **하나의 감정평가법인등에게 의뢰**할 수 있다.)
③ **국토교통부장관**은 개별공시지가의 산정을 위하여 필요하다고 인정하는 경우에는 **토지가격비준표를 작성**하여 **시장·군수 또는 구청장에게 제공**하여야 한다.

(2) 표준지공시지가 공시사항과 표준주택가격의 공시사항 비교

표준지공시지가의 공시사항(제5조)	표준주택가격의 공시사항(제16조)
1. 표준지의 지번 2. 표준지의 단위면적당 가격 3. 표준지의 면적 및 형상 4. 표준지 및 주변토지의 이용상황 5. 대통령령(용도지역, 도로상황, 지목)	1. 표준주택의 지번 2. 표준주택가격 3. 표준주택의 대지면적 및 형상 4. 표준주택의 용도, 연면적, 구조 및 사용승인일(임시사용승인일을 포함한다) 5. 대통령령(용도지역, 도로상황, 지목)

(3) 표준지공시지가의 효력 및 적용

☑ **부동산 가격공시에 관한 법률**

> 제9조 【표준지공시지가의 효력】 표준지공시지가는 토지시장에 지가정보를 제공하고 일반적인 토지거래의 지표가 되며, 국가·지방자치단체 등이 그 업무와 관련하여 지가를 산정하거나 감정평가법인등이 개별적으로 토지를 감정평가하는 경우에 기준이 된다.

① 개별공시지가의 산정의 기준
② 토지가격비준표 작성의 기준

(4) 표준지공시지가에 대한 이의신청

표준지공시지가에 이의가 있는 자는 그 **공시일부터 30일 이내**에 서면(전자문서 포함)으로 **국토교통부장관에게 이의를 신청**할 수 있다.

(5) 표준지공시지가 평가기준

공시기준일 현재 실제용도기준

2 개별공시지가

(1) 개별공시지가의 결정·공시

① 시장·군수 또는 구청장은 시·군·구부동산가격공시위원회의 심의를 거쳐 매년 개별 공시지가를 결정·공시하고, 이를 관계 행정기관 등에 제공

② 표준지로 선정된 토지, 조세 또는 부담금 등의 부과대상이 아닌 토지 등에 대하여는 개별공시지가를 결정·공시하지 아니할 수 있다.

③ 표준지로 선정된 토지에 대하여는 해당 토지의 표준지공시지가를 개별공시지가로 본다.
 + 옳은 지문으로 자주 출제 **➕암기법** 표개본

④ 시장·군수 또는 구청장은 공시기준일 이후에 분할·합병 등이 발생한 토지에 대하여는 대통령령으로 정하는 날을 기준으로 하여 개별공시지가를 결정·공시하여야 한다.
 1월 1일부터 6월 30일까지의 사이에 발생한 토지 : 그 해 7월 1일

(2) 개별공시지가의 적용 징수(3) **➕암기법** 개사료, 개부담, 개세

① 국공유지의 사용료 및 **대부료** 산정의 기준

② **부담금** 부과기준

③ **과세** 기준 : 국세·지방세 등 각종 세금의 부과

(3) 개별공시지가에 대한 이의신청

개별공시지가에 이의가 있는 자는 그 결정·공시일부터 30일 이내에 서면(전자문서 포함)으로 시장·군수 또는 구청장에게 이의를 신청할 수 있다.

		표준지공시지가	개별공시지가
1	공시 주체	국토교통부장관이 공시 (감정평가법인 등이 조사)	시장·군수·구청장이 공시 (시·군·구 조사)

2	대 상	• 표준지(전국 50만 필지)
		 • 일단의 지역을 대표하는 필지
			• 개별토지(전국 4천만 필지)
			 • 공시 안 해도 되는 토지
			  − 표준지 : **표**를 **개**로 **본다.**
			  − 세금 대상 아닌 토지

3	선 정	• 거래가격, 임대료, 비용 종합참작	• 표준지공시지가 + 토가비

4	공시 기준일	• 공시기준일과 공시일 구분
		  − 공시기준일 : **매년 1.1(원칙)**
		  − 공시일 : 주사토오(주택사월토지오월)
		 • 분할·합병 발생시(예외)
		 ★ **주6일 근무**
		  − **주택** : 1.1 또는 6.1
		  − **토지** : 1.1 또는 7.1	

5	절 차	• **중앙**의 심의 • 소유자 의견	• **시·군·구**의 심의 • 검증 + 소유자 의견 + 관계인 의견
6	공시사항	− 토지 : 토지관련 − 주택 : 토지관련 + 용연구사(건물) (용도, 연면적, 구조, 사용승인일,)	• 개별토지의 단위면적당 가격
7	이의신청	• 30일 이내 + 장관	• 30일 이내 + 시군구
8	효 력	토지거래지표, 지가정보제공, 개별 토지 평가기준, 국가 등업무관련 지가산정기준(수용)	★ **징수**(3) ➕ **암기법** 개사료, 개부담, 개세 국공유지의 사용료 및 대부료 산정 기준 부담금 부과기준, 과세(국세·지방세 세금의 부과)기준

3 표준주택가격

(1) 표준주택가격의 조사·평가 및 공시

① **국토교통부장관**은 용도지역, 건물구조 등이 일반적으로 유사하다고 인정되는 일단의 **단독주택** 중에서 **선정**한 **표준주택**에 대하여 매년 공시기준일 현재의 적정가격을 조사·산정하고, **중앙부동산가격공시위원회**의 **심의**를 거쳐 이를 공시하여야 한다.

② 국토교통부장관은 **표준주택가격**을 조사·산정하고자 할 때에는 **한국부동산원에 의뢰**한다.

(2) 표준주택가격의 적용

표준주택가격은 국가·지방자치단체 등이 그 업무와 관련하여 개별주택가격을 산정하는 경우에 그 기준이 된다.

(3) 표준주택가격에 대한 이의신청

표준주택가격에 이의가 있는 자는 그 공시일부터 30일 이내에 서면(전자문서 포함)으로 **국토교통부장관**에게 **이의**를 **신청**할 수 있다.

4 개별주택가격

(1) 개별주택가격의 결정·공시

① **시장·군수 또는 구청장**은 시·군·구부동산가격공시위원회의 심의를 거쳐 매년 표준주택가격의 공시기준일 현재 관할 구역 안의 **개별주택의 가격을 결정·공시**하고, 이를 관계 행정기관 등에 제공하여야 한다.

② **표준주택으로 선정된 단독주택**, 그 밖에 대통령령으로 정하는 단독주택에 대하여는 **개별주택가격을 결정·공시하지 아니할 수 있다.**

③ 이 경우 표준주택으로 선정된 주택에 대하여는 해당 주택의 표준주택가격을 개별주택가격으로 본다. ➕ **옳은 지문으로 자주 출제** 🔳암기법 표개본

④ 개별주택가격 공시사항 : 개별주택의 **지번**, 개별주택가격, 개별주택의 **용도 및 면적** 등

⑤ **시장·군수 또는 구청장**은 공시기준일 이후에 토지의 분할·합병이나 건축물의 신축 등이 발생한 경우에는 대통령령으로 정하는 날을 기준으로 하여 **개별주택가격을 결정·공시**하여야 한다.
1월 1일부터 5월 31일까지의 사이에 위 사유가 발생 : 그 해 6월 1일

(2) 개별주택가격의 적용

① 주택시장의 가격정보를 제공

② 국가·지방자치단체 등이 과세 등의 업무와 **관련하여 주택의 가격을 산정하는 경우에 그 기준**

5 공동주택가격

(1) 공동주택가격의 조사·평가 및 공시

① **국토교통부장관**은 **공동주택가격**을 **조사·산정**하여 **중앙부동산가격공시위원회**의 **심의**를 거쳐 공시하고, 이를 관계 행정기관 등에 제공하여야 한다. 다만, 대통령령으로 정하는 바에 따라 **국세청장이 국토교통부장관과 협의하여 공동주택가격을 별도로 결정·고시하는 경우를 제외**한다.

② 국토교통부장관은 공동주택가격을 조사·산정하고자 할 때에는 **한국부동산원**에 **의뢰**한다.

③ **국토교통부장관**은 **공시기준일 이후에 토지의 분할·합병이나 건축물의 신축** 등이 **발생한 경우**에는 **대통령령으로 정하는 날을 기준**으로 하여 공동주택가격을 **결정·공시**하여야 한다.

1월 1일부터 5월 31일까지의 사이에 위 사유가 발생 : 그 해 6월 1일

VS	단독주택	표준, 개별주택 구분 ○ 공시	vs	공동주택	표준, 개별주택 구분 × 공시

(2) 공동주택가격의 적용

① 주택시장의 **가격정보를 제공**

② 국가·지방자치단체 등이 **과세 등의 업무와 관련**하여 주택의 가격을 산정하는 경우에 **그 기준**

VS	표준주택가격 활용	vs	개별주택가격 활용	vs	공동주택가격 활용
	국가 등이 업무관련 개별주택가격 산정하는 경우 기준		주택시장 가격정보 제공 국가 등이 과세 등 업무관련 주택가격 산정기준		주택시장 가격정보 제공 국가 등이 과세 등 업무관련 주택가격 산정기준

단독주택가격의 공시	공동주택가격의 공시
1. 표준주택가격공시 　① 공시주체 : **국토교통부장관** 　② 심의 : **중앙** 부동산가격공시위원회 　③ 공시기준일 : 1월 1일, 　　　　공시일 : 1월 31일 　④ **효력** : 개별주택가격 산정기준(약22만호) 　⑤ 공시내용 : ㉠ 지번 ㉡ 가격 ㉢ 대지면 　　적 및 형상 ㉣ 용도 · 연면적 · 구조 · 사 　　용승인일(임시사용승인일) ㉤ 지목, 　　용도지역, 도로 상황 　　**✚ 건축허가일 ×, 소유자 ×** 2. 개별주택가격공시 　① 공시주체 : **시 · 군 · 구청장** 　② 심의 : **시 · 군 · 구** 부동산가격공시위원회 　③ 공시기준일 : 1월 1일, 공시일 : 4월 30일 　④ **효력** : 주택시장의 가격정보 제공 및 　　과세기준 　⑤ 공시내용 : 개별주택의 ㉠ 지번, ㉡ 가격	① 공시주체 : **국토교통부장관** ② 심의 : **중앙** 부동산가격공시위원회 ③ 공시기준일 : 1월 1일, 　　공시일 : 4월 30일 ④ **효력** : 주택시장가격정보제공 및 과세기준 ⑤ **대상** : 한국부동산원 전수조사(약900만호) ⑥ 공동주택의 공시사항 : ㉠ 지번 ㉡ 가격 　㉢ 면적, ㉣ 명칭 ㉤ 동, 호수 **✚ 공동주택가격공시는 표준주택과 개별주 택으로 구분하지 않고 국토교통부장관이** 공시한다. (한국부동산원에서 전수조사함).

▶ **출제 포인트** │ **부동산가격공시제도**

1. ① **개별공시지가**(사용료 · 대부료 · 과세 · 부담금) ② **표준지공시지가**(그 외)
2. ① **표준주택가격** ⇨ 개별주택산정기준
　② **개별주택가격 · 공동주택가격** ⇨ 가격정보제공, 과세기준
3. ① **단독주택** : 표준주택과 개별주택으로 **구분하여** 공시
　② **공동주택** : 표준주택과 개별주택의 **구분 없음**
4. 표준지로 선정된 토지에 대해서는 당해 토지의 공시지가를 개별공시지가로 본다.
5. 표준주택으로 선정된 주택에 대하여는 당해 표준주택가격을 개별주택가격으로 본다.
6. 이의신청 : ① 이의가 있는 자 ② 공시권자에게 ③ 공시일로부터 30일 이내 ④ 서면으로

☑ 부동산가격공시제도 암기코드 [감평문제]

1. 토지 : 표준지공시지가, 개별공시지가 | 주택 : 표준주택가격, 개별주택가격, 공동주택가격

2. 개별공시지가, 개별주택가격: 시장, 군수, 구청장 결정공시, 이의신청

3. 표준지공시지가 : 개별적 토지, 거래 지표, 지가정보, 국가 등 업무관련

4. 개별공시지가 : 사용료 · 대부료, 부담금, 과세(개사료, 개부담, 개세)

5. 표준지공시지가(감정평가법인 조사), 표준주택가격 · 공동주택가격(한국부동산원 조사)

   ➕ 암기법 표준적인 토인은 주원이

6. 표준지 및 표준주택 공시사항 : 지번, 용도지역, 도로상황, 지목

   (토지소유자, 건축허가일은 공시 ×)

7. 표준주택 공시사항 : 가격, 대지면적, 형상, 용도, 연면적, 구조 및 사용승인일(임시사용승인일)

8. **표준지**에 건물 또는 그 밖의 **정착물**이 있거나 지상권 또는 그 밖의 토지의 사용 · 수익을 제한하는 권리가 설정되어 있을 때에는 **그 정착물 또는 권리가 존재하지 아니하는 것으로 보고 표준지공시지가를 평가하여야 한다.** [감평문제]

9. **표준주택, 공동주택**에 전세권 또는 그 밖에 단독주택의 사용 · 수익을 제한하는 권리가 설정되어 있을 때에는 **그 권리가 존재하지 아니하는 것으로 보고 적정가격을 산정하여야 한다.** [감평문제]

10. **농지전용부담금 · 개발부담금 등의 부과대상이 아닌 토지**와 **국세 또는 지방세의 부과대상이 아닌 토지**는 개별공시지가를 공시하지 아니한다.

11. 아파트에 해당되는 **공동주택은 국세청장이 국토교통부장관과 협의하여 그 공동주택가격을 별도로 결정 · 고시할 수 있다.** [감평문제]

12. **공동주택가격의 공시에는 공동주택의 면적이 포함**되며 표준지에 대한 **용도지역은 표준지공시지가의 공시사항에 포함**된다. [감평문제]

제36회 공인중개사 시험대비 **전면개정판**

2025 박문각 공인중개사
송우석 필수서 1차 부동산학개론

초판인쇄 | 2025. 2. 5. **초판발행** | 2025. 2. 10. **편저** | 송우석 편저
발행인 | 박 용 **발행처** | (주)박문각출판 **등록** | 2015년 4월 29일 제2019-000137호
주소 | 06654 서울시 서초구 효령로 283 서경빌딩 4층 **팩스** | (02)584-2927
전화 | 교재 주문 (02)6466-7202, 동영상문의 (02)6466-7201

저자와의
협의하에
인지생략

정가 28,000원
ISBN 979-11-7262-584-9